Sarah Mae & Sally Clarkson
Du bist nicht allein

Über die Autorinnen

Sarah Mae hat sich in Nordamerika als Bloggerin, Rednerin und Autorin einen Namen gemacht und ist Mutter von drei Kindern. Sie lebt mit ihrer Familie im US-Bundesstaat Pennsylvania.

Sally Clarkson ist Autorin einiger erfolgreicher Bücher zum Thema Muttersein. Mit ihrem Mann hat sie viele Jahre hauptamtlich bei *Campus* für Christus gearbeitet, bis beide die Organisation *Whole Heart Ministries* gründeten. Außerdem ist sie Gründerin der Organisation *Mom Heart*, die sich ganz besonders die Hilfe für junge Mütter zum Ziel gesetzt hat. Sie lebt im US-Bundesstaat Colorado.

Sarah Mae / Sally Clarkson

Du bist
nicht allein

Ermutigung für Mütter von kleinen Kindern

Aus dem Englischen von Beate Zobel

INHALT

VORWORT 9
EINLEITUNG „Ich kann heute keine gute Mutter sein" 13

TEIL 1
Ideale Vorstellungen vom Leben und ihr Scheitern
an der Realität 19

KAPITEL 1 Abschied von den Idealen 22
KAPITEL 2 Ich schaffe das schon –
die Kultur der Unabhängigkeit 36
KAPITEL 3 Nicht jede Regel passt in jeder Situation 52
KAPITEL 4 Und die Sünde gibt es auch noch 68

TEIL 2
Was es mit dem Muttersein wirklich auf sich hat 79

KAPITEL 5 Wenn die Dunkelheit hereinbricht 82
KAPITEL 6 Schlechte Vorbereitung 96
KAPITEL 7 Im Alltag Opfer bringen –
Abkehr vom selbstbezogenen Leben 110
KAPITEL 8 Flucht 126
KAPITEL 9 Die Hausarbeit in Schach halten 140

TEIL 3
Wege aus der Dunkelheit 151

KAPITEL 10   Neue Wege finden 154
KAPITEL 11   Einflüsse, denen wir ausgesetzt sind 166
KAPITEL 12   Erfülltes Leben 182
KAPITEL 13   Lebenskünstler 196
KAPITEL 14   Verzweifelt ... aber nicht besiegt 212

SCHLUSSKAPITEL   Dinge von ewigem Wert schaffen – als Mutter 223
SALLY CLARKSON BEANTWORTET IHRE FRAGEN 233

Ich widme dieses Buch meinen Kindern, den zukünftigen Enkeln und Urenkeln und jeder jungen Frau, die in der schönen, aber kräftezehrenden Phase der Erziehung und Betreuung von Kleinkindern ist und sich Ermutigung wünscht.

Ella, Caedmon und Caroline, ich freue mich sehr über euch, ich liebe und bewundere euch und ich habe große Achtung vor euch. Ihr seid wunderbare Menschen. Ich habe euch unbeschreiblich lieb – tausend Millionen Mal bis zum Mond und wieder zurück. Danke, dass ich für euch da sein darf. Sarah Mae

Sarah, Joel, Nathan und Joy, meine kostbaren Kinder, ihr seid spannender als alle Geschichten, die ich jemals geschrieben habe, ihr seid der größte Erfolg meines Lebens und mein eigentliches Lebenswerk. Nur durch euch konnte Gott die Botschaft dieses Buches in mein Herz legen. Möge Gottes Gnade eure Tage erfüllen und seine Freude in jeder Situation aus euch heraussprudeln, möge seine Liebe die verborgensten Winkel eurer Herzen ausfüllen.

Ihr seid mein Reichtum. Sally

Wie Gott das immer so macht: Während ich diese Zeilen schreibe, sitze ich in der Notaufnahme eines Krankenhauses. Gleich werde ich erfahren, was die Röntgenaufnahme ergeben hat.

Es besteht Verdacht auf Lungenentzündung.

Als Mutter von sechs Kindern kenne ich die dunklen Momente, in denen ich nach Atem ringe.

Ich erinnere mich genau an den Tag vor mittlerweile fast zwanzig Jahren, als ich das Kreuz in dem kleinen Sichtfenster des Teststabes sah und weinte. Das Ergebnis war positiv. Ich war schwanger. In meinem Bauch wuchs ein kleiner Mensch heran. Meine Hände zitterten, mein Magen zog sich zusammen, ich sank zu Boden, umklammerte meine angezogenen Beine und wiegte mich sanft hin und her – mich und mein noch ungeborenes erstes Kind.

Was hatte Gott sich dabei gedacht, als er dieser Einundzwanzigjährigen ein Kind anvertraute, das sie zur Welt bringen sollte? Ich war noch keine zwölf Wochen verheiratet. Doch schlimmer als meine Jugend war der Zustand meiner eigenen Seele. Es würde mir schwerfallen, einen anderen Menschen zu formen.

Meine eigene Persönlichkeit war verletzt und verbogen. Wie sollte ich da einen gesunden, aufrichtigen Menschen heranziehen?

Ich weinte mich in den Schlaf. In unserer Gemeinde erzählten wir niemandem von meiner Schwangerschaft, bis ich schon im siebten Monat war.

In all den Jahren, die dann folgten, versuchte ich unauffällig zu bleiben und alle Aufgaben zu bewältigen. Ich hatte Frühgeburten und Babys in Steißlage. Dreizehn Jahre und drei Monate lang wechselte ich pausenlos Windeln und kämpfte mit Jungs, denen nichts Besseres einfiel, als die Gummisaugglocke, die für die verstopfte

9

Toilette bestimmt war, an die Decke zu werfen … als sie dann wieder herunterkam, hatte eines der Kinder ein blaues Auge.

Ich habe bestraft, wenn ich hätte beten sollen. Ich schrie die Kinder an, statt ihnen zu helfen. Statt mich an Jesus zu wenden, kämpfte ich mich in eigener Kraft voran.

An manchen Tagen wollte ich nicht aufstehen, aus Angst davor, wieder alles falsch zu machen – wieder meinen Kindern Schaden zuzufügen.

Ich wünschte, ich hätte mir eine Mentorin gesucht. Gemeinsam hätten wir den Fragen nachgehen können, wie Gott als Vater mit seinen Kindern umgeht, was eine Mutter leisten muss und was nicht, und was es heißt, als Mutter nach Gottes Maßstäben zu handeln.

Dann kam jener warme Junitag, an dem ich im Schatten einiger alter Bäume in Sarah Maes Garten saß und ihren kleinen Jungen Caed auf meinen Schoß zog. Er hatte ein Bilderbuch mitgebracht, das er nun durchblätterte. Lachend hielt er sich die Händchen vors Gesicht, wenn ich die Geräusche der Urwaldtiere nachahmte, die wir in dem Buch sahen. Caroline und Ella tauchten immer wieder aus ihrem kleinen Spielhaus auf. Sarah Mae hat neben ihrem Sohn Caedmon zwei Töchter, genau wie ich. Wie gerne wollten wir unseren Töchtern vorleben, was es heißt, eine Mutter nach dem Herzen Gottes zu sein.

Wir unterhielten uns über Sally Clarkson, die uns beiden sanft und verständnisvoll geholfen hatte. Durch Gottes Gnade und die Weisheit von Sally drehten wir uns mittlerweile weniger um unser eigenes Leben, sondern versuchten, das zu leben, was Gott für uns geplant hatte.

Über die vielen Jahre hinweg hatte ich gelernt:

Meine Kinder brauchen keine perfekte Mutter. Sie können von einer Mama, die auf Gottes Hilfe angewiesen ist, viel mehr lernen. Es ist gar nicht entscheidend, ob ich alles bewältige, wichtig ist, dass ich in allem Gott vertraue. Ich bin dann eine gute Mutter, wenn ich mit dem Gott von Hagar, Ruth und Hanna unterwegs bin, dem Gott, der mich sieht, der mich versorgt, mich hört und mir antwortet.

Ob Eltern nach Gottes Vorstellungen mit ihren Kindern umgehen, kann man nicht daran messen, ob sie alle Ratschläge anwenden, die ihnen hier und da gegeben werden. Gute Eltern leben in enger Verbindung mit dem Gott, dem alles möglich ist. Ihr Handeln ist von seiner Gnade durchdrungen und nicht von eigener Anstrengung geprägt.

Es ist so einfach: Wenn ich Gott an die erste Stelle setze und mich von ihm lieben lasse, dann kann ich meinen Kindern so viel Liebe geben, wie sie brauchen.

An jenem Tag lernte Sarah Mae auch meine eigene Mutter kennen. Wir freuten uns über die Begegnung, lachten zusammen und dankten Gott, der unsere Geschichten schreibt und aus Trümmern Neues errichten kann – für uns und unsere Kinder.

Jetzt ist meine Mutter mit mir in der Notaufnahme. Jeder Atemzug fällt ihr schwer. Sie dreht sich zu mir um und streichelt meine Schultern. Ich halte dieses Buch in meinen Händen, die Worte von Sarah Mae und Sally, ein Geschenk an alle Mütter, die versuchen, recht und schlecht durch ihren Alltag zu kommen. Keine muss sich einsam fühlen. Jede ist Teil einer großen Gemeinschaft von Frauen, die aus jungen Müttern und erfahrenen Mentorinnen besteht. Das Buch will erschöpfte Mütter nicht nur aufmuntern, sondern es weist auch auf einen Gott hin, der Grund zur Hoffnung gibt.

In dem Bewusstsein, zu der großen Schar von Müttern mit ähnlichen Herausforderungen zu gehören, können wir tief durchatmen und an Gottes Vorstellungen von einer guten Mutter festhalten.

Bibelforscher haben herausgefunden, dass der Name Gottes, der aus den Buchstaben YHWH besteht, so ähnlich klingt wie ein Atemzug – wie eingeatmete Konsonanten. Gott hat sich selbst einen Namen gegeben. Sein Name entspricht dem Atmen seiner Menschen.

Was hat das mit diesem Buch zu tun?

Das Buch hilft allen, die dringend einmal durchatmen müssen.

Das Buch ist genau das, was Sie brauchen, wenn es an der Zeit ist, wieder einmal seinen Namen auszusprechen, ihn zu atmen und anzurufen.

Ann Voskamp, sechsfache Mutter und Autorin des Buches
Tausend Geschenke (Gerth Medien, Asslar, 2014).
Verfasst im Wartezimmer der Notaufnahme, Oktober 2012

„Ich kann heute keine gute Mutter sein"

Es war noch viel zu früh, um aufzustehen. Mein erstes Gefühl beim Erwachen war Angst. Mein kleiner Junge war von den Sonnenstrahlen, die durch sein Fenster gefallen waren, wach geworden. Nun war er bereit zum Spielen. „Zu früh" kannte er nicht. Meine Tochter Caroline brauchte ihre Milch und eine trockene Windel und natürlich hatten alle drei Hunger.

Mühsam setzte ich mich im Bett auf und starrte vor mich hin, dann sank ich wieder zurück auf mein Kissen. Ich zog die Knie bis zum Kinn und die Decke über den Kopf. Die Kleinen sollten meine Tränen nicht sehen, während ich still betete: „Gott, ich kann heute keine gute Mutter sein, ich bin viel zu müde!"

Ich war in der Nacht etliche Male geweckt worden, wie in jeder Nacht. Schlafmangel war aber nicht das einzige Problem, vor mir lag ein langer Tag, an dem ich mich pausenlos um mein einjähriges, zweijähriges und vierjähriges Kind kümmern sollte. Dabei war ich bereits völlig erschöpft, ehe der Tag überhaupt begonnen hatte. Während ich daran dachte, wie viel Kraft und Energie ich an diesem Tag wieder brauchen würde, verließ mich aller Mut. Ich wollte nicht aufstehen. Während ich unter chronischem Schlafmangel litt, sollte ich mich ständig in die Kinder investieren, sie trösten, ihren Streit schlichten, ihnen Dinge beibringen, sie erziehen und mitten in allem Durcheinander immer ruhig und freundlich bleiben. Ich schaffte das nicht mehr, ich brauchte Hilfe. Wenn doch jemand kommen würde, der mich hier ablösen könnte, wenigstens für einen Tag. Aber da war niemand.

Meine kranke Mutter lebte im weit entfernten Florida. Meine Schwiegermutter arbeitete Vollzeit. Geld für einen Babysitter hatten wir auch nicht. Mein Mann half mir manchmal am Wochenende, aber auch er war erschöpft von der zurückliegenden Woche. Doch selbst wenn er alle Kinder hatte, ging ich trotzdem nicht aus, denn wir wollten die Zeit am Wochenende gemeinsam verbringen. Dazu kam, dass ich gar nicht wusste, wohin ich hätte gehen sollen, während er die Kinder nahm. Wir hatten so wenig Geld, dass ich mir nicht einmal eine Tasse Kaffee in einem Lokal leisten wollte. Ich war total auf mich gestellt, einsam und sehr, sehr müde. Da war es nicht verwunderlich, dass ich unter depressiven Verstimmungen litt. Ich war nur noch ein Schatten meiner selbst. Alle Ideale, meine Hoffnungen und meine Freude waren mir unbemerkt abhandengekommen. Meine an Gott gerichteten Hilferufe schienen ungehört zu verhallen. Ich dachte, dies würde nun für mein restliches Leben so bleiben und ich müsste es irgendwie ertragen.

Es fiel mir schwer, mich damit abzufinden. Wut und Enttäuschung brodelten direkt unter der Oberfläche meiner mühsam beherrschten Seele. Erschöpft und verzweifelt, wie ich war, befand ich mich auch immer noch in der Phase der hormonellen Umstellung nach der Entbindung. Jeder Tag wurde zu einem Kampf. Verzweiflung begann auch die schönen Teile meines Lebens zu überschatten. Selbst der Glaube half mir nicht wirklich. Alles, was Jesus seinen Nachfolgern verheißen hatte, schien unerreichbar zu sein. Ich hatte es mir immer gewünscht, eigene Kinder zu haben. Warum war mein Leben als junge Mutter jetzt so weit von dem entfernt, was ich mir eigentlich vorgestellt hatte?

Ich liebte meine Kinder von ganzem Herzen und grundsätzlich wollte ich nichts anderes, als jeden Tag meines Lebens mit ihnen zu verbringen. Aber die Zeit mit Kleinkindern ist anstrengend und oft auch sehr einsam. Junge Mütter wagen es häufig nicht, darüber zu reden, wie tief greifend sich ihr Leben verändert hat, seit sie Kinder bekommen haben. Wer darauf nicht vorbereitet ist und keine

Unterstützung von außen erhält, den trifft es besonders hart. Nur weil eine junge Frau ihre Kinder liebt und dankbar für sie ist, muss es ihr trotzdem nicht leichtfallen, Mutter zu sein. Kinder sind eine lebenslange Verpflichtung, die uns oft mehr abverlangt, als wir geben können.

In dieser Phase brauchen junge Mütter kein Handbuch über Kindererziehung, sie brauchen praktische Unterstützung.

Falls Sie Kleinkinder haben und niemand Ihnen hilft, dann sehnen Sie sich vermutlich nach einer Verschnaufpause. Tage und Nächte verschmelzen, viel zu schnell ist es immer wieder Morgen. Die Müdigkeit ist überwältigend und Sie würden alles dafür geben, einmal freizuhaben, aufzuatmen, ein bisschen *Ruhe* zu finden. Sie brauchen jemanden, der sich um Sie kümmert. Ich war genau an diesem Punkt, als das Wunder begann.

Sally Clarkson kannte ich als Namen auf einem Buch, das in meinem Regal stand.

Ihre Gedanken hatten mich inspiriert und sie schien über eine Art von Weisheit zu verfügen, nach der ich mich sehnte. Als ich eine Konferenz organisierte, lud ich sie als Referentin ein und sie kam. Danach hielt sie Kontakt mit mir.

Sie rief mich an, um mir zu sagen, dass Gott sie immer wieder an mich erinnerte. Unsicher, wie ich war, nahm ich an, dass sie nur schöne Worte machen und bald aufhören würde, mich anzurufen. Aber sie rief mich regelmäßig an, bis allmählich eine Freundschaft zwischen uns entstand, über die ich immer noch staune. Wie kam es, dass ich eine Freundin und Mentorin bekam, die sich so liebevoll um mich kümmerte? Es ist ein großes Geschenk, so einer Person zu begegnen. Ich hätte nie damit gerechnet.

Nach vielen herausfordernden und richtungsweisenden Gesprächen mit ihr beschloss ich, meine Familie für eine Woche alleine zu lassen und nach Colorado zu fahren, um Sally und ihre Familie zu besuchen. Bis dahin war ich nie länger als zwei Tage von meinen Kindern getrennt gewesen. Entsprechend viel Mut und Glauben musste ich jetzt aufbringen, um allen Ängsten zum Trotz diese Reise zu wagen. Nur ungern verabschiedete ich mich von meiner Familie, aber ich wusste, dass Sally mir das geben konnte, was ich brauchte, um als Mutter weitermachen zu können. Sie würde mich verwöhnen und das tun, worüber Paulus an Titus geschrieben hatte:

Von den älteren Frauen verlange, dass sie ein Leben führen, wie es Gott Ehre macht. Sie sollen nicht klatschen und tratschen noch sich betrinken, sondern in allen Dingen mit gutem Beispiel vorangehen. So können sie die jungen Frauen dazu anleiten, dass sie ihre Männer und Kinder lieben, besonnen und anständig sind, ihren Haushalt gut versorgen, sich liebevoll und gütig verhalten und sich ihren Männern unterordnen, damit Gottes Botschaft durch sie nicht in Verruf gerät.

Titus 2,3–5

Die Zeit in Colorado veränderte mich. Dort erst wurde mir wirklich bewusst, wie sehr ich mich nach einer Pause gesehnt hatte. In jener ersten Nacht in Sallys Haus versank ich genüsslich in dem frisch bezogenen Bett, das herrlich duftete. Während ich mich unter der Decke ausstreckte, freute ich mich auf eine ungestörte Nacht. Ich würde mich richtig ausschlafen können. Lächelnd lag ich auf dem Kissen, Ruhe und Stille umfingen mich. Wie sehr ich doch Colorado, Sally und dieses frische Bett nötig hatte. Welch ein Genuss! Am nächsten Morgen lud Sally mich in ein Café ein und verwöhnte mich mit einem üppigen Frühstück. Durch sie begann ich wieder, die Schönheit meines Lebens zu sehen. Sie half mir, mutig in mein Leben zurückzukehren und dort meinen Platz gerne wieder einzunehmen.

Später schrieb ich dieses Buch mit Sally zusammen, die meine Mentorin und Freundin geworden war. Während ich die ersten Seiten tippte, war ich noch sehr verzweifelt. Doch das Schreiben wurde für mich wie eine Therapie. Als Sally meine ersten Texte las, meinte sie: „Du leidest unter einer Depression. Darüber müssen wir reden." Wir redeten viel und sie wies mich gezielt auf hilfreiche Bibelstellen hin. In ihrer Weisheit half sie mir, beim Schreiben viele innere Kämpfe zu überwinden. Heute fühle ich mich wie am Ende eines Tunnels. Das Licht empfängt mich, ein neuer Lebensabschnitt erwartet mich. Weisheit begleitet mich und meine Hoffnung beruht auf dem Vertrauen auf Gott.

Mein jüngstes Kind ist jetzt drei Jahre alt und schläft nachts durch. Das ist eine riesige Erleichterung. Ich kann wieder ausschlafen! Es ist herrlich. Wenn ich an die zurückliegende Zeit denke, dann darf ich wirklich sagen: „Alles ist jetzt viel leichter geworden!" Wäre mir bewusst gewesen, dass auch wieder andere Zeiten kommen werden, dann hätte ich auch in den dunklen Zeiten leichter und hoffnungsvoller leben können.

Sally und ich wollen allen Müttern Mut machen weiterzumachen, auch wenn sie fast keine Kraft mehr haben. Wir wollen ihnen helfen, nicht indem wir Verhaltensregeln aufstellen und Ratschläge erteilen, sondern mit Ideen, Perspektiven, Mut zur Ehrlichkeit und Weisheit. Und wir appellieren an die älteren Leserinnen, sich an ihre eigenen anstrengenden Jahre zu erinnern und den jungen Frauen in ihrer Umgebung zur Seite zu stehen. Unsere Kinder und Enkel sollen von uns lernen, wie man anderen dient und wie man sich helfen lässt.

Vielen Dank für Ihre kostbare Lesezeit. Wir beten, dass unsere Gedanken Sie nicht nur trösten, sondern Ihre Seele ermutigen und Ihnen neue Hoffnung geben.

Zu dieser Einleitung gibt es auch ein Video in englischer Sprache. Sie können es über den abgedruckten QR-Code mit Ihrem Handy abrufen oder unter www.gerth.de/clarkson öffnen.

TEIL 1

Ideale Vorstellungen vom Leben

und ihr Scheitern an der Realität

Liebe Sally,

mir fällt es heute richtig schwer, Mutter zu sein. Die Aufgaben überwältigen mich. Ich bin auf diese Rolle nicht gut vorbereitet worden. Der Gedanke, ich könnte meinen Kindern schaden, macht mir Angst. Kann ich überhaupt eine gute Mutter sein? Ich will nichts falsch machen. Kann ich den Kindern genug Liebe geben? Ich fühle mich heute so unfähig. Werde ich jemals in der Mutterrolle ankommen und sie gut ausfüllen können?

Liebe Grüße, Sarah Mae

Liebe Freundin,

fast alle Mütter, die ich kenne, begannen mit unsicheren Schritten, ehe sie die neue Gangart lernten und schließlich sogar zu tanzen begannen. Lass nicht zu, dass Schuldgefühle und Versagensängste dein Leben bestimmen. Jesus ist so sanftmütig. Von ihm lernte ich, mit mir selbst Geduld zu haben und mir Zeit zu lassen, um in die neue Rolle hineinzuwachsen. Dabei füllte sich mein Herz allmählich mit mehr Liebe zu meinen Kindern und meine innere Zufriedenheit nahm in einem Maße zu, wie ich es mir nie hätte vorstellen können. Während wir lernen, unsere Kinder zu erziehen, verändert sich unsere eigene Seele und wir werden Menschen der Gnade. Lass dir Zeit zum Lernen, erwarte nicht zu viel von dir. Du wirst die Antworten auf deine Fragen finden, du wirst innerlich verändert und Jesus immer ähnlicher werden.
Ich bete für dich!

In Liebe, Sally

KAPITEL 1

Abschied von den Idealen

Sarah Mae

Ich hatte alles so schön geplant, mein ganzes Leben hatte ich mir in bunten Farben ausgemalt. Es würde mir viel Spaß machen, eigene Kinder zu haben, ich würde die Zügel fest in der Hand halten und meine Rolle als Mutter humorvoll und souverän ausfüllen. Ich würde meinen Kindern vieles beibringen und mich an ihrem Lachen und ihrer Neugier freuen. Wir würden zusammen Kuchen backen, an Regentagen würde ich ihnen Bücher vorlesen, wir würden stundenlang zusammen spielen, basteln und jeden Tag zu einem Fest machen. Meine Vorstellungen waren sehr konkret und ich hatte ein klares Bild von mir selbst als Frau, Ehefrau und Mutter. Die Frau, die ich mir vorstellte, war dezent geschminkt, duftete gut, backte laufend Pfannkuchen, lächelte und sang leise vor sich hin.

Sie stand morgens früh auf und bereitete alles für den neuen Tag vor, zog sich hübsch an, frisierte sich sorgfältig und hatte schicke Schuhe an. Natürlich war sie immer freundlich. Gleich morgens beim ersten Sonnenlicht verbrachte sie ihre Zeit mit Gott, las die Bibel und betete. Alles an ihr war lieblich und schön, sie war nahezu vollkommen. So würde ich sein, das war genau die Frau, die meine Kinder brauchten und die mein Mann haben sollte.

Mir war dabei nicht aufgefallen, dass mir ein Ideal vorschwebte, das aus den Fünfzigerjahren stammte. Als Kind hatte ich mich immer danach gesehnt, so eine Mutter zu haben. Doch meine Mutter entsprach eher dem Gegenteil. Sie roch nach Zigaretten und trank zu viel und meine Babysitter waren es, die mir meinen Haferbrei kochten. Die Worte meiner Mutter waren stets hart, die Mutterrolle passte nicht zu ihr und sie wusste nicht, wohin sie gehörte. Sie hatte ein schweres Leben und der Alkohol war ihr einziger Halt. Und wenn ich heute an sie denke, dann erinnere ich mich an diesen Geruch.

Sie war nicht böse, aber selbst sehr verletzt. Der Schmerz ihrer eigenen Seele machte sie sarkastisch und lieblos, sie hatte kein Mitgefühl und keinerlei Mütterlichkeit an sich, weshalb sie mir auch keine schöne Kindheit geben konnte, und so wandte ich mich von allem ab, was mit ihr zu tun hatte. Bei dem Versuch, mich vor ihr zu schützen, kehrte ich mich gegen alles, was von ihr kam, auch gegen ihre guten Seiten, den Spaß und die Unabhängigkeit. Ich wollte in allen Punkten das Gegenteil von ihr sein, das hatte ich mir geschworen. Ich hatte sie lieb, aber ich würde auf keinen Fall so werden wie sie.

Stattdessen wollte ich eine „gute" Mutter sein, gradlinig, verantwortungsbewusst und liebevoll, in jeder Lage zu einem reifen Verhalten fähig und voller Weisheit. Ich würde genau so sein wie die Frauen auf den Titelbildern der Hausfrauenzeitschriften. Ich dachte, ich müsste es nur wollen, dann würde es auch klappen. Danach sehnte ich mich und das würde auch für meine Kinder schön sein.

Ich wollte dieses Ideal leben, aber es war unmöglich, weil das Ideal einfach unrealistisch war. Als mir nach und nach dämmerte, dass ich niemals die „gute Mutter" sein würde, von der ich immer geträumt hatte, brach meine kleine, künstliche, scheinbar vollkommene Welt in sich zusammen. Sosehr ich es auch versuchte, ich blieb weit hinter meinen Erwartungen zurück. Stattdessen war ich immer nur müde. Ich blieb morgens im Bett liegen und trug teilweise am Nachmittag noch mein Nachthemd. Der Haushalt versank im Chaos. Lippenstift – daran dachte ich schon lange nicht mehr. Ich fühlte mich verloren, ich rang nach Atem und ohne einen Halt ging ich zu Boden. Mutlosigkeit, Niedergeschlagenheit und Hoffnungslosigkeit überrollten mich.

Die Tage wurden endlos lang und waren nicht mehr zu bewältigen. Ich hatte keine Kraft mehr, mich um meine Kinder zu kümmern. Auch als Ehefrau versagte ich. Sauber machen, Initiative ergreifen, leben ... alles wurde mir zu schwer.

Ich verlor das Zeitgefühl, während ich ein Ideal nach dem anderen aufgab. Aus der hoch motivierten, nahezu perfekten Mutter war ein Wesen geworden, das sich hinter seiner Depression versteckte und nicht mehr aus dem Bett kam. Weil ich meine unrealistischen Ziele nicht umsetzen konnte, hatte ich zu nichts mehr Lust. Selbst die einfachsten Dinge wollte ich nicht mehr versuchen. „Ist doch sowieso alles egal", sagte ich mir selbst und meiner Umgebung immer wieder. „Ich schaffe das ohnehin nicht." So geriet ich in einen bedauernswerten Zustand und brauchte dringend jemanden, der in der Lage war, Wahrheit in mein Leben zu sprechen. Das erklärt, warum mir dieses Buch so wichtig ist. Ich möchte die Erfahrungen, die ich als junge Mutter gemacht habe, weitergeben. Ich bin sicher nicht die Einzige, der es so ergangen ist. Wenn Sie in einer ähnlichen Situation sind wie ich damals, dann wünsche ich Ihnen, dass Sie beim Lesen wieder Mut fassen. Es gibt Grund zu hoffen, auf jeden Fall.

Gute Ideale

Viele meiner Ideale waren nicht grundsätzlich schlecht, aber ich hatte mir viel zu hohe Ziele gesetzt. Gott hat an keiner Stelle verlangt, dass wir perfekt sein sollen – Perfektion ist eine Eigenschaft, die nur Gott selbst vorbehalten ist.

Wie war ich nur auf diese unrealistischen Gedanken gekommen? Warum korrigierte mich niemand?

Ich hatte vergessen, dass ich als Mensch immer mit dem Problem der Sünde behaftet sein würde – genau wie meine Kinder! Ich hatte meinen Charakter, meine Schwächen und meine Stärken nicht in meine Überlegungen mit einbezogen. Stattdessen hatte ich mir ein Klischee gefertigt, nach dessen Maßstab ich leben wollte. Ich versuchte gar nicht, mein eigenes Leben, meine Gaben und Fähigkeiten zu entfalten. Es spielte in meinen Vorstellungen auch keine Rolle, mit welcher Absicht Gott mich geschaffen hatte. Ich scheiterte schon an meinen unrealistischen Vorstellungen, ehe mein Muttersein überhaupt erst richtig begonnen hatte.

Ich war unreif und idealistisch, als ich dachte, ich wüsste, wie ich als Mutter sein würde. Dabei ist es grundsätzlich nicht verkehrt, idealistisch zu sein, Gott hat mich auch mit dieser Fähigkeit geschaffen. Aber ich darf als Idealistin nicht davon ausgehen, dass alle meine Ideale sich verwirklichen lassen. Sie sind viel eher Wegweiser, um die Richtung anzudeuten, in die ich gehen will. Nun darf ich lernen, mir realistische Ziele zu setzen, die meinen Fähigkeiten entsprechen und zu dem passen, was Gott für mich vorbereitet hat. Bei allem Planen und Träumen will ich immer fragen: „Gott, was denkst du darüber?"

Außerdem habe ich gelernt, dass Gottes Meinung über mich nicht davon abhängt, ob ich eine „gute Mutter" bin oder nicht. Er hat Freude an mir, an meinen guten und an meinen schlechten Tagen. Seine Liebe zu mir ist unveränderlich ... in alle Ewigkeit.

Schließlich bin ich sein Kind.

Sally

Ich thronte auf einem gepolsterten Sessel und war umgeben von einem Meer aus Rosa: Geschenkpapier, Bändern und Schleifen, winzigen Schühchen, spitzenbesetzten Kleidchen und Schlafanzügen mit Rosenmuster. Liebliche Vorstellungen in Bezug auf meine kleine Tochter, die bald geboren werden würde, erfüllten mich. Gute Freunde aus allen Altersgruppen waren an diesem Tag zusammengekommen, um meinem Kind ihre ersten Kleider zu schenken.

„Du wirst eine wunderbare Mutter sein!"

„Mach dir wegen der Entbindung keine Sorgen, es wird ganz schnell vorbei sein. Außerdem bist du bestens auf alles vorbereitet."

Hatten sie wirklich recht? Ich hatte alle gängigen Bücher über Babys sorgfältig gelesen, hatte die geburtsvorbereitenden Kurse besucht und hatte während der ganzen Zeit der Schwangerschaft immer das Richtige gegessen. Ich beherrschte die Atemtechnik, die ich während der Wehen brauchen würde, hatte meine Krankenhaustasche gepackt und die Wickeltasche vorbereitet. Das Kinderzimmer war aufwendig dekoriert und ich war mir ziemlich sicher, dass ich alles im Griff haben würde.

Ich sammelte meine Geschenke ein, bedankte mich und schickte mich an, nach dieser Babyparty nach Hause zu gehen. Da trat mir eine Frau entgegen, die in einer Ecke der Eingangshalle gewartet hatte. Ich kannte sie kaum, hatte sie aber in unserer Gemeinde schon gelegentlich gesehen.

„Sally, ich fühle mich verpflichtet, dich vor dem zu warnen, was auf dich zukommt. Das meiste, was heute Abend gesagt wurde, ist gelogen. Eine Geburt kann sehr lange dauern und es ist nicht leicht, sich in die Rolle einer Mutter einzuleben. Es kann sein, dass du während der Wehen die schlimmsten Schmerzen deines Lebens hast und die ersten Wochen mit dem Baby können extrem anstrengend werden. Ich muss dir das sagen. Vor dir liegt eine sehr herausfordernde Zeit. Wenn du dich nicht darauf einstellst, kann es sein, dass du depressiv wirst."

Wie konnte sie so etwas ausgerechnet heute zu mir sagen? Vielleicht war sie selbst depressiv? Im Weitergehen betete ich innerlich für sie: „Herr, bitte hilf dieser Frau, heile sie von dieser pessimistischen Einstellung."

Bald darauf begann Sarahs Geburt: Ich hatte zweiundzwanzig Stunden pausenlos Wehen und die Schmerzen übertrafen alles, was ich mir bis dahin hatte vorstellen können. Zweieinhalb Stunden lang steckte Sarah im Geburtskanal fest, bis ein Arzt sie schließlich mit der Zange entband. Es war schier unbeschreiblich, wie viele Qualen und Medikamente nötig waren, um die Kleine überhaupt aus mir herauszuholen.

Doch als ich sie endlich in meinen Armen hielt, war ich von Staunen und Ehrfurcht überwältigt – da lag es nun, *mein eigenes*, winzig kleines Kind, in *meinem* Arm. Ihr Gesicht war zerknittert, aber ihre dunklen Augen reagierten aufmerksam auf meine Stimme. Ich war völlig fasziniert und stand gleichzeitig etwas unter Schock. Das Wunder war größer als alles, was ich mir vorgestellt hatte. Eine Welle der Liebe zu diesem Kind erfasste mich.

Doch kaum hatte ich mich an mein Mädchen gewöhnt, wurde es mir schon wieder genommen: „Es tut mir leid, aber wir müssen Ihr Baby jetzt wegbringen. Der APGAR-Test ist nicht gut ausgefallen und wir müssen das Kind überwachen, damit sich keine Komplikationen entwickeln."

Nach drei angstvollen Stunden tauchte der Arzt wieder auf und wirkte erschöpft, als er erklärte: „Es tut mir leid, aber Sarahs Lungen scheinen voller Mekonium zu sein, sie kann nicht richtig atmen. Dazu gibt es noch ein paar weitere Auffälligkeiten. Wir werden sie in den nächsten Tagen gut überwachen und intensiv behandeln müssen."

Auf nichts von alledem war ich vorbereitet gewesen, weder auf die ganze Dramatik der Geburt noch auf die tiefen Gefühle, die mich erfüllten, als ich das Baby sah, schon gar nicht auf die plötzliche Trennung von ihm. Als Clay, mein Mann, mich im Rollstuhl über die Flure der Station schob, sah ich all die anderen glücklichen Mütter, die den Verwandten und Besuchern ihre süßen Babys präsentierten. Ich fühlte mich beraubt. Schon in den ersten Stunden nach der Geburt meiner Tochter fielen alle Hoffnungen und Träume wie ein Kartenhaus in sich zusammen, mein Mutterherz war jetzt schon gebrochen.

Als ich Sarah das nächste Mal sah, trennte mich eine dicke Glaswand von ihr. Der kleine Körper hob und senkte sich mit jedem schweren Atemzug. Sauerstoff wurde in ihre Nase geleitet, Monitore umgaben ihren winzigen, zerbrechlichen kleinen Körper und überall waren Schläuche und Kabel angebracht.

Das hatte nichts mit meinen Vorstellungen von meinem neuen Lebensabschnitt als Mutter zu tun.

Dann wurde alles noch schlimmer. Während ich noch in der Klinik war, erkältete ich mich. Ich trank zu wenig, weshalb schließlich die Milchbildung nicht in Gang kam.

„Manche Frauen haben einfach nicht die richtigen Brüste", kommentierte die Säuglingsschwester, während Sarah mit vor Anstrengung geballten Fäustchen ihre erste Milchflasche zu leeren versuchte. Dieser Satz gab mir den Rest, war ich doch auch vorher schon zutiefst verunsichert gewesen. Nichts war bis dahin nach Plan gelaufen – und nun hatte ich nicht einmal die richtigen Brüste? Ich war zu sehr verletzt, um mich zu wehren.

Schließlich, drei Tage nach der Geburt, die ich wie eine endlose Zeit voller Schwierigkeiten und Komplikationen erlebt hatte, konnten wir unsere kleine Erstgeborene endlich mit nach Hause nehmen. Im fahlen Licht des frühen Morgens saß ich in einer Ecke unserer kleinen Wohnung, hielt dieses winzige Wesen im Arm und fühlte mich zutiefst einsam und allein. Ich ahnte damals nicht, wie entscheidend die folgenden Augenblicke für meine Entwicklung als Mutter sein würden.

Angst und Unsicherheit nahmen immer mehr zu, während ich das kleine Wesen betrachtete, das nun ganz auf mich angewiesen war. Ich hatte keine Ahnung, wie man mit Babys richtig umgeht. *Würde ich erkennen, wenn sie krank wäre und einen Arzt bräuchte? Wer würde mir helfen, alles richtig zu machen?* Meine Eltern würden erst ein paar Tage später kommen und ihr Erziehungsstil, mit dem sie meine Geschwister und mich großgezogen hatten, wich sehr von allem ab, was ich gelesen hatte und tun wollte. In ihrer Zeit war das

Stillen nicht populär gewesen, sie konnten mich in diesem Bereich weder verstehen noch unterstützen. Auch in den meisten anderen Bereichen, die in den modernen Büchern zur Kindererziehung und Säuglingspflege behandelt wurden, würden sie mir keine Hilfe sein können.

An diesem Morgen schrie ich in meinem Herzen zu Gott, so dringlich, wie vielleicht noch nie zuvor in meinem Leben.

„Gott, bitte hilf mir, eine gute Mutter zu sein. Ich weiß gar nicht, wie das geht. Aber du bist der Vater im Himmel für Sarah, du hast sie noch mehr lieb als ich. Bitte zeige mir, was ich tun soll, und sei du mein Ratgeber!"

Es ist gut, an dieser Stelle den Blick auf Gott zu richten – er hat das Baby ins Leben gerufen und ihm eine Mutter dazugegeben. Der Gott, der das Paradies geschaffen hat, der die Galaxien im Universum platziert hat und der sich unsere ganze bunte Welt erdacht hat, er muss auch, als er Mutter und Kind schuf, herrliche Pläne gehabt haben. Alles, was er macht, ist sehr gut. Das ist sein Wesen. Also muss es auch möglich sein, dass es sehr gut ist, wenn eine Mutter ihr Kind zur Welt bringt, stillt, liebt, versorgt und betreut, weil das alles Teil seines Planes und seiner Schöpfung ist.

Gott hat sich die Mutter-Kind-Beziehung ausgedacht und es ist gut, wenn wir uns mit unseren Fragen und Ängsten zuerst an ihn wenden. Der Gott, der diese Rollenverteilung geschaffen hat, wird uns auch fähig machen, sie zu leben, er wird uns helfen und beraten und er wird bei uns sein, während wir diese Arbeit tun, die von ewigem Wert ist. Er wird uns alles geben, was wir brauchen, um der Aufgabe gerecht zu werden. Aber um seinen Rat und seine Hilfe überhaupt empfangen zu können, müssen wir Frauen werden, die sich mit Gottes Wort beschäftigen und beten. Nur so können wir seine Stimme hören und er kann uns immer mehr zu Müttern nach seinen Vorstellungen machen. Wenn ich heute auf diese schwierige erste Zeit zurückblicke und auch an die folgenden Jahre der Kindererziehung denke, dann darf ich feststellen, dass Gott immer an meiner Seite war. Er hat mir geholfen und mich geleitet, er hat gesegnet und beraten. Jeder Erfolg und jeder Segen, den ich als Mutter erlebt habe, kam aus seiner Hand.

Als ich an jenem Morgen in unserem bescheidenen Zuhause saß und sehr unsicher über meine Zukunft und die meines kleinen Kindes nachdachte, da befahl ich Sarah in Gottes Hand. Anschließend legte ich sie an meine Brust, um das Stillen doch noch zu versuchen, und ließ den Glauben in mir wachsen, dass Gott mir helfen würde, eine gute Mutter zu sein. Gott hatte mir dieses kleine Kind anvertraut, es war sein Geschenk an mich. Ich ahnte, dass er mir, während ich zu einer Mutter heranwachsen würde, vieles über sein Wesen und seine Gnade beibringen würde. Mit meinem Kind im Arm saß ich in Gottes Gegenwart und versuchte, seine Pläne für uns beide zu erspüren. Es war der Anfang eines neuen Weges voller göttlicher Inspiration.

Wir leben in einer Welt, in der die schnelle Befriedigung aller Wünsche zum Lebensstil gehört. Nur wenige sind sich bewusst, dass sie eines Tages über die geistliche und moralische Investition in ihre Kinder vor Gott Rechenschaft ablegen müssen. Die Seelen unserer Kinder leben ewig und die Bibel lehrt uns, dass sich unser Einfluss auf sie auch noch lange nach unserem Tod auswirken wird. Während ich als junge Mutter die Bibel las, wurde mir immer deutlicher, welchen Stellenwert das häusliche Umfeld unserer Kinder in Gottes Augen hat. In meinem Zuhause würde ich bestimmen können, was gut und was böse war, hier würde ich meine eigene Identität ausleben können. Ich wollte eine göttliche Atmosphäre schaffen, in der meine Kinder zu Menschen heranwachsen konnten, an denen Gott seine Freude haben würde.

Unser Zuhause sollte ein Ort der Geborgenheit, des Trostes und der Inspiration sein, eine bunte kleine Welt, in der junge Menschen sich ausprobieren und entwickeln konnten, ehe sie als Männer und Frauen mit klaren Überzeugungen und Zielen in die Welt hinaustreten würden. Hier sollte das Wissen über Ehe, Liebe und

Beziehungen an die folgende Generation weitergereicht werden. Es ist ein großer Verlust für unsere Gesellschaft, wenn Mütter und Väter nicht mehr den Anspruch haben, für ihre Kinder ein Elternhaus zu schaffen, das von Gottes kreativem Leben erfüllt ist.

Während ich über meine Aufgabe als Mutter nachdachte und mir bewusst wurde, dass ich meine Kinder zu Männern und Frauen nach Gottes Herzen erziehen wollte, tauchten viele Fragen auf. Was würde das konkret für mich bedeuten? Die meisten jungen Leute bekamen ihre Kinder, ohne auf ihre Rolle wirklich vorbereitet worden zu sein. Gleichzeitig können Mütter und Väter durch die Erziehung und Prägung der nachfolgenden Generation den größten Einfluss auf den Verlauf der Menschheitsgeschichte nehmen. Ich bin zu der Überzeugung gelangt, dass Eltern aus diesem Grund mehr Einfluss auf die Geschichte haben als alle anderen Personen oder Faktoren.

So wurde mir allmählich klar, dass die Betreuung meines Kindes die wichtigste Aufgabe meines Lebens war, die sich am stärksten in der Zukunft auswirken würde. Das warf ein neues Licht auf meinen Lebensabschnitt als Mutter. Gott hatte mir dieses Kind anvertraut, um es zu lieben und Verantwortung für seine Gesundheit zu übernehmen, was mit dem Stillen begann. Ich hatte die Aufgabe, eine tiefe und verlässliche emotionale Bindung einzugehen, damit das Kind sich später zu einem seelisch gesunden Menschen entfalten konnte. Ich war für die Entwicklung seines Denkens verantwortlich, indem ich viel mit ihm redete und viel körperliche Nähe herstellte. Außerdem lag es an mir, das Kind mit der Liebe Gottes bekannt zu machen, indem ich ihm von klein auf von Gott erzählte und das Kind in meine Beziehung zu Gott mit einbezog. Gott hat mir als Mutter wirklich sehr viel Verantwortung übertragen und mir viel zugetraut.

Im Rückblick darf ich feststellen, dass ich allmählich in meine Rolle als Mutter hineingewachsen bin. Es gab viele Augenblicke und Tage, an denen ich unter meinem Versagen, unter Zorn, Stress und Erschöpfung litt. Nach und nach lernte ich immer besser, in Gnade, Freude, Geduld und Hoffnung zu leben, dabei wurde ich meinem Gott langsam aber sicher immer ähnlicher. Aus heutiger Perspektive möchte ich diese Jahre als Mutter um nichts in der Welt missen. Aber zu Beginn des Weges wusste ich davon noch nicht viel. So hoffe ich, dass ich in den folgenden Kapiteln den großen Zusammenhang deutlich machen kann, der eigentlich erst im Nachhinein sichtbar wird. Wenn wir uns auf das einlassen, was Gott für uns als Familien geplant hat, dann wird uns eine tiefe innere Bestätigung erfüllen, die unsere Seele sättigen und zufrieden machen wird.

⚬⟡⚬

Jetzt sind Sie an der Reihe!

Fürchte dich nicht, denn ich bin bei dir; hab keine Angst, denn ich bin dein Gott! Ich mache dich stark, ich helfe dir, mit meiner siegreichen Hand beschütze ich dich! Jesaja 41,10

- Eine einsame Mutter wird leicht zur Zielscheibe entmutigender Gedanken. Sind Sie als Mutter alleine?

- Gott hat Sie geschaffen und ist bei jedem Schritt, den Sie gehen, an Ihrer Seite. Wie wirkt sich das auf Sie als Mutter aus?

Kommt alle her zu mir, die ihr euch abmüht und unter eurer Last leidet! Ich werde euch Ruhe geben. Lasst euch von mir in den Dienst nehmen, und lernt von mir! Ich meine es gut mit euch und sehe auf niemanden herab. Bei mir findet ihr Ruhe für euer Leben. Mir zu dienen ist keine Bürde für euch, meine Last ist leicht.
Matthäus 11,28–30

- Sieht und versteht Gott Sie, wenn es Ihnen nicht gut geht?

- Wie können Sie mitten in der anstrengenden Kleinkindphase Ruhe finden?

- Woraus schöpfen Sie Ihre Kraft?

～

Vorschlag

Nehmen Sie sich Zeit mit Ihrer Bibel und einem Tagebuch. Nachdem Sie oben stehende Verse gelesen haben, notieren Sie sich alles, was Ihnen Angst macht und Sie belastet. Dann schreiben Sie ein Gebet auf, in dem Sie alle Ihre Lasten als Mutter an Gott abgeben. Bitten Sie Gott um Kraft, Ruhe und Weisheit für all die Herausforderungen, in denen Sie stehen.

Schreiben Sie auch das Datum auf, an dem Sie diesen Eintrag gemacht haben. Und rechnen Sie täglich mit Gottes Hilfe und Führung, er ist immer in Ihrer Nähe.

Zu dieser Einleitung gibt es auch ein Video in englischer Sprache. Sie können es über den abgedruckten QR-Code mit Ihrem Handy abrufen oder unter www.gerth.de/clarkson1 öffnen.

Liebe Sally,

ich bin eigentlich ein sehr extrovertierter Mensch. Bei den Persönlichkeitstests, die ich gemacht habe, lag ich sogar außerhalb des oberen Endes der Skala. Aber mittlerweile fühle ich mich gar nicht mehr so. In letzter Zeit will ich am liebsten nur noch alleine sein. Ich bin immer müde und will abends einfach nur ins Bett gehen. Natürlich wäre es gut, Freunde zu haben und unter Menschen zu sein, aber wann? Wie? Ich bin so schrecklich müde.

Liebe Grüße, Sarah Mae

Liebe Sarah,

Gott hat uns mit dem Bedürfnis nach Freunden geschaffen. Mütter sollen mit anderen Müttern zusammen sein, mit Tanten und Omas und anderen Frauen, die sich alle gegenseitig helfen. Versuch nicht, alles alleine zu schaffen! Such dir eine ältere Frau, die du um Rat bitten kannst. Gründe eine Krabbelgruppe mit anderen jungen Müttern. Beschäftigt euch mit Themen, die euch allen Freude machen. Ihr könntet zusammen ein Buch lesen oder einmal alle zusammen abends ausgehen. Eine weise Frau erkennt man daran, dass sie von anderen weisen Frauen lernt. Ich suche mir gerne weise Freundinnen aus und nehme mir Zeit, mich von ihnen ermutigen zu lassen. Das hilft mir, meine jeweiligen Aufgaben besser zu erfüllen. Freunde sind dazu da, dir in den großen Herausforderungen beizustehen. Außerdem bin auch ich immer für dich da!

Alles Liebe von Sally

KAPITEL 2

Ich schaffe das schon – die Kultur der Unabhängigkeit

Sarah Mae

Ich hatte stapelweise Elternratgeber gelesen. Nachdem ich wirklich unglaublich viel zu diesem Thema aufgenommen und verarbeitet hatte, war ich überzeugt, ich könnte, sobald ich eigene Kinder haben würde, alles anwenden und umsetzen. Ich ging tatsächlich davon aus, dass ich alles, was ich für den gesamten Lebensabschnitt meiner Mutterschaft wissen musste, aus Büchern lernen und mich somit auf alles vorbereiten könnte. Ich würde alles machen, was ich gelesen hatte und eine hervorragende Mutter werden, dachte ich.

Doch weit gefehlt!

In der ersten Zeit mit meinem ersten Kind hielt ich mich immer noch für eine erstklassige Mutter. Abgesehen von dem allabendlichen Weinen des Kindes von 19 bis 23 Uhr hatte ich alles bestens im Griff. Ich verbrachte genügend Zeit mit meinem Mann, das Haus war in Ordnung und tagsüber spielte ich mit meinem kleinen Mädchen. Ich ließ sie natürlich auch klassische Musik hören, wie es alle Ratgeber empfahlen. Nach fünf Monaten hörte endlich auch das Weinen am Abend auf, worüber ich sehr erleichtert war. Von da an lief alles nach Plan. Ich brachte sie immer um 18.30 Uhr zu Bett. Tagsüber machte sie drei kleine Schläfchen. Alles war bestens, außer dass ich mich tagsüber, wenn sie schlief, manchmal langweilte. In dieser Zeit las ich dann noch mehr Elternratgeber und wurde mir immer sicherer, die bestmögliche Mutter zu sein.

Als meine Kleine zehn Monate alt war, wurde ich wieder schwanger. Ella war neunzehn Monate alt, als wir einen kleinen Jungen bekamen. Wir freuten uns sehr. Meine Schwiegermutter kam für eine Woche, versorgte mich und Ella und ermöglichte mir, mich gut um Caed zu kümmern. Er war ein unkomplizierter kleiner Junge, der viel schlief und es mir leicht machte, mich auch weiterhin viel mit Ella zu beschäftigen.

Doch die folgende Zeit mit meinen beiden Kleinen war von Müdigkeit überschattet. Damals fing ich an, Kaffee zu trinken. Das Koffein machte mich munter und gab mir Kraft, um durch die langen Vormittage zu kommen. Ich weckte die Kinder jeden Morgen pünktlich um 6.30 Uhr, damit sie sich später wieder zu Bett bringen ließen. Ich lebte streng nach der Uhr, eine Eigenschaft, die mir eigentlich fremd war. Denn ich selbst lebe gerne spontan und ohne feste Termine, doch bei den Kindern wollte ich alles perfekt und nach Lehrbuch machen. So zog ich das Programm durch und arbeitete mich durch die Tage, aber bald gesellte sich zu meiner Müdigkeit auch Einsamkeit. Mein Mann hatte Freunde und Hobbys, ich hatte nur die Kinder. Unsere Freunde waren noch kinderlos. Ich ging zur Bücherei und besuchte Mutter-Kind-Gruppen, aber das war nicht das, wonach ich mich sehnte. Mir fehlte etwas, das nur für mich selbst war.

Mein Mann spielte Softball, was ich zunehmend schlechter ertragen konnte. Um ein Gegengewicht zu schaffen, versuchte ich eine Zeit lang, mir als selbstständige Kosmetikverkäuferin einen eigenen Lebensbereich zu schaffen, aber es machte mir keine Freude, und so gab ich es wieder auf. Zunehmend ließ ich meinen Frust und meine Einsamkeit an meinem Mann aus. Jedes Mal wenn er zum Softball oder zu einem Freund ging, wurde ich wütend.

Deshalb schlug er eines Tages vor: „Suche dir doch ein Hobby!" Er war auch bereit, die Kinder zu betreuen, damit ich etwas Eigenes tun konnte. Aber ich fragte mich ratlos, ob es überhaupt irgendetwas gäbe, das ich tun wollte. Mir fiel nichts ein. So verbrachte ich meine Tage weiterhin mit den Kindern und fing bereits an, das Material für den zukünftigen häuslichen Schulunterricht vorzubereiten. Obwohl sie damals erst ein und zwei Jahre alt waren!

Zu diesem Zeitpunkt entdeckte ich, dass es andere Mütter gab, die im Internet als Bloggerinnen ihre täglichen Erfahrungen veröffentlichten. Von diesen Frauen lernte ich einiges und entwickelte schließlich den Wunsch, auch so etwas zu machen. So fing ich an zu bloggen. Endlich hatte ich ein Hobby gefunden. Es machte mir große Freude, abends am Computer zu sitzen und die Erlebnisse und Gedanken des Tages schreibend zu verarbeiten. Der Gedanke, dass ich damit andere Frauen ermutigen konnte, die in der gleichen Lebenssituation wie ich waren, tat mir zusätzlich gut. Meine Kinder gingen früh schlafen, ich hatte Zeit und Ruhe zum Schreiben und so stellte sich endlich wieder das beruhigende Gefühl ein, mein Leben im Griff zu haben.

Dann kam Caroline dazu, unsere hübsche, lebhafte kleine Tochter. Mit ihr endete mein ganzes mütterliches Expertentum. Zunächst war sie wie ein kleines Püppchen, liebenswürdig und pflegeleicht. Aber dann wurde sie zwei Jahre alt.

Plötzlich verwandelte sie sich in ein Temperamentbündel. Mein Selbstbild ging schnell zu Bruch. Ich war keine wunderbare Mutter mehr, die alles richtig machte und für alle anderen ein Vorbild war. Auch mein Sohn hatte gelegentlich eine gewisse Sturheit bewiesen, mit der er meine Konsequenz auf die Probe gestellt hatte, aber Caroline spielte in einer ganz anderen Liga. Ich verlor schon bald die Kontrolle. War ich in dem einen Augenblick noch die perfekte Mutter und hatte alles im Griff, so wurde ich im nächsten Moment vom zunehmenden Druck und der Last der Verantwortung innerlich schier erdrückt. Die Kinder gingen abends nicht mehr so früh ins Bett und setzten immer häufiger ihren Willen durch. Je weniger die Dinge nach meinen Vorstellungen liefen, desto schlechter fühlte ich mich. Krampfhaft versuchte ich, an meinen Idealen festzuhalten, und fühlte mich dabei zunehmend als Versagerin. Ich erstellte Listen, las Bücher und strengte mich immer mehr an, aber es gelang mir einfach nicht mehr, alles zu tun, was ich für meine Pflicht hielt. Ich wollte die Kinder dazu anhalten, ihren Teil der Hausarbeit zu machen, ihnen biblische Geschichten erzählen, mit ihnen spielen, Bücher vorlesen, ihnen die Welt erklären, sie zum Gehorsam erziehen, das Geschirr abwaschen, die Wäscheberge in Schach halten, meinen Mann verwöhnen … Meine Vorsätze waren nicht schlecht, aber ich konnte sie nicht mehr alle umsetzen. Müde und traurig gab ich auf und glitt in eine Depression. Ich hatte als Ehefrau und als Mutter versagt, so dachte ich resigniert. Mir fehlte der Mut, auch noch irgendetwas zu probieren. Die Last hatte mich erdrückt. Ich ging unter.

Was war aus all meinen Überzeugungen geworden? Ich liebte meine Kinder unverändert und wollte für sie nur das Beste, aber etwas war innerlich zerbrochen. Der Lebensmut hatte mich verlassen, meine Seele war wie taub.

Ich wünschte, jemand hätte vorher mit mir geredet, ehe die Kinder geboren wurden, und hätte mich auf das vorbereitet, was mich tatsächlich erwartete. Doch ich hatte nicht die leiseste Ahnung, wie anstrengend es werden könnte, Mutter zu sein.

Als meine Situation sich verschlechterte, versuchte ich zaghaft, Hilfe zu bekommen, war dabei aber so unklar, dass keiner meine Signale verstand. Während es mit mir weiter bergab ging, tat ich nach außen meist so, als wäre alles in Ordnung. Ich hatte keine Freunde und niemanden, der auf meine Kinder aufpassen konnte. Ich konnte weder alleine noch mit meinem Mann zusammen etwas unternehmen. In meinem Alltag hatte ich jede Disziplin aufgegeben und fühlte mich völlig haltlos. Ich hatte gedacht, ich könnte ohne Hilfe von außen eine gute Mutter sein, aber es ging nicht. Ich brauchte dringend Hilfe.

Da beschenkte Gott mich mit Sally. Meine Kinder waren zwei, drei und fünf Jahre alt, als wir uns kennenlernten. Es dauerte eine

Weile, ehe ich verstand, dass sie mir wirklich helfen wollte. Immer wieder nahm sie Kontakt mit mir auf. Und endlich erkannte ich in ihr die Hilfe, die ich so dringend nötig hatte. Von da an wurde sie ein großer Segen für mich. Sie wurde meine Mentorin und gleichzeitig meine Freundin und Fürsprecherin.

Wir brauchen solche Gefährtinnen, die sich für uns einsetzen, auf uns achten und uns beschützen, die uns beistehen und für unser Wohl kämpfen.

Wenn eine Mutter von kleinen Kindern keine Ratgeberin an ihrer Seite hat, die sie ermutigt und geistlich stärkt, dann darf sie Gott um so eine Person bitten. Gott weiß genau, wer am besten zu wem passt und wer sich gut in die Situation der anderen einfühlen kann. Wir brauchen diesen Rückhalt und diesen Blick von außen. Natürlich wissen wir nicht, wann und wie Gott dieses Gebet beantworten wird, aber er wird es garantiert erhören. Vielleicht dauert es noch ein bisschen. Ich habe lange für diese Hilfe gebetet, aber als sie dann kam, war sie unendlich viel besser als alles, war ich mir hätte ausdenken können.

Sally

Zwei haben es besser als einer allein, denn zusammen können sie mehr erreichen. Stürzt einer von ihnen, dann hilft der andere ihm wieder auf die Beine. Doch wie schlecht steht es um den, der alleine ist, wenn er hinfällt. Niemand ist da, der ihm wieder aufhilft!

Prediger 4,9–10

Viele Mütter sind auf sich selbst gestellt, sind viel zu Hause und erleben, wie sich ein Ideal nach dem anderen als unrealistisch entpuppt und ihr Lebensentwurf an der Wirklichkeit scheitert. Haben sie dabei keine Freundinnen an ihrer Seite, werden sie immer mutloser. Manche Frauen sind schon so lange auf dieser einsamen Straße unterwegs, dass ihnen gar nicht mehr bewusst ist, wie gut es ihnen täte, Zeit mit einer Mentorin, Freundin oder einfach unter Altersgenossen zu verbringen.

Auch ich ging durch solche Phasen. In meinen ersten Jahren als Mutter war ich oft niedergeschlagen und sehnte mich sehr nach Freundschaften. Wir zogen siebzehnmal um, dabei ging es sechsmal ins Ausland – kein Wunder, dass ich jahrelang unter Einsamkeit litt. Manchmal hatte ich das Gefühl, von niemandem wahrgenommen zu werden. Ich hätte mir sehr gewünscht, andere junge Frauen kennenzulernen, die mir hätten Mut machen können. Wie oft litt ich unter der Isolation und Zurückgezogenheit, die unsere Gesellschaft prägt. Doch während unsere Kultur der Individualität dazu führt, dass immer mehr Menschen für sich alleine leben, hat Gott uns in Wirklichkeit zu einem Leben in Gemeinschaft geschaffen.

Gott hat den Wunsch nach Nähe und nach Freundschaft in uns gelegt. Er hat uns mit dem Bedürfnis geschaffen, Verantwortung füreinander zu übernehmen. Das Konzept der Familie, wonach keiner alleine leben muss und niemand die Lasten des Alltags alleine trägt, stammt aus seiner Feder. Diesem Konzept zufolge gehören Eltern, Großeltern, Cousins und Cousinen, Onkel und Tanten zur Familie, dazu kommen noch die vielen Weggefährten, mit denen man zwar nicht verwandt ist, die aber in allen Lebenslagen zusammenhalten und füreinander da sind. Es war von Gottes Seite her nie vorgesehen, dass junge Mütter ganz auf sich alleine gestellt sind. Eigentlich sollte da eine ganze Reihe älterer, erfahrener Frauen bei ihnen sein, die sie mit Rat und Tat unterstützen.

Doch wir haben uns längst daran gewöhnt, alles alleine zu schaffen, und haben oft nicht einmal mehr das Bedürfnis nach engen Freundschaften mit anderen Frauen. Dadurch entsteht dann ein falscher Druck auf die Ehemänner, von denen erwartet wird, dass sie Aufgaben übernehmen, die eigentlich nicht zu ihnen passen.

Wie wunderbar ein Mann auch sein mag, er ist von Gott nicht dazu geschaffen worden, alle Bedürfnisse seiner Frau zu befriedigen. Über die Jahrhunderte hinweg waren junge Mütter immer mit ihren Müttern, Tanten, Schwestern und Großmüttern verbunden, oft sogar unter einem Dach oder in unmittelbarer Nachbarschaft. Traten sie aus dem Haus, so liefen ihnen Frauen über den Weg, mit denen sie ein Schwätzchen halten konnten, während sie die Wäsche auf die Leine hängten oder mit denen sie eine Tasse Tee trinken konnten, während ihre Kinder miteinander spielten. Familienmitglieder, die so eng zusammenleben, teilen in der Regel auch die gleichen Werte, haben den gleichen Glauben und können ihren Kindern und deren jungen Müttern viel Sicherheit und Festigkeit vermitteln.

Einmal reiste ich in eine bestimmte Gegend, in die wir bald ziehen wollten, um ein Haus für uns zu suchen. Eine Freundin von mir hatte ihre dort ansässige Freundin gefragt, ob ich bei ihr wohnen könnte, während ich nach einer Bleibe für unsere Familie suchte. Unsere drei jüngsten Kinder waren mit mir zusammen unterwegs, während Clay, unser ältester Sohn, bei meinem Mann geblieben war. Am ersten Morgen in der neuen Stadt wachte ich früher auf als die Kinder, was in jener Zeit nur selten vorkam. Ich schlich die Treppe hinunter und ging in die Küche, um mir eine Tasse Tee zu machen. Dort erwartete mich ein Tablett, auf dem eine brennende Kerze stand, eine Kanne Tee, zwei Muffins, eine kleine Vase mit rosafarbenen Rosen und eine Grußkarte, auf der zu lesen war: „Sally, ich habe für dich gebetet, dass dich Gottes Liebe, Fürsorge und Segen heute spürbar begleiten, während du nach einem Haus für deine Familie suchst. Wir freuen uns sehr darauf, euch bald hier in unserer Nähe zu haben." Darunter stand: „Möge Gottes Frieden dich umgeben, Jesus ist immer bei dir."

Im nächsten Augenblick strömten mir Tränen übers Gesicht. Ich hatte mich längst daran gewöhnt, stark zu sein, mich um die Bedürfnisse meiner Familie zu kümmern, auf Schlaf zu verzichten und rund um die Uhr für die Kinder zu sorgen. Mir war dabei gar nicht mehr bewusst, wie sehr mir die Freundschaft zu einer anderen Frau fehlte. Doch hier wurde ich plötzlich wahrgenommen und erlebte, wie Gott einer Frau den Anstoß gab, sich um mich zu kümmern. Allein die Tatsache, dass ein anderer Mensch sich über mein Frühstück Gedanken machte, berührte mich schon tief. Ich war selbst überrascht, wie verwundet meine Seele offensichtlich war. Die drei Tage, die ich im Haus dieser warmherzigen Frau verbrachte, taten mir unendlich gut und halfen mir, gestärkt in meinen Alltag zurückzukehren. Später wurden wir sehr gute Freundinnen, weil sie sich Zeit für mich nahm, auf meine Bedürfnisse achtete und mir half.

Wir sind von Gott zur Gemeinschaft geschaffen worden. Auch Menschen, die von Natur aus sehr zurückgezogen leben, erfahren Gottes Gnade durch die Freundlichkeit anderer Menschen. Nachdem mir das klar geworden war, erstellte ich eine lange Liste von Gruppen, denen ich mich anschließen wollte oder die ich notfalls auch selbst gründen würde, wo immer wir auch gerade wohnten. Kamen wir in eine neue Stadt, suchte ich mir als Erstes eine Mutter-Kind-Gruppe und engagierte mich in einer christlichen Gemeinde. War ich dadurch mit einigen Frauen bekannt geworden, lud ich sie zu einem gemeinsamen Kaffeetrinken bei mir zu Hause ein. So lernten wir uns kennen. Als Nächstes lud ich eine der Frauen zu mir ein, um mit ihr einen besonderen Abend zu verbringen. Ich zündete eine Kerze an, machte uns ein heißes Getränk und stellte etwas zum Knabbern auf den Tisch. So erlebten wir eine Zeit zu zweit in Gottes Gegenwart.

Manchmal wurden aus diesen Treffen große, wachsende Gruppen. Es gab auch Zeiten, in denen es nicht einfach war, Frauen zu finden, die zu mir passten. Aber in jedem Fall hatte ich verstanden, dass die Initiative von mir ausgehen musste, wenn ich mich mit Freunden für mich, für meinen Mann und die Kinder umgeben wollte. Hatte ich eine Freundin gefunden, die meine Werte teilte, ging es mir selbst besser, und das wirkte sich natürlich auch positiv auf unser ganzes Familienklima aus. Zusätzlich suchte ich außerdem Kontakt zu anderen Ehepaaren und Familien. Meist lernten wir uns kennen, indem wir uns mit unseren Kindern zum Spielen trafen, zusammen in den Park gingen oder gemeinsame Ausflüge machten. Mit einigen von ihnen verabredeten wir uns einmal im Monat zum Essen. Daraus entstand über die Jahre eine besonders enge Freundschaft zu zwei Familien. Später wurden diese beiden Familien auf den von uns veranstalteten Missionskongressen unsere Mitarbeiter und wir wuchsen in jeder Hinsicht zusammen – im gemeinsamen Dienst für Gott, im Alltag und in der Freizeitgestaltung. Die Kinder sind inzwischen längst erwachsen, aber diese Freundschaften gehen weiter.

Unsere Kinder dachten sogar eine lange Zeit, wir wären mit diesen beiden Familien verwandt, so eng sind die Beziehungen. In den Ferien verabreden wir uns so oft es geht zu gemeinsamen Mahlzeiten und Aktivitäten, sodass Groß und Klein im Laufe der Jahre unzählig viele schöne gemeinsame Erinnerungen gesammelt haben. Wir alle haben zusammen gearbeitet, Reisen gemacht, Feste gefeiert und viel Spaß gehabt, während unsere Kinder miteinander heranwuchsen. Obwohl es auch immer wieder Zeiten der räumlichen und zeitlichen Distanz gab, blieben wir innerlich doch eng miteinander verbunden.

Fast jede Gruppe, der ich jemals angehörte, habe ich selbst gegründet. Jedoch zuerst musste ich die Enttäuschung überwinden, nicht von anderen eingeladen zu werden. In unserer Welt ist jeder so beschäftigt und überfordert, dass es kaum anders gehen wird, als die Gruppen, zu denen wir gehören wollen, selbst ins Leben zu rufen.

Freundschaften zu bauen ist eine Fähigkeit, die man als Frau Gottes lernt, während man an Reife und Weisheit zunimmt. Je länger man sich darin übt, desto geschickter wird man in dieser Kunst der gelebten Liebe. Während ich mich und meine Kinder in das

Leben anderer Menschen investiere, lernen meine Kinder unendlich viel. Es wäre viel zu wenig gewesen, wenn mein Mann und ich die einzigen Erwachsenen gewesen wären, die in ihr Leben hineingesprochen, sie geliebt, mit ihnen Spaß gehabt und mit ihnen gebetet hätten. Unser Freundeskreis, den wir über die Jahre bewusst aufgebaut hatten, wurde damit zu einem hilfreichen Umfeld für unsere Kinder. Es ging für sie nicht nur darum, was ihre Eltern wollten, sondern sie waren umgeben von Menschen, die alle das Gleiche glaubten und nach ähnlichen Regeln lebten. Das stärkte unsere ganze Familie sehr.

Im Laufe der Jahre gewann ich Übung in der Gründung bestimmter Gruppen und entwickelte dazu bestimmte Vorgehensweisen.

Zunächst hielt ich Ausschau nach Frauen meines Alters oder nach Frauen, die Kinder im Alter meiner Kinder hatten. Durch sie erfuhr ich von den wichtigen Veranstaltungen in unserer Stadt und von den altersgerechten Angeboten für unsere Kinder. Schon bald fand ich unter ihnen auch Familien, die Interesse daran hatten, gegenseitig auf die Kinder aufzupassen, sodass jedes Ehepaar von Zeit zu Zeit ein paar kinderfreie Stunden haben konnte.

Als Nächstes suchte ich nach älteren Frauen in der Gemeinde, die meine geistliche Entwicklung positiv beeinflussen konnten. Als wir nach Colorado zogen, entdeckte ich in einer kleinen Bibelgruppe eine ältere Frau, zu der ich mich sehr hingezogen fühlte. Ich lud sie zum Frühstück ein. Damit begann unsere Freundschaft. Von da an versuchte ich, mich etwa einmal monatlich mit ihr zu treffen, vorausgesetzt, wir waren beide nicht verreist. War ich mit ihr zusammen, dann wuchs in mir wieder das Verlangen, Gott mehr zu lieben, meine Aufgaben sorgfältiger zu erledigen und eine liebevollere Ehefrau zu sein. Diese Frau lebte in einer sehr engen Beziehung mit Gott und das spornte mich an.

Schließlich suchte ich nach einer jüngeren Frau, die Ermutigung brauchte, und befreundete mich mit ihr. Ich hatte mich mit

Gott abgesprochen, immer nach solchen Frauen Ausschau zu halten, denen es ähnlich ging wie mir in früheren Jahren. Indem ich die Verantwortung für eine jüngere Mutter übernahm und sie ermutigte, mit Gott und nach biblischen Maßstäben zu leben, war das für mich immer auch die Herausforderung, selbst so zu leben, wie ich andere lehrte.

Mittlerweile staune ich über die Vielzahl von Freundinnen, die heute zu meinem einst so einsamen, leeren Leben gehören. Ich habe über Jahre viel investiert, aber nun genieße ich den Reichtum an Beziehungen, die unsere ganze Familie einschließen. Vor einigen Monaten, als Clay operiert wurde, bekamen wir drei Wochen lang jeden Abend ein warmes Essen vorbeigebracht. Ich hatte niemanden darum gebeten, sondern die Saat, die wir ausgestreut hatten, war aufgegangen. Unser soziales Netz ist sehr engmaschig und bietet uns viel mehr Halt und Unterstützung, als wir hätten, wenn wir uns ausschließlich auf Verwandte stützen würden.

⸎

Jetzt sind Sie an der Reihe!

Zwei haben es besser als einer allein, denn zusammen können sie mehr erreichen. Stürzt einer von ihnen, dann hilft der andere ihm wieder auf die Beine. Doch wie schlecht steht es um den, der alleine ist, wenn er hinfällt! Niemand ist da, der ihm wieder aufhilft! Wenn zwei in der Kälte zusammenliegen, wärmt einer den anderen, doch wie soll einer allein warm werden? Einer kann leicht überwältigt werden, doch zwei sind dem Angriff gewachsen. Man sagt ja auch: „Ein Seil aus drei Schnüren reißt nicht so schnell!" Prediger 4,9–12

- Es zählt zu den Stärken von Frauen, Freundschaften zu pflegen. Doch unsere Kultur tendiert immer mehr zur Isolation. Welche

Auswirkungen kann es im Leben einer Frau haben, wenn sie keine Gefährtin hat, die ihr zur Seite steht?

- Wie können wir der Gefahr vorbeugen, im Alltag als Mutter unterzugehen? Wie können wir uns einen Kreis von Freundinnen schaffen, die den gleichen Weg gehen wie wir?

Von den älteren Frauen verlange, dass sie ein Leben führen, wie es Gott Ehre macht. Sie sollen nicht klatschen und tratschen noch sich betrinken, sondern in allen Dingen mit gutem Beispiel vorangehen. So können sie die jungen Frauen dazu anleiten, dass sie ihre Männer und Kinder lieben, besonnen und anständig sind, ihren Haushalt gut versorgen, sich liebevoll und gütig verhalten und sich ihren Männern unterordnen, damit Gottes Botschaft durch sie nicht in Verruf gerät.

Titus 2,3–5

- Die Begleitung durch eine erfahrene, weise Person ist immer wertvoll, in jedem Lebensbereich. Wer ist, ausgehend von dieser Bibelstelle, besonders geeignet, Sie auf Ihrem Weg als junge Mutter zu unterstützen?

- Worauf sollten Sie als eine Frau, die mit Gott leben will, besonders achten?

ℭℵℨ

Vorschlag

Schreiben Sie sich ein paar Namen von Frauen auf, die in einer ähnlichen Situation sind wie Sie selbst. Laden Sie diese Frauen zum Kaffeetrinken nach Hause oder in ein Café ein. Sprechen Sie offen darüber, dass Sie sich Kontakt zu Frauen wünschen, die sich mit ähnlichen Themen herumschlagen wie Sie selbst. Fragen Sie die anderen Frauen, ob sie sich monatliche Treffen vorstellen könnten, um sich gegenseitig zu ermutigen, ein geeignetes Buch zu lesen, sich auszutauschen und Spaß zu haben.

Ich habe mich festgelegt, mir immer auch ältere Freundinnen zu suchen, die mich anspornen und ermutigen. Gibt es in Ihrer Gemeinde oder in Ihrer Umgebung eine reife Frau, die Sie bewundern? Laden Sie diese Frau zum Kaffee ein und sprechen Sie über Ihren Wunsch nach Kontakt mit einer Person, die das, was Sie gerade erleben, schon hinter sich hat. Fragen Sie diese Frau, ob sie bereit wäre, sich ein- oder zweimal monatlich mit Ihnen zu treffen, um mit Ihnen zu reden, zu beten und Ihnen die Möglichkeit zu geben, über Ihr Tun Rechenschaft abzulegen.

Zu dieser Einleitung gibt es auch ein Video in englischer Sprache. Sie können es über den abgedruckten QR-Code mit Ihrem Handy abrufen oder unter www.gerth.de/clarkson2 öffnen.

Liebe Sally,

ich wünschte, es gäbe ein Rezept, an das ich mich halten könnte,
um meine Kinder richtig zu erziehen. Erst gestern war ich
wieder völlig frustriert, weil meine Tochter so ungehorsam war.
Es war klar, dass ich sie bestrafen musste, aber wie? Ich habe
schon viele Methoden ausprobiert, aber ich kann einfach nie
einschätzen, wie sie als Nächstes reagieren wird. Ich brauche
praxiserprobte Tipps, handfeste Antworten.
Kannst du mir helfen?

Alles Liebe, SM

Hallo Sarah,

*ich will dich heute vor allem ermutigen, die vielen guten
Ratschläge, die es gibt, allesamt nicht zu beachten. Gott hat
uns nicht nach einem bestimmten Schema geschaffen. Du bist
ebenso einzigartig wie jedes deiner Kinder, gemeinsam werdet
ihr eine Familienkultur schaffen, die es nur bei euch gibt. Stelle
dich darauf ein, dass du viele Schwächen hast, ebenso wie deine
Kinder, und versuche, unter diesen Bedingungen einen Lebensstil zu entwickeln, bei dem ihr alle glücklich sein könnt. Lass die
Liebe zu deinen Kindern immer an erster Stelle stehen. Vergib
ihnen und dir selbst alles, was ihr falsch macht, und halte
dir immer die Gnade Gottes vor Augen, der uns jeden Fehler
nachsieht und uns alles Böse vergibt. Wenn du dich an Regeln
und Tipps hältst, dann behinderst du dein eigenes Muttersein in
seiner Entfaltung. Je mehr Freiheit du dir und deinen Kindern
gibst, desto mehr Freude und Zufriedenheit werdet ihr erleben.
Lebe aus der Kraft des Glaubens und genieße die Freiheit,
die Dinge so zu tun, wie es für dich und deine Kinder gut ist.
Dann hat auch Gott Freude an euch.*

In Liebe, Sally

KAPITEL 3

Nicht jede Regel passt in jeder Situation

Sarah Mae

Mit zuverlässiger Regelmäßigkeit krabbelte sie wieder und wieder aus ihrem Bettchen. Hatte sie sich an den Stäben vorbeigezwängt, hielt sie einen Moment inne, neigte das Köpfchen und lauschte. Dann ließ sie sich auf den Boden fallen und steuerte auf den Ventilator zu, um auf den Aus-Knopf zu drücken. Doch ich war schneller, sie hatte mich nicht bemerkt. Erschrocken wollte sie in ihr Bettchen zurück, doch es war zu spät. Wieder einmal hatte ich sie auf frischer Tat ertappt. Ich würde diesen Kampf gewinnen, auf jeden Fall! Sie würde im Bett bleiben!

Caroline war von Anfang an ein lebhafter, hübscher, kluger kleiner Wildfang! Dieses zweijährige Mädchen machte mich zu einer demütigen Mutter. Wie oft kämpften wir abends den Kampf um das Ins-Bett-Gehen, wie oft war sie einfach ausdauernder und nervenstärker als ich. Aber an diesem Abend war ich fest entschlossen, mich zu behaupten. Es müsste doch möglich sein, diesem Kind Gehorsam beizubringen.

Doch sie gab nicht auf. Immer wieder kam sie aus ihrem Bett. Ich war der Verzweiflung nahe. Am liebsten hätte ich meine Sachen gepackt und wäre gegangen. Ich hatte es mit Klapsen auf den Windelpo versucht, mit Unerbittlichkeit, mit Ignorieren, auch Betteln und Flehen, selbst meine Tränen ließen dieses Kind unbeeindruckt. Sie lachte mir ins Gesicht und machte weiter. Erst als sie der Müdigkeit nicht mehr standhalten konnte, blieb sie im Bett und schlief ein. Sie hatte gewonnen. Ich war am Ende und ließ meinen Tränen freien Lauf.

Langsam wurde mir klar, dass Caroline besonders war. Es gab kein Erziehungsbuch für dieses Kind.

Es machte mir Angst, ein Kind zu haben, das in keine Schublade passte, denn ich liebe Handbücher und Zehn-Punkte-Programme. Wenn ich in einer schwierigen Situation bin, dann möchte ich einen guten Rat, an den ich mich halten kann, damit dann alles wieder nach Plan läuft. Auch bei Caroline habe ich das versucht. Man hatte mir gesagt, was ich tun müsste, damit sie gehorcht. Aber nichts funktionierte. Also musste es wohl an mir liegen. Offensichtlich war ich eine schlechte Mutter.

Ratschläge und Schuldgefühle

Die Ratschläge an sich sind nicht das Problem. Schwierig wird es dann, wenn sie nicht zum erwünschten Erfolg führen. Dann stellen sich die Selbstvorwürfe und Unsicherheiten ein: „Wahrscheinlich habe ich es nicht lange genug versucht." – „Bestimmt mache ich etwas falsch." – „Wo liegt mein Fehler?"

Mein Sohn ist jetzt fünf Jahre alt. Wenn ich daran denke, wie streng wir mit ihm waren, als er zweieinhalb war, kommen mir immer noch die Tränen. Die Erinnerung an unser Verhalten als Eltern in dieser Zeit ist äußerst schmerzhaft. Er war ein kleiner Junge, der Freude daran hatte, seine Welt zu entdecken. Doch wir bezeichneten ihn als „dickköpfig" und waren entschlossen, ihm den Ungehorsam konsequent auszutreiben. Dabei waren wir natürlich nicht grausam, aber uns fehlte das rechte Maß und wir befolgten den falschen Rat. Wir dachten, er müsse aufs Wort gehorchen und es wäre unsere Verantwortung, ihn dazu zu erziehen, wenn nötig auch mit Schlägen. Doch was wir damit erreichten, war entsetzlich. In dem kleinen Jungen staute sich eine Menge Zorn an. Aus unserem lebensfrohen Kind wurde ein wütender kleiner Kerl, der eigentlich nur lernte, dass er ein ungezogener Junge war.

Gleichzeitig wuchs in ihm die Scham darüber, dass er so „böse" war, denn jede Bestrafung vermittelte ihm dieses Gefühl. Er erlebte unsere Strafen nicht im Zusammenhang mit seinem falschen Verhalten, sondern es richtete sich grundsätzlich gegen seine Person und sein Wesen. In der Folge mochte er sich selbst nicht mehr und verlor die Hoffnung, sich jemals ändern zu können. So viel Leid in der Seele eines Zweijährigen!

Schuldgefühle dieser Art sind für jeden Menschen schwer zu ertragen, aber für ein Kind muss diese Last unvorstellbar schwer sein. Mein Sohn verstand das alles nicht und hatte jede Hoffnung verloren, der Kummer erdrückte ihn schier und er wurde immer sicherer in der Annahme, grundsätzlich alles falsch zu machen. Deshalb war es dringend an der Zeit, dass wir unseren Erziehungsstil, den wir in unserer Hilflosigkeit ihm gegenüber angewandt hatten, änderten. Wir hatten ihn nicht nur zum Zorn erzogen, sondern er verstand auch nicht, was er falsch machte und warum wir ihn bestraften. Anstatt sein Herz zu formen, verletzten wir es. Auch wenn er uns in der Folge dann gehorchte, so litt er doch in seiner Seele.

Weil alle Beteiligten unter dieser Art, unseren Sohn in die richtige Bahn zu lenken, litten, beschlossen mein Mann und ich, ihn nicht mehr zu schlagen und stattdessen viel Zeit mit ihm zu verbringen. Wir fingen an, ihm zuzuhören, mit ihm über sein Verhalten zu reden und ihn behutsam zu erziehen. Heute ist der Zorn aus der Seele meines Sohnes verschwunden. Er lernt jetzt, die falschen Verhaltensweisen als nicht richtig zu erkennen, aber er weiß auch, dass er nach Gottes Vorbild geschaffen wurde und von Gott geliebt wird. Wir konnten ihm erklären, dass wir uns alle immer wieder falsch verhalten und beständig Vergebung brauchen, die Gott uns aber gerne schenkt.

Heute ist mir vor allem eine Wahrheit wichtig, die meine Kinder unbedingt verstehen sollen: Gott hat jeden von uns einzigartig und wunderbar geschaffen, wir sind geschaffen nach seinem Bild. Obwohl wir hier in dieser Welt der Sünde nicht vollständig entkommen können, wird Jesus unser Inneres heilen, wenn wir ihm unser Leben anvertrauen. Das ist jetzt die Grundlage unseres Denkens und unserer Erziehung.

Gib Gott das Böse und er gibt dir das Schöne. Manchmal müssen wir das wiederholt tun, aber irgendwann werden wir mit seiner Hilfe ans Ziel gelangen. So ist sie, die Geschichte einer Menschheit, die von einem barmherzigen Gott geliebt wird: „Wie ein Vater seine Kinder liebt, so liebt der Herr alle, die ihn ehren" (Psalm 103,13).

Für die Mutter, deren eigensinniges Kind in keine Schublade passt

Es gibt keine allgemeingültigen Regeln zum Umgang mit Kleinkindern und keine Geheimrezepte. Die meisten Mütter drehen manchmal fast durch oder sitzen gelegentlich weinend in einer Ecke. Trotzdem will ich von den Dingen erzählen, die mir geholfen haben, auf dem Boden der Tatsachen anzukommen und mich in meine Rolle hineinzufinden.

Mir hilft es am meisten, der Liebe zu meinen Kindern Raum zu geben. Ich drücke und küsse sie, kuschle mit ihnen, ich streiche ihnen über die Haare und halte ihre Händchen. Ich bin für sie da, ohne Zeitdruck. Ich bete in aller Ruhe mit ihnen und genieße es, wenn sie mit meinen Locken spielen. Wenn ich mit ihnen rede, suche ich Blickkontakt zu ihnen.

Ich rede positiv über sie und sage ihnen, dass ich Freude an ihnen habe (und wenn die Freude mehr eine Entscheidung als ein Gefühl ist, dann bitte ich Gott um Freuden-Nachschub). Man kann es gar nicht oft genug sagen: „Du bist schön. Du bist klug. Gott hat dich lieb. Ich bin so froh, dass du mein Kind bist." Immer wieder sollen sie hören, dass ihre Mama nie aufhören wird, sie zu lieben. Das gilt und wird immer gelten, unter allen Umständen. Es gibt verschiedene Möglichkeiten, wie man ein Verhalten bestärken oder bekämpfen kann. Jedes Kind reagiert anders. Als Mütter haben wir die Pflicht, unsere Kinder genau zu beobachten, um herauszufinden, worauf sie in welcher Form reagieren. Es geht in erster Linie immer darum, ihr Herz zu gewinnen. Unsere Aufgabe ist es, sie zu ermutigen, das Gute zu wählen und das Böse zu verwerfen. Und das allerwichtigste Ziel ist, dass sie Jesus von ganzem Herzen lieben und ihm entschieden nachfolgen. Alles andere ist dem nachgeordnet und vergleichsweise unwichtig.

Wir Erwachsenen kämpfen nicht weniger gegen die Sünde als die Kleinen. Wir alle lehnen uns mal mehr, mal weniger gegen Gott auf. Aber er liebt uns, weil wir seine Kinder sind, egal wie gut oder weniger gut wir uns benehmen. Er ist nachsichtig, einfühlsam und zuverlässig. Wir können jederzeit ohne Angst vor ihn treten. Genau so sollten auch unsere Kinder immer zuversichtlich zu uns kommen können, egal, was sie gerade falsch gemacht haben. Bedingungslose Liebe – das bekommen wir von Gott und das steht auch unseren Kindern zu. Ich möchte jede Gelegenheit nutzen, um meinen Kindern zu zeigen, dass ich zu ihnen halte und ihnen immer vergebe, genau wie Gott es mir gegenüber auch tut.

Jesus hat die Verantwortung für unsere Kinder

Unser Bedürfnis nach Erziehungsrichtlinien zeigt auch, wie ernst wir Mütter unsere Aufgabe nehmen. Die Kinder sind uns so wichtig, dass wir uns die Mühe machen, sie zu erziehen. Dabei dürfen wir jedoch den einen zentralen Aspekt nicht aus den Augen verlieren – dass wir sie im Gebet vertrauensvoll Jesus und seiner Fürsorge anbefehlen. Er hat sie geschaffen, er ruft sie in seine Nähe und er heilt ihre Seelen. Das Gebet für unsere Kinder hat oberste Priorität.

Nichts ist wichtiger, als sie zu dem einen zu führen, der uns alle von innen heraus verändert.

Ihr seid Gottes Kinder geworden, weil Gott, unser Vater, euch von Anfang an dazu auserwählt hat. Durch die Kraft des Heiligen Geistes könnt ihr jetzt Jesus Christus als euren Herrn anerkennen, weil er am Kreuz sein Blut für euch vergossen und euch von eurer Schuld befreit hat. Gott schenke euch immer mehr seine Gnade und seinen Frieden.

1. Petrus 1,2

Sally

Durch Christus sind wir frei geworden, damit wir als Befreite leben. Jetzt kommt es darauf an, dass ihr euch nicht wieder vom Gesetz versklaven lasst.

Galater 5,1

Ich lag auf meinem geblümten Liegestuhl, betrachtete den großen Garten mit seinen Bäumen und Blumen und dachte über mein fünfzigjähriges Leben nach. Langsam versank die Sonne am Horizont und ich sah von meiner Terrasse aus, wie der Abendnebel aus den Wiesen aufstieg. Friede erfüllte das Tal.

Ein wunderschöner Geburtstag lag hinter mir, ruhig, aber sehr innig. Clay hatte für uns zu Hause ein Candle-Light-Dinner vorbereitet, zu dem nur wir beide und unsere vier Kinder eingeladen waren. Die drei älteren Kinder mit 20, 17 und 15 Jahren hatten erzählt, was sie an mir schätzten. Sie sprachen von den besonderen Zeiten in Gottes Gegenwart, wenn wir morgens auf dem Sofa miteinander kuschelten, die Abenteuer, die wir auf unseren Missionsreisen überall auf der Welt erlebt hatten, die Bücher, die wir alle mochten und gemeinsam lasen, die Kuchen am Nachmittag, die Rückenmassagen, die Abende mit Pizza und Filmen, die

Geburtstagstorten und all die Gewohnheiten, die wir als Familie entwickelt hatten und die uns dieses Gefühl der Zusammengehörigkeit gaben. Joy, unsere Jüngste, war erst sieben. Sie hatte mir ein Bild gemalt, auf dem wir beide zu sehen waren und uns an den Händen hielten. Darunter stand „Joy und Mama", neben Mama hatte sie noch „meine beste Freundin" geschrieben.

Große Dankbarkeit durchströmte mich dort auf dem Liegestuhl, während ich über meine ersten fünfzig Jahre nachdachte. Wie reich hatte Gott mich gesegnet! Unsere Familie war heil, alle folgten Jesus nach, die Beziehungen untereinander waren eng und herzlich, wir liebten einander und hatten viel Spaß zusammen. Clay und ich hatten unsere Vision umgesetzt und einen geistlichen Dienst aufgebaut, durch den wir andere Familien ermutigten, ihre Kinder als zukünftige Männer und Frauen Gottes zu sehen und auf dem Weg dorthin zu begleiten und zu stärken. Wir hatten beide schon einige Bücher in verschiedenen Verlagen herausgebracht und hatten auch einen kleinen eigenen Verlag gegründet. Überall auf der Welt hatten wir Konferenzen für Mütter organisiert, ebenfalls ein lang gehegter Traum von uns. Doch das Kostbarste waren doch die vier Kinder, mit denen Gott uns beschenkt hatte.

Während ich so meinen Gedanken nachhing, fiel mir auf, dass all dieser Segen nur möglich war, weil ich nicht den kulturellen Klischees unserer Gesellschaft folgte. Ich hatte mich von Gottes Idealen leiten lassen, die in vielem nicht unserer Kultur entsprachen. Gott hatte uns auf abenteuerliche Wege geschickt, die wir im Glauben gehen konnten und die alles übertrafen, was ich mir für mein Leben gewünscht hatte.

Jede Familie schreibt ihre eigene Geschichte. Wir können Gott nur gefallen, wenn wir auf seine Stimme hören. Jeder hat seine Eigenarten, seine Stärken und Schwächen, engagiert sich an bestimmten Stellen und setzt sich für bestimmte Themen ein. Gott lässt uns viel Freiheit, wenn es darum geht, unser Leben zu organisieren und zum Segen für unsere Angehörigen zu werden.

Ich bin überaus dankbar dafür, dass unsere Familie schon sehr früh begann, gemeinsam im Glauben zu leben. In Hebräer 11,6 lesen wir: „Denn Gott hat nur an den Menschen Gefallen, die ihm fest vertrauen. Ohne Glauben ist das unmöglich. Wer nämlich zu Gott kommen will, muss darauf vertrauen, dass es ihn gibt und dass er alle belohnen wird, die ihn suchen."

In der Bibel finden wir viele unangepasste Typen: Der Hirtenjunge David kommt von der Weide und tötet Goliath, den Schrecken der israelischen Armee. Die beiden Kundschafter Kaleb und Josua waren überzeugt, dass Gott die Riesen vor ihnen vertreiben und ihnen das Land geben würde, in dem Milch und Honig flossen. Damit standen sie zu zweit gegen zehn entgegengesetzt denkende Männer. Mose besiegte das ägyptische Heer, weil er zusammen mit seinem Millionenvolk ins Rote Meer hineinging. Josef glaubte einem Traum, wonach er über seine Brüder herrschen würde, was schließlich tatsächlich geschah. Josua besiegte eine Armee, indem er eine Woche lang um ihre Stadt herummarschierte. Und es gibt noch viele solcher Berichte. Diese Menschen folgten nicht ihrer Logik und taten auch nicht, was von ihnen erwartet wurde, sondern sie schauten auf Gott, hörten auf das, was er sagte, und richteten sich danach.

Immer wieder sagten uns wohlmeinende Gläubige, was der Wille Gottes für unser Leben sei – doch es war oft nur ihre eigene Vorstellung von dem, was wir tun sollten. Solche Leute waren auch die Freunde von Hiob. Sie hielten ihre eigene Meinung für maßgeblich, obwohl sie im Widerspruch zu dem stand, was Gott mit Hiob vorhatte. Hiob wurde wegen seiner Gerechtigkeit verfolgt, Satan setzte alles daran, sein Leben zu zerstören, und Gott ließ das alles zu, weil er sich sicher war, dass Hiob ihn liebte und ihm treu bleiben würde. Auch unsere falschen Freunde hinterfragten unsere Träume, die wir im Vertrauen auf Gott umsetzen wollten. Doch schon früh hatte ich erkannt, dass mein Leben immer dann von Freude, Freiheit und Zufriedenheit erfüllt war, wenn ich auf das achtete, was

Gott mir durch die Bibel sagte, und wenn ich die Träume lebte, die Gott in mein Herz gelegt hatte. Dabei spielte es keine Rolle, was andere Leute über mich dachten.

Wir haben viele Menschen enttäuscht, weil wir nicht ihren Vorstellungen entsprachen. So haben wir die Erwartungen unserer Familien nicht erfüllt, denen es lieber gewesen wäre, ich hätte meine Kinder in eine staatliche Schule geschickt, anstatt sie zu Hause zu unterrichten.* Viele ungebetene Ratgeber hielten meine idealistische Art der Erziehung und Jüngerschaft für riskant. Immer wieder wurden wir gewarnt, dass wir mit unseren Erziehungsbüchern „viele in die Irre führten". Wer unsere Bücher umsetzen würde, hielte sich nicht mehr an die traditionelle, autoritäre Erziehung.

Wie oft hörten wir: „Ihr solltet strenger sein und eure Kinder ruhig einmal schlagen, das schadet schon nicht!" Doch für unseren Sohn Nathan wäre alles zerstörerisch gewesen, was ihn mit Strenge zum Gehorsam gezwungen hätte. Mit Liebe und Zärtlichkeit war er am ehesten zu lenken. Später fanden wir heraus, dass er ADHS hatte und unter Zwängen litt. Er brauchte Geduld und eine Mama, die ihn lieb hatte und ihm etwas zutraute. Heute ist er ein stabiler Mann mit großer künstlerischer Begabung, der viel bewegt. Ich habe große Freude an ihm, vielleicht gerade, weil er in keine Norm passt.

Während wir im Ausland in der Mission tätig waren, sagten uns viele Freunde immer wieder, dass zwei Kinder genug seien. Eine Bekannte sagte mir sogar ganz direkt, dass ich meine Ausbildung und meine Lebenszeit vergeuden würde, wenn ich mich hauptsächlich um Kinder und Familie kümmerte, statt mich der Mission zur Verfügung zu stellen. Andere konnten nicht verstehen, warum wir das Missionsfeld wieder verlassen wollten, nur um einen Dienst für

---

* In den USA ist es rechtlich möglich, seine Kinder selbst zu Hause zu unterrichten und nicht in eine Schule zu schicken.

Familien aufzubauen. Wir würden ja fast so tun, als wären Familien wichtiger als die Mission.

Es gab viele Meinungen und Stimmen, die mich in Bezug auf meinen Glauben und meine Entscheidungen verunsicherten. Die einen meinten, wir würden die falschen Fächer studieren, andere dachten, wir würden die falschen Filme anschauen, unsere Musik wäre nicht gut oder unsere Kleider wären nicht unserem Beruf angemessen – es gab so viele Regeln und Gesetze, denen wir nicht entsprachen.

Ich glaube nicht, dass es den einen „richtigen Weg" gibt. Jeder von uns soll Gott suchen, das wünscht er sich. Wir sollen seine Weisheit begehren und im Glauben den Weg verfolgen, den er uns zeigt. Dabei wird jede Familie anders geführt, jede Ehe kann anders gestaltet werden und jede Mutter und jeder Vater werden im Umgang mit ihren Kindern einen eigenen Stil entwickeln. Wer so lebt, tastet sich im Vertrauen voran, dass Gott da ist und wirklich führt.

Clay und ich erlebten, dass wir, während wir Gott nachfolgten, immer mehr unsere eigene Art entfalteten und immer mehr zu den Personen wurden, als die Gott uns geschaffen hatte, wir wurden authentisch und konnten uns – innerhalb der Grenzen unserer Persönlichkeiten – weit entfalten.

Umso mehr bekümmert es mich, wenn ich heute viele junge Frauen sehe, die sich vor allem von Angst leiten lassen. Die Angst, was andere von ihnen denken, bestimmt ihr Handeln und Tun. Sie haben Angst, ihren Kindern gegenüber etwas falsch zu machen oder deren Bedürfnisse nicht ausreichend zu befriedigen, Angst vor den Erwartungen anderer Menschen, Angst, zu sich selbst zu stehen.

Während wir von unserer Umgebung argwöhnisch beäugt werden, folgen wir nicht nur dem Diktat der Angst, sondern lassen uns nur allzu oft auch von Gesetzlichkeit leiten. Pflichten und Aufgaben bestimmen unseren Rhythmus. So viele Frauen sind am Rande ihrer Kraft, weil sie versuchen, allen Erwartungen ihrer Umwelt gerecht zu werden. Sie nehmen sich jeden Kommentar im Internet zu Herzen, wollen jedes Buch, das sie lesen, umsetzen, und bringen sich und ihre Kinder an die Grenzen der Belastbarkeit. Dabei wäre es viel wichtiger, sich am Maßstab der Bibel zu orientieren, statt sich zum Sklaven der unterschiedlichen Meinungen anderer Menschen zu machen. Wer Gott von ganzem Herzen nachfolgen will, muss lernen, zwischen wichtigen und unwichtigen Stimmen zu unterscheiden.

Gott ist kein großer Spielverderber, der jedes Fünkchen der Freude und Freiheit im Leben ersticken will. Er hat sich das Konzept der Familie als sicheren Rahmen zum Feiern und Fröhlichsein ausgedacht. Gott hat Elternhäuser geschaffen, damit Kinder in einer Atmosphäre der Geborgenheit erwachsen werden können. Jede Mutter ist genau die Frau, die ihre Kinder brauchen. So wunderbar hat Gott alles geschaffen. Eine Mutter, die glücklich ist, die in sich selbst ruht und Freude an ihrem Leben hat, wird von ihren Kindern geliebt und wertgeschätzt. Wenn wir Gott vertrauen, statt der Angst und dem gesellschaftlichen Druck nachzugeben, dann wird er auf unserer Seite sein. „Wer das Urteil der Menschen fürchtet, gerät in ihre Abhängigkeit; wer dem Herrn vertraut, ist gelassen und sicher" (Sprüche 29,25).

Jeder bestimmt selbst, was für eine Familie er hat

Was für eine Familie wünschen Sie sich? Welche Werte wollen Sie Ihren Kindern mitgeben? Clay und ich wollten unseren Kindern das weitergeben, was uns selbst stark gemacht hat. Sie sollten klar denken lernen, also lasen wir mit ihnen viele klassische Bücher und beschäftigten uns gemeinsam mit verschiedenen Denkansätzen und Philosophien. Sie sollten eine eigene Beziehung zu Jesus haben, deshalb suchten wir gezielt nach Möglichkeiten, ihre Herzen für Gott zu gewinnen. Clay und ich lieben Musik, also investierten wir viel

Zeit und Geld in ihre musikalische Ausbildung, natürlich gemäß der jeweiligen Begabung jedes Kindes. Wir wollten, dass sie ihr Zuhause mehr mochten als jeden anderen Ort auf der Welt, also entwickelten wir alle möglichen Familientraditionen, Feste, Spiele, Leseabende und viele gemeinsame Aktivitäten.

Wer keinen eigenen Plan hat und keine persönlichen Ziele verfolgt, wird sich automatisch den Plänen anderer Menschen anpassen. Gott hat jedem Ehepaar den Auftrag und die Freiheit gegeben, eine Familie zu werden, die vollkommen einzigartig ist. Je früher wir uns zu den eigenen Werten, Vorlieben, Stärken und Schwächen bekennen, desto schneller werden wir zu den Persönlichkeiten, die Gott vor Augen hatte, als er uns geschaffen hat.

Es braucht Glauben, um seine eigene Identität zu leben, seine eigenen Werte umzusetzen und seine eigene Familie zu schaffen. Aber wer sich vom Heiligen Geist leiten lässt, wird zu einem Leben in Freiheit, Freude und Erfüllung gelangen. Wer im Glauben lebt und das umsetzt, was ihm Freude macht, wird genug Kraft haben, um sein eigenes Leben der Fülle zu gestalten und seinen Kindern den Weg in ein erfülltes Leben zu zeigen.

Wen wundert es, dass unsere Kinder musikalisch sind, Literatur lieben, abenteuerlustig sind und eine künstlerische Ader haben? Wir sind auch so. Vieles können wir nicht, aber wir entwickeln die Gaben, die Gott in uns hineingelegt hat, und beschäftigen uns mit den Themen, die Gott uns aufs Herz gelegt hat. Entsprechend sind unsere Kinder es gewöhnt, sich nicht um gesellschaftliche Erwartungen zu kümmern. Im Vertrauen auf Gott verfolgen sie ihre eigenen Ziele, so wie wir es ihnen beigebracht haben.

Wir haben das Recht und die Freiheit, unsere eigene Persönlichkeit zu entfalten und dabei so leidenschaftlich und aufrichtig wie möglich zu sein, fehlerhaft und unvollkommen, aber auch gerecht gemacht aus Gnade. So leben wir im Zentrum von Gottes Willen. Wer authentisch ist und sich von Gott gebrauchen lässt, wer gelernt hat, an Gottes Hand zu gchen, glaubensvoll und gehorsam, der wird sich eines Tages unter denen finden, mit denen Gott Geschichte schreiben kann.

❦

Jetzt sind Sie an der Reihe!

Das Gesetz, so wie es uns von Mose übergeben wurde, konnte uns nicht ans Ziel bringen und mit Gott versöhnen. Doch jetzt haben wir die Gewissheit, dass wir wirklich zu Gott kommen dürfen.

Hebräer 7,19

- Verlassen Sie sich bei der Gestaltung Ihres Lebens auf Regeln und Vorschriften? Welche zum Beispiel?

- Ist Ihnen auch schon aufgefallen, dass vorgefertigte Regeln „uns nicht ans Ziel bringen" können, wie es obiger Vers sagt?

- Reden Sie mit Gott über die Bereiche Ihres Lebens, in denen Sie sich auf Ihre eigene Kraft und auf die Meinung anderer verlassen haben, statt Gottes Kraft in Anspruch genommen zu haben!

Lesen Sie Hebräer 11,1–16.

- Wie viele Menschen werden in diesem Abschnitt erwähnt?

- Gibt es Parallelen zwischen ihren Lebenswegen? Hatten sie ein bestimmtes Rezept, das sie alle zum Erfolg führte?

- Jede dieser glaubensstarken Personen führte ein ungewöhnliches Leben, nicht weil sie bestimmte Vorgaben erfüllten, sondern weil sie von der Kraft des Heiligen Geistes und vom Glauben erfüllt waren. Was hat das mit Ihnen als Mutter zu tun?

ℰℴℭ

Vorschlag

Schreiben Sie den Namen Ihres Mannes und Ihrer Kinder auf ein großes Blatt Papier. Ergänzen Sie ihre Namen mit ihren besonderen Eigenschaften und Gaben. Jede Familie besteht aus einer ganz individuellen Kombination von einzigartigen Menschen. Aus diesem Grund gibt es auch kein allgemeines Rezept, das allen Familien denselben Weg zu einem Leben in Gottes Gnade und Kraft weisen könnte. Bitten Sie Gott, Ihnen zu helfen, mit Ihrer Familie ein ganz besonderes Leben zu leben, so wie es zu Ihnen passt, voller Glauben und frei von allen menschlichen Erwartungen.

Zu dieser Einleitung gibt es auch ein Video in englischer Sprache. Sie können es über den abgedruckten QR-Code mit Ihrem Handy abrufen oder unter www.gerth.de/clarkson3 öffnen.

Liebe Sally,

mein kleines Mädchen lässt sich einfach nicht erziehen. Ich habe manchmal das Gefühl, verrückt zu werden. Dabei habe ich sie so lieb! Aber warum macht sie einfach nicht, was ich sage? Ich habe schon alle Arten von Strafen und Erziehungstechniken ausprobiert, aber nichts funktioniert. Ich versuche, mir bewusst zu machen, dass ich selbst auch dazu neige, nicht immer das Richtige zu tun, aber es hilft alles nichts. Wie kann ich mit meinen eigenen Fehlern und denen meiner Tochter klarkommen?

In Liebe, SM

Du Liebe,

ich habe in dieser Woche sehr oft an dich gedacht. Weißt du, egal, wie sehr du dich anstrengst und wie reif und erfahren du auch bist, du wirst immer Grund haben, unzufrieden mit dir zu sein, auch mit deinem Mann und deinen Kindern. Je höher deine Ansprüche sind, desto öfter wirst du dich über dich selbst und über deine Familie ärgern. Autoritäre, perfektionistische Eltern haben es schwer, ihre Kinder zum Gehorsam zu motivieren, weil die Kinder genau spüren, dass sie den Ansprüchen ihrer Eltern nie gerecht werden können. Wenn du willst, dass sie Gott kennen- und lieben lernen, dann musst du versuchen, seine Eigenschaften zu leben: Nachsicht, Vergebungsbereitschaft, Liebe. Konzentriere dich darauf, in diesen Bereichen zuzulegen. Finde dich damit ab, dass wir in einer gefallenen Welt leben, die auch dein Zuhause nicht ausklammert, anstatt dich über alles zu ärgern oder daran zu verzweifeln. Mein Sohn hat das einmal so formuliert: „Mama, jetzt freu dich doch einfach wieder!"
Ich wünsche dir einen guten Tag.

Alles Liebe, Sally

KAPITEL 4

Und die Sünde gibt es auch noch

Sarah Mae

Ich saß mit meinen beiden Freundinnen am Küchentisch. Wir hatten von einem Bauernhof hier in der Gegend frische Erdbeeren geholt und nun erzählten wir uns die Geschichten unseres täglichen Kleinkriegs. Es gab einen riesigen Fundus an Geschichten über unmögliche Dinge, die sich unsere Kinder in den letzten Tagen geleistet hatten. Wir überlegten, wie man am besten auf freche Antworten reagiert, welche Strafen in welchem Alter am besten greifen und wie wir mit unserem Schlafmangel umgehen. Wir erzählten, hörten zu, jammerten und ermutigten uns. Wir halfen einander und versuchten, uns gegenseitig guten Rat zu geben. Wir mochten uns und wir lachten und weinten zusammen, während wir über unsere Kinder redeten. An diesem Abend ging es vor allem darum, wie ungehorsam unsere Kleinen waren. Bis die eine Freundin sagte: „Ich wünschte, ich könnte aufhören, so über meine Kinder zu reden. Eigentlich sind wir doch auch nicht besser als unsere Kinder!" Wir lachten, nickten und ließen den Satz auf uns wirken.

Wir sind auch nicht besser als unsere Kinder.

Wir sündigen. Wir beschweren uns. Wir rebellieren. Wir schreien herum. Wir tun anderen weh. Wir sind als Sünder geboren, genau wie unsere Kinder. In der Bibel steht: „Seit mein Leben im Leib meiner Mutter begann, liegt Schuld auf mir; von Geburt an bestimmt die Sünde mein Leben" (Psalm 51, 7). Wie schnell vergessen wir immer wieder, dass wir in einer sündigen Welt leben und dass das Böse in unserer Natur liegt.

Das Bewusstsein meiner eigenen sündigen Natur verändert meinen Blick auf meine Kinder. Darüber las ich in einem von Sallys Büchern („*Mission of Motherhood*"). Sie beschreibt dort, wie frustriert sie über ihre Kinder war. Alle ihre Bemühungen brachten nichts, egal, wie oft sie etwas sagte, die Kinder gehorchten ihr einfach nicht. Da fragte ihr Mann sie eines Tages: „Schatz, ab welchem Alter hast du aufgehört zu sündigen? Deine Kinder werden es sicher vorher auch nicht schaffen."

Dieser Satz traf mich tief. Er war genau für mich gesagt. Meine Kinder kämpfen gegen das Böse, genau wie ich. Keinem von uns macht das Spaß. Sie leben nur das aus, was in ihnen steckt, und meine Aufgabe ist es, ihnen zu helfen, gemeinschaftsfähige Menschen zu werden (oder, wie meine Schwiegermutter sagt, sie zu zivilisieren). Wir können ihnen gar nicht genug Nachsicht und Ermutigung geben, sie müssen wissen, dass wir sie verstehen und zu ihnen halten. Ich sage meinen Kindern oft: „Mama kann das auch nicht, genauso wenig wie du. Mir geht es genau wie dir. Ich brauche Jesus jeden Tag, weil ich so viel Mist mache, aber er hat mich lieb und hilft mir immer wieder. Er wird auch dir helfen, weil er auch dich lieb hat."

Der Thron der Gnade

Mein Sohn ist sehr gefühlvoll und leidenschaftlich.

Er ist dickköpfig, aber ehrlich und versteckt seine Gefühle nicht hinter einer Maske. Lange Zeit versuchten wir, ihn mit Strafen zum Gehorsam zu bewegen, doch wir erreichten damit nicht viel. Dann las ich das Buch von Sally „*Seasons of a Mother's Heart*", in dem sie schreibt, dass es Phasen gibt, in denen Mitgefühl wichtiger ist als Strenge. Auch wenn Strafen mitunter sein müssen, so ist es doch wichtiger, die Kinder in ihrer Welt abzuholen und zu verstehen. Ich zeigte meinem Mann das Buch und wir wollten gemeinsam versuchen, unseren Sohn zu verstehen, mehr Zeit mit ihm zu verbringen, ihn zu lieben und sein Herz zu gewinnen, anstatt nur sein Verhalten zu korrigieren.

So achteten wir bewusst darauf, unserem Jungen zuzuhören, ihm nahe zu sein und ihn besser kennenzulernen. Eines Abends, als ich ihn zu Bett brachte, weinte er. Der Tag, der hinter uns lag, war nicht gut gewesen. Wir hatten mit Ungehorsam gekämpft, es hatte eine Menge Ärger gegeben, auch Strafen waren nötig gewesen. Doch nun hielt ich ihn im Arm, tröstete ihn und erzählte ihm von Gottes Liebe und von unserer Liebe zu ihm. An diesem Abend ging es nicht mehr darum, was er falsch gemacht und worüber ich mich geärgert hatte, sondern ich erzählte ihm von der Liebe, die viele Fehler zudeckt. Deshalb war Jesus Mensch geworden, dafür war er gestorben, er schenkte uns Vergebung, Gerechtigkeit und die Fähigkeit, Gott zu gefallen. Sein Geist bewirkt in uns die Veränderung, die wir in eigener Kraft – auch mit Strafen und Druck – nie erreichen können.

An jenem Abend wurde uns beiden dieser Zusammenhang sehr deutlich. Der Heilige Geist war in jenem Kinderzimmer anwesend und wir beteten von ganzem Herzen um ein reines Herz. Seither weiß mein Junge, dass es nicht darauf ankommt, alles richtig zu machen, und dass er das nicht alleine schaffen muss, sondern dass es einen Gott gibt, der ihn liebt und der ihm hilft. Er hat gelernt, dass er ohne Scheu und ohne Scham zu Gott kommen kann. Er hat verstanden, was Gnade bedeutet.

Das wird in der Bibel so erklärt: „Daher dürfen wir mit Zuversicht und ohne Angst zu Gott kommen. Er wird uns seine Barmherzigkeit und Gnade zuwenden, wenn wir seine Hilfe brauchen" (Hebräer 4,16). Entsprechend sollen auch unsere Kinder wissen, dass sie auch zu uns ohne Angst kommen können und wir nachsichtig und verständnisvoll reagieren, wenn sie Fehler machen und Hilfe brauchen.

Doch wie oft bin ich ganz anders. Ich schreie meine Kinder an, schaue finster und stöhne, wenn sie meine Nähe wollen. Ich kann so gemein sein. Dabei sind sie oft viel gnädiger als ich. Sie vergeben mir, sobald ich mich wieder beruhige, und haben mich immer lieb, auch wenn ich mich unmöglich verhalten habe. Von ihnen kann ich lernen, was Liebe heißt.

Ich wünsche mir sehnlichst, dass meine Kinder sich bei mir sicher fühlen können. Sie sollen wissen, dass sie bei mir immer offene Türen einrennen und dass ich sie immer liebe, egal, was sie machen. Ich bin auf ihrer Seite und wir sind ein Team, auch wenn sie die Milch verschüttet haben, wenn dabei mein Lieblingskrug zerbrochen ist, wenn sie sich mit ihren Geschwistern streiten, fünfzigmal wieder aus dem Bett steigen oder mich anlügen. Wir sind immer ein Team, wir halten immer zusammen.

Keiner von uns ist vollkommen, wir sind alle auf dem Weg.

Sally

Zwei Jahre lang hatten wir für unseren Sohn Nathan gebetet, dass Gott ihm einen Zugang zur Film- und Musikindustrie schenken würde. Dann geschah das Wunder und er erhielt ein Stipendium für die New Yorker Filmakademie. Er war damals neunzehn Jahre alt und konnte es kaum erwarten, auf eigenen Füßen zu stehen.

Mir war nicht wohl bei der Vorstellung, dass er in so jungen Jahren allein in diese Stadt ziehen würde und mir stand all das Böse und Gefährliche vor Augen, das dort auf meinen Jungen warten würde. Würde er seinem Glauben treu bleiben und weiterhin nach biblischen Maßstäben leben?

„Aber Mama", erklärte er eindringlich, „habt ihr mich nicht neunzehn Jahre lang erzogen und mir alles beigebracht, was ich brauche, damit ich als Erwachsener selbstständig leben kann? Ich freue mich so darauf, endlich all das anzuwenden, war ich bei euch gelernt habe."

So brachten wir die Angelegenheit im Gebet vor Gott und ließen Nathan ziehen. Auch wenn New York eine gefährliche Stadt war und Nathan zum ersten Mal alleine leben würde, so vertrauten wir doch dem Gott, der auch in New York wirken würde. Jeden Tag beteten wir für ihn.

Nathan war von nun an vielen Versuchungen ausgesetzt und viele Hindernisse stellten sich ihm in den Weg. Aber er freute sich über jede Möglichkeit, seinen Glauben und seine Charakterstärke unter Beweis zu stellen. Er hatte von uns oft genug gehört, dass wir als Christen im Auftrag Gottes unterwegs waren, um sein Licht, seine Kraft und seine Hoffnung in die Dunkelheit der Welt zu tragen. Das setzte er nun um und wir freuten uns an dem Gedanken, dass unser Sohn jetzt unterwegs war, um die Botschaft von Jesus in seiner Generation bekanntzumachen.

Leider sind viele junge Frauen nicht gut vorbereitet auf das, was sie als Mütter erwartet. Bei mir war das zumindest so. Es ist eine große Herausforderung, den Egoismus und die Sünde im eigenen Herzen und in der ganzen Familie zu überwinden. Doch genau das ist die eigentliche Aufgabe einer Mutter. Sie darf mit Gottes Hilfe ein Zuhause schaffen, in dem das Böse besiegt und unwirksam gemacht wird.

Wenn eine Frau erkennt, wie entscheidend ihre Rolle für die innere und äußere Stabilität der nächsten Generation ist, wird sie mit Begeisterung den Platz ausfüllen, den Gott ihr anvertraut hat. Als ich verstand, dass Gott mich von Anfang an, schon vor dem Sündenfall, dazu berufen und dafür eingeplant hat, die Welt mit ihm zu versöhnen, da änderte sich für mich alles. Ich war von Gott dazu berufen, Kinder zu erziehen, die nach Gottes Vorstellungen leben, die Gerechtigkeit lieben und sich in Gottes Plan investieren. Hätte ich das schon früher so gesehen, dann hätte ich mich besser vorbereiten können.

Jesus sagte: „In der Welt habt ihr Angst" (Johannes 16,33). Er hat nie versprochen, dass unsere Welt heil und schön sein würde.

Der zweite Hauptsatz der Thermodynamik verrät uns etwas über die Natur der Welt, in der wir leben. Er stellt fest, dass bei allen Vorgängen Energie verloren geht und Unordnung zunimmt. Genau das erlebe ich ständig in meinem Alltag zu Hause und mit den Kindern.

Unsere Welt rebelliert gegen Gott und seine Heiligkeit. So sind auch meine Kinder selbstsüchtig, unreif und fordernd, mein Mann ist egoistisch, hat eine Menge Macken und erliegt immer wieder seinen Schwächen und Versuchungen. Seine Frau denkt auch nur an sich selbst, an ihre Bedürfnisse, Träume und Sehnsüchte. Unter diesen Bedingungen kann sich ein Familienleben eigentlich nur chaotisch gestalten.

Aber viele von uns malen sich ihr Leben als Ehefrau und Mutter in den schönsten Farben aus, wie ein Märchen, das im immerwährenden Glück endet. Ich dachte auch so. Doch welch eine Ernüchterung war es für mich, als ich in der Realität ankam. Und auch die Hollywoodfilme tragen sehr dazu bei, dass wir uns das Leben romantisch vorstellen, wo alles im Happy End mündet und am Ende eine glückliche Familie steht. Aber das ist eine Lüge, die Wirklichkeit sieht eindeutig anders aus.

Falsche Erwartungen führen zu Wut und Niedergeschlagenheit. Viele Frauen denken, ihnen würde alles gleichzeitig zustehen, Erfolg im Beruf, finanzielle Sorglosigkeit, Zeit für sich selbst und ein glücklicher Partner. Doch in den meisten Fällen führen solche Vorstellungen zu Enttäuschung und Mutlosigkeit.

Wenn eine Mutter das Gefühl hat, ihre Kinder hätten es auf sie abgesehen und ihr Mann sei ihr gegenüber absichtlich lieblos, dann kocht sie innerlich, schreit herum und stellt selbstsüchtige Forderungen, die nichts bewirken, außer dass sie sich einmal mehr Luft verschafft hat. Doch sosehr wir uns auch dagegen wehren, wir leben in einer unvollkommenen Welt. Ich wünschte, ich hätte diesen Gedanken schon früher zugelassen, hätte mich darauf eingestellt und angefangen, in kleinen Schritten meine innere und äußere

Welt zu verbessern. Ich hätte mir damit eine Menge unnützer und kräftezehrender Prozesse ersparen können.

Es ist wichtig, dass wir uns selbst gegenüber ehrlich sind. Unsere Welt ist nicht mehr heil, sondern voller Schwierigkeiten und Probleme. Daran lässt sich nichts ändern. Jesus sagte: „In der Welt habt ihr Angst." Er hat uns nicht den Himmel auf Erden versprochen und hat uns auch nicht zugesagt, dass wir die Erde in ein Paradies verwandeln könnten. Immerhin war er hier gekreuzigt worden. Aber die Geschichte geht gut aus, Jesus hat uns gesagt: „In der Welt habt ihr Angst, aber lasst euch nicht entmutigen: Ich habe die Welt besiegt" (Johannes 16,33).

An dieser Tatsache müssen wir uns orientieren, während wir mutig vorangehen. Ohne Jesus wären wir verloren, doch er hat uns aus Gnade errettet und uns seine Erlösung geschenkt. Und das ist auch sein Konzept für uns Mütter. Wenn wir das Gefühl haben unterzugehen, gibt er uns neue Kraft und füllt unsere Wohnungen mit seiner Gegenwart. Mit seiner Hilfe können wir Leben und Freiheit in unsere Familien bringen. Wir dienen einem gnädigen Gott und ich durfte erleben, wie er in meiner Familie viel mehr Gutes bewirkt hat, als ich es jemals hätte schaffen können. Er hat im Leben meiner Kinder Wunder getan.

Einmal fragte mich eine Freundin: „Wieso erlebst du so viele Wunder?" Im Rückblick kann ich feststellen, dass ich in sehr vielen Situationen hilflos war und in meiner eigenen Kraft nichts ausrichten konnte. Da blieb mir nichts anderes übrig, als auf Gottes Hilfe zu vertrauen. Während ich erlebe, dass er immer bei mir und bei meinen Kindern ist, dass er mich ständig mit neuer Kraft versorgt und mir hilft, die Kämpfe in meiner Familie auszufechten, kann ich mich entspannen und ruhig werden: Seine Gnade reicht für mich aus. Wenn wir als Mütter auf uns selbst gestellt sind, werden wir nicht viel ausrichten, auch wenn wir uns noch so sehr bemühen. Aber Gott kann mit uns zusammen Werte schaffen, mit denen wir die nachfolgende Generation beschenken und bereichern werden.

Ich vertraue mich Gott mit allem, was ich habe, an, einschließlich meiner Schwächen. Wie der Junge, der Jesus seine wenigen Brote und Fische gab, so geben wir unsere begrenzten Möglichkeiten in seine Hand. Dann macht er genug daraus.

In unserer Kultur werden die jungen Mädchen auf viele Dinge vorbereitet. Sie werden ausgebildet, um Erfolg im Beruf zu haben, wir zeigen ihnen, wie man sich modisch zurechtmacht und wie man einen Mann erobert, sogar auf das Sexualleben bereiten wir sie gut vor. Aber niemand scheint daran zu denken, dass sie auch wissen müssen, wie man ein funktionierendes Familienleben schaffen kann. Nicht einmal in den Gemeinden wird das gelehrt. In den Familien breiten sich stattdessen Ratlosigkeit und Resignation aus. Es gibt kaum eine Familie, die nicht beständig an sich selbst verzweifelt. Doch wir dürfen immer wieder aus Schuld und Selbstvorwürfen heraustreten und Gottes ausgestreckte Hand ergreifen. Es braucht nicht mehr als eine Entscheidung, um sich mit Gottes Hilfe nicht mehr als Opfer, sondern als Sieger zu sehen und zu verhalten.

Wer als Heldin in die Geschichte eingehen will, muss mutig und furchtlos sein. Leider traf ich aber viele junge Mütter, die ihre Ideale aufgegeben hatten, doch ich habe auch viele ältere Frauen kennengelernt, die allen Schwierigkeiten zum Trotz lebenstüchtige junge Leute hervorgebracht haben. Sie haben Gottes Auftrag angenommen und ihr Zuhause in einen Ort göttlich inspirierten Handelns verwandelt. Das Ziel ist nicht zu hoch gegriffen, aber es braucht Hingabe, Kraft und beständige Gnade.

Wie man dies erreichen kann

Als Erstes braucht man die richtige Herzenshaltung. Sie beginnt mit dem Entschluss, zu Gott gehören zu wollen. „Mein Leben gehört dir. Ich will dir gefallen. Ich bitte dich um deine Kraft, Weisheit,

Gnade und Hilfe und ich bin zu allem bereit, was du von mir willst, damit meine Familie ein Baustein deines Reiches wird."

Selbst unsere christliche Kultur legt es den Frauen oft nahe, das Muttersein als eine Option in Erwägung zu ziehen, die man mehr oder weniger intensiv ausleben kann. Nur wenigen ist bewusst, welch eine große Berufung es in Gottes Augen ist, Mutter zu sein. Doch wie für jede Berufung gilt auch für Mütter, dass alles mit dem inneren Entschluss beginnt, stark werden zu wollen, Widerstände zu überwinden und an der von Gott geschenkten Berufung unerschütterlich festhalten zu wollen.

Es gibt Grenzen

Es muss uns Müttern klar sein, dass wir samt unserer Kinder in einer kaputten Welt leben. Wenn wir uns aufregen, weil unsere Kinder selbstsüchtig und unzufrieden sind, belasten wir uns seelisch und körperlich. Besser ist es, die Fehlerhaftigkeit des Partners und der Kinder von vornherein in unsere Planung mit einzubeziehen, inklusive der eigenen Unvollkommenheit. Unter diesen Voraussetzungen ist es leichter, allmählich das häusliche Klima zu verbessern, die Herzen der Kinder mit Liebe zu gewinnen und Gottes Freude und Segen zu erleben, der allen Menschen zuteilwird, die ihm folgen.

Jetzt sind Sie an der Reihe!

Ich will immer wieder Gutes tun und tue doch das Schlechte; ich ver-
abscheue das Böse, aber ich tue es dennoch. Wenn ich also immer wieder
gegen meine Absicht handle, dann ist klar: Nicht ich selbst bestimme
über mich, sondern die Sünde in mir verführt mich zu allem Bösen.

Römer 7,19–20

- Unsere Versuche, alles gut zu machen, unterliegen Murphys
  Gesetz, wonach immer alles schiefgeht, was schiefgehen kann.
  So ähnlich hat es auch Paulus erlebt, der trotz aller guten Ab-
  sichten immer wieder von der Sünde verführt wurde. Geht es
  Ihnen auch so?

- Rufen Sie sich eine Situation in Erinnerung, in der Sie mit guten Absichten unterwegs waren (Kindergeburtstag, Eheabend,
  Hausarbeit) und alles schieflief. Können Sie an solchen Situationen erkennen, dass wir in einer gefallenen Welt leben?

Wer nun mit Jesus Christus verbunden ist, wird von Gott nicht mehr
verurteilt. Denn für ihn gilt nicht länger das Gesetz der Sünde und des
Todes. Es ist durch ein neues Gesetz aufgehoben, nämlich durch das
Gesetz des Geistes Gottes, der durch Jesus Christus das Leben bringt.
Wie ist es dazu gekommen? Das Gesetz konnte uns nicht helfen, so
zu leben, wie es Gott gefällt, weil wir, an die Sünde versklavt, zu
schwach sind, es zu erfüllen. Deshalb sandte Gott seinen Sohn zu uns.
Er wurde Mensch und war wie wir der Macht der Sünde ausgesetzt.
An unserer Stelle nahm er Gottes Verurteilung der Sünde auf sich.
So erfüllt sich in unserem Leben der Wille Gottes, wie es das Gesetz
schon immer verlangt hat; denn jetzt bestimmt Gottes Geist und nicht
mehr die sündige menschliche Natur unser Leben.

Römer 8,1–4

- Wir leben in einer Welt voller Sünde, doch Gott hat uns den Heiligen Geist als Helfer gesandt und uns Jesu Vergebung zugesagt. Was denken Sie, was es konkret bedeutet, wenn „Gottes Geist unser Leben bestimmt"?

- Was bedeuten die Worte „das Gesetz der Sünde und des Todes gilt nicht mehr"?

❦

Vorschlag

Wir leben in einer gefallenen Welt, in der das Chaos in allen Prozessen stets zunimmt. Kinder werden immer weinen und Sie werden immer sündigen, aber Gott schenkt uns Gnade und seinen Heiligen Geist, der uns hilft, durchzuhalten. Wenn das Chaos in Ihrem Leben zunimmt, dann wenden Sie sich doch direkt an Gott und bitten Sie ihn um Gnade, damit Sie erneut mit dem Heiligen Geist in Verbindung treten können.

Zu dieser Einleitung gibt es auch ein Video in englischer Sprache. Sie können es über den abgedruckten QR-Code mit Ihrem Handy abrufen oder unter www.gerth.de/clarkson4 öffnen.

TEIL 2

Was es mit dem Muttersein wirklich auf sich hat

Liebe Sally,

in letzter Zeit fällt es mir leichter, den Fernseher einzuschalten, als eine gute Mutter zu sein. Ich bin einfach nur müde und lustlos. Ich will nicht depressiv werden und ich will die Zeit mit meinen Kindern bewusst erleben und genießen. Die Dunkelheit soll sich nicht ausbreiten. Wie kann ich dagegen ankämpfen? Hast du auch schon solche düsteren Zeiten gehabt?

In Liebe, SM

Liebe Sarah,

es tut mir so leid, dass du in letzter Zeit so depressiv bist. Ich
kann das sehr gut verstehen, mir ging es oft so. Auch in der
Natur sehen wir das Erwachen im Frühling und das Absterben
im Herbst. Doch gerade im Winter, wenn alle Pflanzen tot
aussehen, wenn es dunkel und kalt ist, da wachsen ihre Wurzeln
in die Tiefe. So ähnlich ist es auch bei uns. In den traurigen,
schwierigen Zeiten gewinnt unsere Seele an Tiefe und wir
entwickeln ein größeres Mitgefühl mit anderen, mehr Demut,
Verständnis für andere und göttliche Weisheit. Ruh dich aus und
entspanne dich in dem Bewusstsein, dass Gott dich liebt. Auch
diese Zeit deines Lebens ist wichtig und wertvoll. Und sie wird
vorübergehen! Es ist so schade, dass du nicht hier in der Nähe
wohnst, sonst würde ich kurz vorbeikommen, dir ein paar
Blumen bringen und eine Mahlzeit kochen.
Versuch doch, mich so bald wie möglich zu besuchen!
Und vergiss nicht, dass ich dich lieb habe!

Sally

KAPITEL 5

Wenn die Dunkelheit hereinbricht

Sarah Mae

Ich saß in einem engen Untersuchungszimmer und wartete auf den Arzt. Er sollte herausfinden, warum ich so müde war. Bestimmt war ich krank. Sicher, ich hatte zu der Zeit zwei kleine Kinder, aber davon konnte ich doch nicht so müde sein. Zuletzt schleppte ich mich nur noch durch die Tage, ich konnte mich kaum noch zu etwas aufraffen. Endlich kam der Arzt, setzte sich mir gegenüber und stellte mir einige Fragen. Er wollte wissen, ob meine Kinder nachts durchschliefen. „Nicht immer", antwortete ich. Seine Fragen zielten alle in die eine Richtung: Ich hatte kleine Kinder und war deshalb müde.

Das war alles.

Ich war nicht krank. Nun kam ich mir richtig dumm vor und war mir gleichzeitig immer noch nicht sicher, ob ich nicht doch eine Krankheit hätte. Aber dem Arzt zufolge war in meinem Körper alles in bester Ordnung. Anscheinend war das, was ich erlebte, ganz normal, wenn man kleine Kinder hat.

Ich war normal. Das wollte ich aber nicht hören! Stattdessen wollte ich eine Lösung, eine Tablette oder eine Diagnose. Ich hatte mir gewünscht, der Arzt würde sagen: „Sie Ärmste, Sie haben diese Krankheit, deshalb sind Sie so müde. Aber ich habe etwas, was Ihnen helfen wird." Doch dieser Wunsch wurde mir nicht erfüllt. Als Mutter von kleinen Kindern ist es ganz normal, dass man müde ist, das geht allen so, damit muss man klarkommen. Dafür gibt es keine Medizin und keine Lösung. Der Arzt konnte mir nicht helfen. Und in nächster Zeit würde mein Leben von Müdigkeit überschattet bleiben.

So blieb mir nichts anderes übrig, als mich mit der Müdigkeit abzufinden. Ich war immer müde. Und ich sehnte mich weiterhin nach einer Wunderpille. Das Problem war aber, dass ich nicht nur unter Schlafmangel litt, sondern dass es mich auch müde machte, meine Kinder zu versorgen, die Wohnung in Ordnung zu halten und den Bedürfnissen meines Mannes gerecht zu werden. Als meine Kinder dann anfingen, nachts durchzuschlafen, wurde ich immer noch wach und dachte, ich hätte jemanden weinen gehört. Wie verrückt! Als Mutter ist man innerlich einfach immer auf dem Sprung, das hat Gott wohl so in uns hineingelegt.

Wenn man versucht, tagsüber zu funktionieren, während man todmüde ist, dann kann sich schon ein Gefühl der Niedergeschlagenheit einstellen. Ich fühlte mich als totale Versagerin, wenn ich die Kinder vor den Fernseher setzte, um noch ein paar Minuten schlafen zu können. Es war auch schier unmöglich, den Kindern ein Buch vorzulesen, ohne dass ich dabei einschlief.

Als ich anfing, dieses Buch zu schreiben, war ich immer noch völlig erschöpft. Mein drittes Kind war gerade zwei Jahre alt und ich stand immer noch jede Nacht auf, oft mehr als einmal. Mein Vierjähriger hatte damals die Angewohnheit, mitten in der Nacht aufzustehen, ins Schlafzimmer zu kommen, mich zu küssen und dann wieder in sein Bett zu gehen. Das war ja wirklich sehr süß von ihm, aber ich wurde davon auch wach. Wenn es wieder Morgen war, fühlte ich mich völlig gerädert und schrie tonlos: „Gott, wie soll ich heute für die Kinder da sein? Ich bin viel zu müde!" Ich war richtig verzweifelt.

Während ich diese Zeilen schreibe, wird meine Jüngste bald drei Jahre alt, mein Junge ist fast fünf und sie schlafen nun fast immer durch. Ich ahne, dass die Zeit der schlaflosen Nächte bald vorbei sein wird, das macht mir Mut. Bald werde ich nicht mehr so müde sein. Doch auch mitten in der Phase meiner größten Müdigkeit waren meine Kinder stets geliebte, gut versorgte, sichere, glückliche und gesunde Kinder. Sie haben nicht so viel Schaden genommen, wie ich befürchtet hatte, obwohl ich an manchen Tagen kaum mehr zustande brachte, als sie zu küssen und ihnen etwas zu essen zu geben. Anscheinend waren die Küsse und das Essen alles, was sie brauchten. Gott sei Dank, irgendwie sind wir doch alle einigermaßen gut durch diese Zeit gekommen. Gott ist gut und treu, er weiß, was wir brauchen, er hilft uns in unserer Schwachheit und weiß genau, wie es uns geht. Er sorgt für uns und unsere Kinder.

Eine Bemerkung zum Thema „Depression"

Die folgenden Zeilen schrieb ich, als ich gerade gegen eine Depression ankämpfte:

Meine Mutter hat mir nicht gesagt, dass solche Tage kommen würden. Es ist, als wäre mein Körper gegen mich. Wie kann ich unter diesen Bedingungen für meine Kinder da sein? Ich bin ja kaum noch ein menschliches Wesen. Es ist schwer, mit solchen Gefühlen zu leben. Die Lebensumstände können so ideal sein wie sie wollen, die Liebe zu den Kindern kann riesengroß sein, auch die Liebe zu Jesus kann tief und echt sein, aber trotzdem ist das Leben sehr schwer, wenn die Dunkelheit sich im Inneren ausbreitet. Ich kann sie nicht abschütteln und nicht ablegen, sosehr ich es auch versuche.

Es ist nun ein Jahr her, seit ich zuletzt in einer Depression feststeckte. Fast unmerklich war ich in diesen Zustand hineingeraten, allmählich und kaum wahrnehmbar hatte diese dunkle Wolke meine Seele überschattet, bis ich eines Morgens wach wurde und der Gedanke, aus dem Bett aufstehen zu müssen, unvorstellbar war. So viel Kraft konnte ich unmöglich aufbringen. An diesem Morgen wurde mir schlagartig bewusst, was mit mir los war. Plötzlich konnte ich auch die Vorboten erkennen. Ich hatte mich zuletzt immer mehr zurückgezogen, war voller Selbstvorwürfe gewesen angesichts der vielen Versäumnisse an meinen Kindern, hatte zu nichts mehr Lust gehabt, mich mit anderen verglichen, die natürlich alle besser waren als ich, und immer öfters hatte ich gedacht: „Ach, es ist doch eh alles egal, ich werde es doch wieder vermasseln!" Die Anzeichen waren eigentlich klar und deutlich zu erkennen gewesen. Bis ich schließlich nicht mehr aus dem Bett kam. Ich war mitten in einer Depression.

Seither kommen und gehen diese Phasen. Befinde ich mich in einer Depression, dann ist es, als wäre ich in Betonblöcken eingeschlossen. Einsam, verrückt und ratlos frage ich mich dann: *Warum kann ich nicht einfach wieder normal sein?* Wenn sich die Wolke wieder hebt und es mir leichter wird, frage ich mich: *Wie konnte ich mich nur so gehen lassen? Ich bin doch ein fröhlicher Mensch!* So ähnlich erlebe ich auch die sorgenvollen Gedanken in der Nacht, wenn alles so unveränderlich, so bedrohlich und beengend ist. Graut dann endlich der Morgen, lichten sich die Gedanken wieder und plötzlich denke ich: *Es ist doch alles gar nicht so ausweglos und schwer!* Es ist der Kampf zwischen Licht und Finsternis, den es schon seit Urzeiten gibt, ein heftiger Kampf, der überall tobt.

Jetzt gerade ist es in mir hell und ich kann mir nicht vorstellen, dass ich jemals wieder in der Dunkelheit landen werde. Ich bin glücklich und zufrieden, vieles gelingt mir und ich bin siegessicher. Zu Beginn des Jahres hatte ich mich entschieden, die Finsternis zu überwinden und der Depression nicht mehr zum Opfer zu fallen. Heißt das, dass ich nie wieder Depressionen haben werde? Wahrscheinlich nicht. Es bedeutet aber, dass ich jetzt gerade die Dunkelheit besiegt habe und darauf achte, im Licht zu bleiben. Ich will überwinden, ich will kein Opfer mehr sein, ich will meine Blicke auf Jesus heften und mich daran festhalten, dass ich mit ihm an jedem Tag neu anfangen kann. Dabei bin ich nicht in eigener Kraft unterwegs, sondern im Vertrauen auf Jesus, mit allen Fasern meines Herzens, den dunklen und den hellen Winkeln in mir.

Ich habe leider kein Patentrezept gegen Depressionen, aber ich kann von dem berichten, was mir geholfen hat. Für mich war es hilfreich, mich ganz bewusst täglich zum Bibellesen aufzuraffen, Gottes Worte aktiv in mich aufzunehmen und immer wieder neu zu erkennen, dass mein Leben mehr ist als meine aktuelle Stimmung. Die Dunkelheit sollte mir nicht mehr sagen, wer ich war. Nur Gott durfte Aussagen zu meiner Identität machen. Ich wollte mein Leben selbst gestalten, die Bedrückung sollte mich nicht mehr beherrschen dürfen.*

Meine Entscheidung steht.

Ich werde mit Gott leben, an guten und an schlechten Tagen. Ich vertraue seinen Aussagen über mich, mit denen er mich als gerecht und vollkommen beschreibt (2. Korinther 5,21 und Hebräer 10,14).

Sally

Ich zog mich in meinem Zimmer im zweiten Stock zurück und versank in dem alten Schaukelstuhl, dem ich schon so viele verborgene Gedanken und Gefühle anvertraut hatte: Verzweiflung, geheime Träume und Gedanken, die ich nie jemandem erzählen würde. Die Sonne verschwand rasch zwischen den zahllosen Pinien vor meinem Fenster und die Dunkelheit, die sich allmählich über der kalten Schneedecke ausbreitete, passte perfekt zu dem Zustand meiner Seele. Tiefe, undurchdringliche Dunkelheit hatte mich erfasst, tonnenschwere Gewichte lasteten auf mir, ich konnte kaum atmen. Eiseskälte griff nach meinem Herzen.

Diese entsetzliche Gefühlslage war mir nicht fremd. Ich kannte diesen inneren Zustand schon, oft genug hatte ich ihn durchlitten. So ließ ich weder Panik noch Verzweiflung aufkommen, sondern

---

* Anmerkung: Diese Ratschläge gelten für Menschen, die unter keiner klinischen Depression leiden. Sollten Sie jedoch merken, dass diese Hinweise nicht helfen, dann ist es wichtig, dass Sie sich ärztliche Hilfe suchen und sich in Behandlung begeben.

ging direkt zu meinem sicheren Ort, von dem ich wusste, dass ich dort Gott antreffen würde. Aus Psalm 27,5 weiß ich: „Er bietet mir Schutz in schwerer Zeit und versteckt mich in seinem Zelt. Er stellt mich auf einen hohen Felsen" (Psalm 27,5).

Als meine Tochter Joy noch ein kleines Mädchen war, hatte sie eine besondere Ecke in meinem Wandschrank. Das war ihr Versteck. Wir brachten eine Lampe an und lagerten viele Kuscheltiere dort. Sie konnte stundenlang in dem Schrank spielen. Oft kamen Leute in unser Haus, die in Not waren und Hilfe brauchten, die diskutieren oder streiten wollten, doch Joy war in ihrem Versteck, sicher vor allen neugierigen Blicken, entspannte sich, spielte und wusste, wir Erwachsenen würden uns um alles andere kümmern.

Daran erinnert mich dieser Vers in Psalm 27. Wenn Gott mich in seinem Zelt versteckt, dann fühlt sich das für mich ähnlich sicher und geborgen an, wie Joy sich damals in meinem Schrank fühlte. Gott kümmert sich um all die Herausforderungen, die an meiner Tür anklopfen. Ich verstecke mich in seinem Zelt, finde dort Ruhe und Frieden, überlasse all meine Dunkelheit, meine Ängste, Verletzungen und meine Erschöpfung seiner Obhut und vertraue ihm, dass er sich um alles kümmern wird.

Niedergeschlagenheit und lähmende Müdigkeit gehören mitunter einfach zum Leben dazu, das habe ich über die Jahre gelernt. Immer wieder denke ich in solchen Zeiten an die Worte Jesu: „In der Welt habt ihr Angst." Wenn wir die Bibel ernst nehmen, dann darf es uns nicht überraschen, wenn unser Leben phasenweise ein Kampf ist. Aber der nächste Halbsatz ist ebenso gültig und in schweren Zeiten besonders kraftvoll: „Lasst euch nicht entmutigen."

Es ist eine Willensentscheidung, sich in Gottes Güte und Schutz zu flüchten, sich von der Finsternis abzuwenden und auf das Licht zuzugehen. Als nun wieder Dunkelheit und Angst nach meiner Seele griffen, hatte ich sofort die Worte parat, mit denen ich mich festgelegt hatte: „Ich werde der Depression nicht erlauben, mein Leben zu beherrschen. Durch Gottes Gnade und in der Kraft des Heiligen Geistes, der in mir wohnt, werde ich im Glauben auch über diese Umstände, die mich gerade bedrohen und einengen, hinwegkommen. Die Gnade und Treue Gottes werden auch diese Berge versetzen."

Der Kampf mit Depression kann sehr schwer sein und einem viel Kraft rauben. Aber egal, wie dunkel es rings um mich her ist, so ändert sich doch nichts an meiner Beziehung zu Gott, der immer an meiner Seite ist und mich mit seiner ewigen Liebe umfängt, einer Liebe, die viel mächtiger ist als jede momentane Dunkelheit. „Wenn Gott für mich ist, wer kann dann gegen mich sein?" Im Glauben setze ich einen Fuß vor den anderen.

So habe ich einen Weg gefunden, wie ich weitergehen kann, wenn die Depression mich erfasst, wie ich durch die Dunkelheit hindurchgehen und wieder ins Licht treten kann.

Dem Feind in die Augen sehen

Wenn der Riese der Depression sich wieder vor mir aufbaut, gehe ich immer nach einem bestimmten Plan vor. Dadurch gebe ich der Finsternis weniger Raum und sie muss sich schneller wieder lichten. Im Ernstfall gehe ich in Gedanken immer zuerst die folgende Liste durch:

1. Brauche ich Schlaf? Ich tue alles, was nötig ist, um mich körperlich zu erholen und wieder zu Kräften zu kommen.

2. Habe ich zu wenig in der Bibel gelesen? Ich muss jetzt die Stimme des Gottes hören, der mit mir durchs dunkle Tal geht. Es reicht schon, wenn ich eine Bibel-App auf meinem Handy habe, sodass ich mir morgens beim Aufwachen und abends beim Einschlafen im Bett die Bibel vorlesen lassen kann.

3. Bin ich einsam? Ich muss eine Person anrufen, die geistlich stark ist, die Gott liebt und mich auch lieb hat und der ich vollkommen vertrauen kann. Diese Person werde ich versuchen, in ein Café oder Restaurant einzuladen, um ihr mein Herz auszuschütten und für mich beten zu lassen.

4. Habe ich auf meine Gesundheit geachtet? Sport vermindert die Auswirkung von Stress und führt dazu, dass Glückshormone ausgeschüttet werden. Für mich sind Walken und Wandern geeignete Sportarten.

5. Wer kann mir praktisch helfen? Gibt es jemanden, der mir das Haus putzen kann? Welche Freundin könnte auf meine Kinder aufpassen, sodass ich ein paar Stunden Freizeit haben kann?

6. Was kann ich tun, um mich zu freuen? Umgebe ich mich mit schönen Dingen – Kerzen, Musik, Blumen und Ähnlichem, was mir Freude macht? Vielleicht würde es mir Freude machen, mit meinem Mann ins Kino zu gehen oder mir einen neuen Schal zu kaufen? Es können ganz einfache Dinge sein, die Freude in mein Leben bringen.

Ich habe für mich selbst herausgefunden, dass es mir guttut, von den Bergen der Angst und Überforderung, die meine Seele einengen und bedrohen, wegzuschauen. Während ich mich stattdessen damit beschäftige, meiner Seele wohlzutun, lösen sich die dunklen Wolken oft erstaunlich schnell wieder auf.

Auf die Gedanken achten

Es gibt viele Bibelstellen, die uns ermahnen, auf unsere Gedanken und auf unser Herz zu achten, damit wir nicht den Lügen, Ängsten und der Verzweiflung Glauben schenken. Es gehört zu den typischen Eigenschaften des Teufels, das Wesen Gottes infrage zu stellen. Sein erster Angriff auf die Menschen bestand darin, Eva und Adam auf die Idee zu bringen, Gott könnte gelogen haben, er könnte ihnen etwas Gutes vorenthalten und es wäre besser, seinen Worten nicht zu vertrauen.

Fangen wir an, uns selbst zu helfen, statt auf Gottes versprochene Hilfe zu warten, sind wir auf einem gefährlichen Weg. Das können wir aus der Geschichte von Adam und Eva lernen, die sich entschieden hatten, Gottes Gebot zu missachten, seiner Güte nicht mehr zu vertrauen und zu tun, was er verboten hatte.

Gott liebt uns, seine Kinder, mit unermesslicher Liebe. Der Teufel wird immer versuchen, diese Liebe unglaubwürdig zu machen. Wenn wir nicht achtsam sind, stellen sich Gefühle ein, die uns einreden, wir wären unwichtig und Gott hätte uns vergessen. Darauf folgt die Verzweiflung und dann fallen wir in das finstere Loch, in dem man nicht mehr glauben kann. Gott hat uns befohlen, ihn von ganzem Herzen anzubeten, dazu zählt auch unser Denken. Wie oft fragen wir Gott: „Liebst du mich wirklich? Siehst du meine Not? Weißt du, wie weh das tut? Verstehst du mich in meiner Zerbrochenheit? Wirst du mir jemals auf meine Gebete antworten?"

Düstere Gedanken und Gefühle sind an sich noch keine Sünde, besonders dann nicht, wenn sie uns angreifen, während wir gegen eine Depression kämpfen. Entscheidend ist jedoch, wie wir mit ihnen umgehen. Während wir Gott anbeten, gehört es auch dazu, ihm ehrlich zu sagen, was wir denken und fühlen, genau wie wir es auch im Gespräch mit unserer Freundin oder dem Partner tun würden. Doch anschließend ist es wichtig, dass wir an den Punkt kommen, an dem auch Jesus war, wie wir in dem prophetischen Psalm 22 lesen können. Nachdem er über sein Gefühl der Verlassenheit

geklagt hat, bekennt er schließlich: „Du bist doch der heilige Gott!"
So können wir bekennen: „Weil ich mich entscheide, dir zu vertrauen, dass du liebevoll und fürsorglich bist und dich um mich kümmerst, deshalb werde ich dich jetzt auch mit meinem Verstand anbeten. Ich nehme jetzt jeden dunklen, furchtsamen Gedanken gefangen und gebe ihn dir. Ich will mich an die Wahrheiten deines Wortes halten."

In solchen Zeiten halte ich mich außerdem an dem folgenden Satz aus dem Philipperbrief fest: „Orientiert euch an dem, was wahrhaftig, gut und gerecht, was redlich und liebenswert ist und einen guten Ruf hat, an dem, was auch bei euren Mitmenschen als Tugend gilt und Lob verdient" (Philipper 4,8).

Warten lernen und der Gnade vertrauen

Der Glaube bewährt sich dann besonders, wenn ich mich auch in dunklen Zeiten auf meinen Gott verlasse, der mir immer nahe ist und sich nie verändert. Wenn ich in einer hoffnungslosen Situation doch nicht die Hoffnung verliere, ehre ich Gott und entmachte den Teufel. Meine Tochter Joy brachte das einmal so zum Ausdruck: „Es ist besser, eine Kerze anzuzünden, als sich über die Dunkelheit aufzuregen."

Wenn ich auf die vielen Jahre zurückschaue, in denen ich nun schon Jesus nachfolge, dann waren die dunklen Zeiten genau die Phasen, in denen Gott meine Seele formte und mich Jesus ähnlicher machte. Er ließ manchen Druck in meinem Leben zu, damit ich mit denjenigen mitfühlen kann, die selbst gerade in Not sind.

Als junge Frau stellte ich voller Begeisterung Gott mein Leben zur Verfügung: „Ich will für dich leben, dir nachfolgen, dir gehorchen und dich lieben, mein ganzes Leben lang, und ich will dir immer glauben." Ich meinte diese Worte ehrlich und aufrichtig, aber mir war nicht bewusst, dass ich geistlich noch ein Baby war. Etwas später erkannte ich, dass Gott mir als Erstes beibringen wollte, meinen Zorn zu beherrschen und mich nicht über die Fehler anderer zu erheben. Er hatte darüber hinaus noch viel an mir zu arbeiten und vieles zu verändern, ehe er mich schließlich gebrauchen konnte. Dazu lesen wir im Hebräerbrief: „Natürlich freut sich niemand darüber, wenn er gestraft wird; denn Strafe tut weh. Aber später zeigt sich, wozu das alles gut war. Wer nämlich auf diese Weise Ausdauer gelernt hat, der tut, was Gott gefällt, und ist von seinem Frieden erfüllt" (Hebräer 12,11).

Oft lässt unser himmlischer Vater es zu, dass wir in chaotische Situationen geraten, aus denen er uns nicht herausholt, weil er ehrgeizige Ziele mit uns hat und uns in das Ebenbild seines Sohnes verwandeln will. Er erlaubt den Schwierigkeiten dieser Welt, uns anzugreifen, um daraus etwas Gutes für uns entstehen zu lassen. In seinen Augen ist diese Welt für uns wie ein Übungsplatz, auf dem wir trainieren können, damit wir stark und gerecht werden. Um die Finsternis zu besiegen und wieder in sein Licht treten zu können, müssen wir Gott ganz und gar vertrauen und dürfen uns dabei sicher sein, dass unser kostbarer, liebevoller Vater dafür sorgen wird, dass sich im richtigen Moment alles zu unserem Besten entwickeln wird.

❦

Jetzt sind Sie an der Reihe!

Lesen Sie Psalm 91.

- Wenn Ihnen Angst und Verzweiflung zusetzen, wohin wenden Sie sich als Erstes, um Schutz und Zuflucht zu finden?

- Sehen Sie Jesus als Ihre Sicherheit und Ihren Versorger?

Der Herr ist mein Licht, er rettet mich. Vor wem sollte ich mich noch fürchten? Bei ihm bin ich geborgen wie in einer Burg. Vor wem sollte ich noch zittern und zagen? Psalm 27,1

- Gibt es in Ihrem Leben Dinge oder Personen, die Ihnen Licht und Geborgenheit geben, außer Gott?

∞

Vorschlag

Nehmen Sie sich Zeit, um in Ihr Lieblingscafé oder an Ihren Lieblingsort zu gehen, an den Platz, an dem Sie sich richtig wohlfühlen. Nehmen Sie eine vertraute Person mit und erzählen Sie offen von Ihren tiefsten Nöten und Kämpfen. Sorgen Sie dafür, dass es eine Person Ihres Vertrauens gibt, die wirklich weiß, was in Ihnen vorgeht.

Zu dieser Einleitung gibt es auch ein Video in englischer Sprache. Sie können es über den abgedruckten QR-Code mit Ihrem Handy abrufen oder unter www.gerth.de/clarkson5 öffnen.

Liebe Sally,

ich bin so undiszipliniert! Meine Kinder und mich selbst gleichzeitig zu erziehen, ist gar nicht so einfach und oft gelingt es mir einfach nicht. Wir sollen doch Gewohnheiten entwickeln und meine Kinder sollen regelmäßig wiederkehrende Verantwortungen übernehmen. Aber ich schaffe es beim besten Willen nicht, Routine in unsere Abläufe zu bringen. Mein eigenes Leben ist überhaupt nicht regelmäßig. Kannst du mir ein paar Tipps geben, wie ich mehr Selbstdisziplin lernen kann, während ich versuche, meinen Kindern Disziplin beizubringen?

Alles Liebe, SM

Hi Sarah,

du kannst dir gar nicht vorstellen, wie unvorbereitet ich ins Familienleben gestartet bin. Bis zu dem Zeitpunkt, als ich von meinen Eltern auszog, hatte ich noch nie Wäsche gewaschen. Hausarbeit ist bis heute nicht meine Stärke. Wenn ich das schmutzige Geschirr in der Küche sehe, möchte ich am liebsten weglaufen. Aber ich hatte von Anfang an Freude daran, für eine schöne häusliche Atmosphäre zu sorgen, und ich achtete darauf, dass zeitlich immer alles gut nacheinander ablief. So gewöhnte ich mich nach und nach auch an die Hausarbeit. Wenn du deine Kinder von Anfang an daran gewöhnst, im Haushalt mitzuhelfen, hast du immer Unterstützung bei deiner Arbeit. Wie alles im Leben braucht auch die Entwicklung eines funktionierenden Haushaltes Zeit. Aber denke immer daran, dass dein Zuhause ein Ort ist, wo gelebt wird. Es muss bei dir nicht so aussehen wie auf den Fotos in den Zeitschriften. Nimm dir, wenn es geht, auch hin und wieder Hilfe dazu und nimm dir immer wieder Zeiten, in denen du nicht zu Hause bist. Sollte ich einmal viel Geld erben, werde ich dir und mir eine vollzeitige Haushaltshilfe besorgen, das verspreche ich dir!
Sei gesegnet!

Sally

KAPITEL 6

Schlechte Vorbereitung

Sarah Mae

Leider wurde ich in meiner Kindheit nicht wirklich an Regeln gewöhnt, mit dem Ergebnis, dass ich auch als Erwachsene alle Mühe habe, mit Disziplin an meine Aufgaben heranzugehen. Ich wünschte, ich hätte das alles schon als Kind gelernt, was ich jetzt können sollte.

Ich hatte schon erwähnt, dass meine Mutter eine sehr verletzte Frau war (sind wir das nicht alle in gewisser Weise?), die in einer sehr strengen, kalten Familie aufgewachsen war. Sie hatte sich fest vorgenommen, alles besser zu machen und wollte stets ehrlich und echt sein. Deshalb sagte sie dann auch immer, was sie dachte.

Als Teenager fand ich es super, eine Mutter zu haben, die so geradeheraus war und mich wie eine Gleichaltrige und Freundin behandelte. Aber eigentlich war ich ja noch ein Kind und ihre Art, mit mir über alles zu reden, war überhaupt nicht gut für mich. Dazu kam, dass sie mir keine Grenzen setzte. Von ihr konnte ich nicht viel über Disziplin lernen und sie versuchte auch in keiner Weise, mich zu erziehen.

Dann gab es da noch meinen Vater. Er war liebevoll und sanft und viel zu gütig, um streng sein zu können. Er war viel mehr mein Beschützer als mein Erzieher. Und wenn seine Stimme nur ein wenig strenger wurde oder Enttäuschung in seinem Tonfall mitschwang, hatte ich sofort ein schlechtes Gewissen.

Aber auch er hat mich nicht wirklich erzogen.

Ich kann mich nicht erinnern, dass meine Eltern mich jemals für etwas bestraft hätten. Ab und zu wurde mir Hausarrest angedroht, aber es blieb immer bei der Drohung. Wenn ich meinen Eltern gehorchte, dann nur, weil ich das wollte.

Das klingt nun für manchen sicher wie eine ideale Kindheit. Oberflächlich betrachtet mag das ja auch sehr angenehm erscheinen, aber es war nicht gut für meine Entwicklung. Ich war ohne Halt und Orientierung und hatte kein Fundament in meinem Leben.

Ich wurde zu nichts angeleitet und kannte keine Disziplin, ohne die es jedoch schwer ist, etwas zu lernen. Das galt auch für den Bereich der Hausarbeit, in dem mir meine Eltern nichts beigebracht haben. Natürlich habe ich gesehen, wie meine Eltern die Küche aufräumten, aber sie haben mich nicht in diese Aufgabe eingewiesen und ich kannte das Gefühl nicht, für etwas verantwortlich zu sein und es jahrelang, tagein, tagaus tun zu müssen.

Trotzdem soll ich jetzt meine eigenen Kinder erziehen, während ich mich selbst danach sehne, erzogen zu werden. Ich fühle mich wie eine blinde Blindenführerin, wenn ich mir selbst und meinen Kindern gleichzeitig Disziplin beibringen soll.

Gravierender Mangel an Erfahrung

Erst nach dem College kam ich zum ersten Mal in die Verlegenheit, bei einem Kind eine Windel wechseln zu müssen. Ich arbeitete damals in einer Klinik für Risikoschwangerschaften und war für eine Gruppe von alleinerziehenden schwangeren Frauen zuständig, die Hilfe und Unterstützung benötigten. Bei einem dieser Gruppentreffen bot ich mich an, einem Baby die Windel zu wechseln. Im Nachhinein ist die Erinnerung ganz lustig: Ich hatte den Kleinen vor mir aufs Sofa gelegt und wusste nicht, was ich als Nächstes tun sollte. Eigentlich ist das alles ja gar nicht so schwer, aber ich war doch ziemlich aufgeregt. Irgendwie habe ich es dann auch geschafft, das Baby zu säubern und frisch zu wickeln, aber es ist schon symptomatisch für mein Leben, dass ich in meinen ersten 23 Jahren nie die Gelegenheit bekommen hatte, eine Windel zu wechseln. Wahrscheinlich geht es vielen so.

Ähnlich unbedarft war ich im Umgang mit schmutziger Wäsche. Als ich mit meiner Mutter zusammenzog, war ich in der achten Klasse. Davor hatte ich nie mit Wäsche zu tun gehabt. Meine Mutter hatte nicht viel Interesse an dem Thema und versuchte auch gar nicht, mir irgendwelche Tipps zu geben. So packte ich irgendwann zum ersten Mal meine schmutzigen Sachen in einen Korb und ging in die Waschküche. Zunächst wusste ich kaum, welche Maschine denn nun zum Waschen und welche zum Trocknen war. Zum Glück klebte auf dem Deckel eine Anleitung. Ich weiß nicht mehr, wie die Geschichte damals ausging, aber bis heute fühle ich mich in diesem Bereich unsicher und mein Mann ist dazu übergegangen, seine Sachen selbst zu waschen, weil sie bei mir immer einlaufen.

Immer wieder komme ich als Mutter an meine Grenzen. Es fällt mir schwer, meine Kinder gut zu erziehen, weil ich selbst nicht erzogen wurde, keine Disziplin gelernt habe und nicht gewohnt bin, mich auch bei Dingen anzustrengen, die mir keinen Spaß machen.

Im Vergleich zu den Frauen, die zu Hause Disziplin lernten und an Hausarbeit gewöhnt wurden, bin ich wirklich benachteiligt. Aber damit bin ich nicht alleine. Andererseits hat mir auch niemand beigebracht, wie man ein Buch schreibt, und trotzdem mache ich das jetzt. Ich lerne das Schreiben, während ich mich damit beschäftige und während ich eine Menge falsch mache. Ich habe nie das Kochen gelernt, trotzdem schaffe ich es, meiner Familie jeden Abend eine warme Mahlzeit vorzusetzen. Wir sitzen um einen Tisch und essen gemeinsam, obwohl das in meinem Elternhaus nicht üblich war. Es gibt viele Dinge, die man mir nicht beigebracht hat, die ich aber trotzdem lernen konnte und die jetzt zu meinem Leben gehören, weil ich sie für wichtig halte.

Ebenso wichtig finde ich es, mir selbst und meinen Kindern Disziplin beizubringen. Viel zu lange habe ich vieles nicht gemacht, weil ich dachte, das kann ich nicht, das hat mir niemand gezeigt.

Doch diese Ausrede erledigt sich in dem Moment, in dem ich mich entscheide, mich zu verändern und Neues zu lernen.

Dieses Lernen beginnt mit der Entscheidung, ein neues Thema in Angriff nehmen zu wollen. Zunächst wird man vieles nicht wissen und viele Fehler machen, aber man geht trotzdem weiter und arbeitet sich ein, getrieben von dem Wunsch, diesen Bereich auszuleben. Die eigenen Kinder kann man dann von klein auf in diese Bereiche einführen, die man sich selbst erarbeitet hat.

Jeder Mensch kann das.

Es geht nicht über Nacht und man muss auch nicht alles alleine schaffen. Aber Gottes Geist in uns lässt uns reifen und wachsen. Er ist immer da und setzt sich stets für uns ein.

Sally

Ich hörte einmal eine Geschichte von Marie Antoinette, der aus Österreich stammenden jungen Königin von Frankreich. Sie wuchs in unvorstellbarem Reichtum auf, unmittelbar vor der Französischen Revolution. Im Königspalast in Wien war sie von Dienern und Dienerinnen umgeben, die ihr jeden Handgriff abnahmen. Sie musste nie etwas arbeiten und hat auch nie etwas bezahlt. Dann wurde sie nach Frankreich gebracht, um dort durch eine arrangierte Heirat Königin zu werden. Natürlich wusste sie nicht viel über die Armut des Volkes, das sie von nun an regierte. Unter der breiten Bevölkerung herrschten Hunger und große Not, die Menschen kämpften ums Überleben.

Ihr Mann hatte ihr ein kleines Schloss geschenkt, das sich etwas abseits der großen Versailler Anlage befand, wo sie sich mit ihren Kindern zurückziehen konnte. Von dort aus sah sie angeblich eines Tages am Ende der Straße, die zum Schloss führte, ein verdrecktes, mageres Kind, das um Brot bettelte. Sie soll auf diesen Anblick mit dem Satz reagiert haben: „Wenn sie kein Brot haben, sollen sie Kuchen essen."

Wahrscheinlich ist das nur eine Legende. Tatsache ist jedoch, dass sie nie die Möglichkeit gehabt hat, einen Blick hinter die Kulissen ihrer luxuriösen Welt zu werfen, so hatte sie auch keinen Bezug zum Leben des Volkes und gilt bis heute als oberflächliche, unverantwortliche Frau, leichtfertig und ohne Charakterstärke. An sie musste ich denken, als ich damals zum ersten Mal mit dem Thema Hausarbeit konfrontiert wurde. Ich hatte mich nie mit ihr beschäftigen müssen, wusste nichts darüber und konnte ihr auch nichts abgewinnen. Familienleben hatte ich mir anders vorgestellt, eher so wie meine Vater-Mutter-Kind-Spiele. Hausarbeit war darin kaum vorgekommen. Außenstehende werden mich in jener Zeit als faule, chaotische und unordentliche Hausfrau wahrgenommen haben. Doch das hatte vor allem damit zu tun, dass ich auf meine neue Rolle überhaupt nicht vorbereitet worden war.

Natürlich hatte ich schon einmal ein paar Teller abgewaschen und ein bisschen Staub gewischt. Aber im Großen und Ganzen gab es immer andere, die diese Aufgaben für mich erledigt hatten. Ich hatte keine realistische Vorstellung davon, was es bedeuten würde, Kinder zu ernähren, Lebensmittel für die Familie einzukaufen, die Kleidung instand zu halten, einen Familienplaner zu führen, die Wohnung zu dekorieren und mitten in all den Aufgaben immer für die Bedürfnisse meiner Kinder da zu sein. Ich hatte wirklich keine Ahnung, was auf mich als Mutter zukommen würde. Von Konzepten zur systematischen Haushaltsführung hatte ich nie gehört, also stand ich ratlos vor dem Regal mit den Putzmitteln und von Effizienz konnte bei all meinen Bemühungen keine Rede sein.

Als junge Frau empfand ich vor allem Wut auf meine Familie, wenn die Spüle sich wieder mit schmutzigem Geschirr füllte und die Wäscheberge wuchsen. Ich empfand das als persönlichen Angriff meiner Familie auf meine Person. *Ach, muss ich schon wieder etwas tun?* Es gab Momente, in denen ich meine Kinder und meinen

Mann nicht mehr ausstehen konnte wegen all der Arbeit, die sie mir machten. Ich hätte viel lieber alleine gelebt und nur für mich gesorgt. War ich nicht mit dem Anspruch gestartet, meine Kinder in allen Lebensbereichen gut auf das Leben als Erwachsene vorzubereiten? Dieses Ziel hatte ich längst aus den Augen verloren, ich sah nur noch Schmutz und Unordnung.

Ich kenne niemanden, der so ordentlich und gut organisiert ist wie Clay, mein Mann. Er hatte sicher nicht damit gerechnet, dass mich der Haushalt derart überfordern würde. Doch bis heute ist dieser Bereich für mich sehr schwer zu ertragen – weil die Arbeit nie zu Ende geht, immer wieder entstehen neu Berge, Stapel und Schmutzecken. Wenn es nach mir ginge, würde ich meine Tage lieber in Cafés verbringen und Torte essen.

Viele Frauen, denen es ähnlich geht, verachten sich selbst dafür und öffnen der Depression die Tür. Jede denkt, für die andere sei das alles kein Problem. Es gibt bestimmt auch Frauen, denen dieser Bereich ihres Lebens leichtfällt. Doch für viele Frauen, die ich im Laufe der Jahre kennenlernen durfte, war die Hausarbeit eigentlich immer eine Herausforderung.

Zufriedenheit entwickeln

Die biblische Geschichte von Maria und Martha ist weithin bekannt. Jeder kann mit Martha mitfühlen, die sich empört an Jesus wendet: „Sag meiner Schwester, dass sie mir helfen soll! Ich koche für so viele Gäste und sie sitzt nur bei dir herum." Das Problem mit der Hausarbeit gab es demnach auch damals schon.

Ich habe Jahre gebraucht, um herauszufinden, dass es mich nur wütend macht, wenn ich meine Hausarbeit mit einer negativen Einstellung erledige. Zum Glück half Gott mir irgendwann, diese Aufgaben als normalen Teil meines Lebens anzunehmen, statt mich innerlich ständig dagegen zu wehren. Ich habe durch ihn gelernt, mich damit abzufinden, dass es immer Hausarbeit geben wird und dass man damit nun einmal nie wirklich fertig ist.

Außerdem ist es für mich wichtig geworden, mich selbst nicht daran zu messen, wie gut oder schlecht mein Haushalt geführt ist. Immer wieder begegne ich jungen Frauen, deren Mütter versuchten, zu Hause Perfektion zu erreichen, und die jetzt als junge Erwachsene mit Schuldgefühlen kämpfen, wenn es bei ihnen in der Wohnung nicht perfekt ist. Viel wichtiger ist es, die Zeit mit den Kindern zu genießen und ihnen ein Zuhause zu geben, in dem sie sich wohlfühlen, ausbreiten und entfalten können, auch wenn es dann in der Wohnung voll und unordentlich wird. Salomo hat das so formuliert: „Ein leerer Stall bleibt sauber" (Sprüche 14,4).

Ich hatte damals sechs Ochsen in meinem Stall, entsprechend durfte es auch in der Wohnung aussehen. Sie war der Ort, an dem eine Gruppe von Menschen dynamisch und lebendig zusammenwohnten.

Von weisen Frauen lernen

Eine weise Frau lernt von anderen weisen Frauen. Das habe ich auch versucht. Ich stellte Fragen, sah mir andere Wohnungen an und übernahm manche Anregung. Es lag dabei an mir zu entscheiden, was zu uns und unserer Wohnung passte und was nicht. Beziehungen sind für mich grundsätzlich wichtiger als die Arbeit. Natürlich muss man die Aufgaben regelmäßig erledigen, aber in erster Linie will ich meine Kinder prägen, erziehen und zu Nachfolgern Jesu machen, indem ich ihnen die Liebe Gottes vorlebe. So ließ ich meine Arbeit oft liegen, um ihnen zuzuhören, einen Konflikt zu lösen, etwas zu erklären oder aufzuschreiben. Dabei half es mir, wenn ich andere Frauen in ähnlichen Situationen beobachten konnte, denen ihre Kinder auch wichtiger waren als ihr Haushalt. Von ihnen lernte ich, ihre Art gefiel mir und ich tat es ihnen gleich.

Darüber hinaus kann man auch von Frauen lernen, die ihre Erfahrungen aufgeschrieben haben. Es gibt Bücher über einfache Haushaltsführung und es gibt Zeitschriften zum Umgang mit Kleinkindern. Noch ein Tipp zum Schluss: Es hilft, wenn man bestimmte Arbeiten zu bestimmten Zeiten macht. Regelmäßigkeit hilft, das Ganze in Grenzen zu halten, und verhindert, dass einige Bereiche im Chaos versinken.

Einen Plan erstellen

Als ich anfing, meine täglichen Aufgaben zu planen und in einen Kalender einzutragen, wurde mein Leben als Mutter in vielerlei Hinsicht leichter und übersichtlicher. Auch der Tipp einer anderen Mutter, „im Vorbeigehen aufzuräumen", wurde mir zu einer wertvollen Hilfe. So habe ich mir angewöhnt, die Kleidungsstücke, die ich in der Hand halte, gleich an den richtigen Platz zu legen oder zu hängen, den schmutzigen Teller direkt in den Geschirrspüler zu stellen und wenn ich von einem Raum zum anderen gehe, gleich das mitzunehmen, was aufgeräumt werden muss.

Dann kam der Gedanke dazu, das Putzen und Aufräumen bewusst als eine schöne Zeit zu gestalten. So begann ich, laute, fröhliche Musik laufen zu lassen, während wir alle gemeinsam das Haus aufräumten oder die Küche sauber machten. Das schuf Gemeinschaft und viele Male haben wir singend und tanzend miteinander gearbeitet. So wurden die zunächst lästigen Hausarbeitszeiten zu schönen Erinnerungen.

Später haben wir noch unsere Fünfuhr-Routine eingeführt. Gegen siebzehn Uhr am Nachmittag machte ich laute Musik an, verteilte Aufgaben an die Kinder und für eine Viertelstunde halfen alle mit, das Haus einigermaßen in Ordnung zu bringen. Zur Belohnung saßen wir dann anschließend ein paar Minuten lang zusammen, ich zündete eine Kerze an und servierte Käsespießchen, Obst, geröstete Nüsse oder Vollkornkekse. Das wurde mir zu einer wertvollen Gewohnheit.

Auf diese Weise wurden einmal am Tag die wichtigsten Bereiche wie Küche, Eingangsbereich und Esszimmer in Ordnung gebracht und wenn Clay von der Arbeit nach Hause kam, erwartete ihn ein einigermaßen erträgliches Umfeld. Es war für mich ein schönes Gefühl, dass überall halbwegs Ordnung herrschte, bevor Clay kam. Natürlich war es auch wichtig, dass es für alles einen bestimmten Platz gab: Bücher gehören ins Regal, Spielzeug in ihre Kisten, Geschirr in die Spülmaschine, Töpfe und Pfannen in den entsprechenden Schrank.

Mir selbst Gutes tun und meine Grenzen respektieren

Im Laufe meiner Jahre als Mutter wurde mir klar, dass ich sowohl starke als auch schwache Bereiche habe und dass es Dinge gibt, die ich einfach nicht ausstehen kann. Um als Hausfrau überleben zu können, ist es wichtig, die Arbeit auf die eigene Person zuzuschneiden. Deshalb suche ich auch immer nach Möglichkeiten, Dinge zu vereinfachen. Außerdem ist es wichtig, sich Pausen zu gönnen. Wenn es die Finanzen erlauben, ist es wunderbar, sich ab und an eine Putzhilfe zu besorgen. Auch damit kann man die Familie unterstützen, denn eine entspannte Mutter trägt sehr zu einer friedlichen, freundlichen Atmosphäre im Haus bei.

Je mehr ich in diesen Dingen dazulerne, desto selbstbewusster werde ich. Obwohl meine Startbedingungen ungünstig waren, lernte ich allmählich, systematisch und effektiv zu arbeiten. Heute freue ich mich an der Tatsache, dass meine Kinder unser Zuhause für den schönsten Ort auf der Welt halten, nicht weil hier alles perfekt wäre, sondern weil wir hier gemeinsam essen, weil hier Liebe herrscht und weil Beziehungen gepflegt werden. Es ist gar nicht so schwer, diese Atmosphäre zu schaffen, die einem selbst und der ganzen Familie guttut.

❧

Jetzt sind Sie an der Reihe!

Wenn es jemandem von euch an Weisheit fehlt, soll er Gott darum bitten, und Gott wird sie ihm geben. Ihr wisst doch, dass er niemandem seine Unwissenheit vorwirft und dass er jeden reich beschenkt.

Jakobus 1,5

- Wenn Sie das Gefühl haben, unvorbereitet in die Rolle als Mutter geraten zu sein und die Verantwortung Sie zu erdrücken droht, dann dürfen Sie sich damit an Gott wenden, der gerne jeden reich beschenkt.

- Wird Ihr Verhalten von alten Enttäuschungen und negativen Prägungen beeinflusst oder beziehen Sie den Vater im Himmel, der Ihnen als Mutter gerne hilft, in Ihren Alltag mit ein?

Da wir nun so viele Zeugen des Glaubens um uns haben, lasst uns alles ablegen, was uns in dem Wettkampf behindert, den wir begonnen haben – auch die Sünde, die uns immer wieder fesseln will. Mit zäher Ausdauer wollen wir auch noch das letzte Stück bis zum Ziel durchhalten. Dabei wollen wir nicht nach links oder rechts schauen, sondern allein auf Jesus. Er hat uns den Glauben geschenkt und wird ihn bewahren, bis wir am Ziel sind. Weil große Freude auf ihn wartete, erduldete Jesus den verachteten Tod am Kreuz. Jetzt hat er als Sieger den Platz an der rechten Seite Gottes eingenommen.

Hebräer 12,1–2

- Haben Sie das große Ziel all Ihrer Bemühungen klar vor Augen?

- Lassen Sie sich von der Hektik und dem Chaos im Alltag irritieren oder halten Sie den Blick immer fest auf Jesus gerichtet?

∝∞∾

Vorschlag

Überlegen Sie sich einige Dinge, von denen Sie sich wirklich sehr wünschen, dass sie erledigt wären. Notieren Sie diese dann in kurzen Stichworten in Ihrem Kalender als die Aufgaben, die in dieser Woche zu erledigen sind. Beten Sie anschließend und vertrauen Sie diese Punkte Gott an. Er ist ein liebevoller Vater, der seinen Kindern gerne hilft.

Zu dieser Einleitung gibt es auch ein Video in englischer Sprache. Sie können es über den abgedruckten QR-Code mit Ihrem Handy abrufen oder unter www.gerth.de/clarkson6 öffnen.

Liebe Sally,

ich bin so selbstsüchtig! Das stelle ich jeden Tag an mir fest, die Tendenz nimmt sogar noch zu. Ich will keine Egoistin sein. Manchmal liegt es vielleicht auch daran, dass ich einfach so müde bin. Kennst du das Problem auch? Wie hast du das überwunden? Wie hast du es Tag für Tag geschafft, deine eigenen, selbstbezogenen Wünsche zur Seite zu schieben und für die Bedürfnisse deiner Kinder da zu sein?

In Liebe, SM

Meine liebe Freundin,

Selbstsucht ist die Wurzel jeder Sünde. Bevor ich Kinder hatte, wusste ich gar nicht, wie egoistisch ich war. Wenn jemand sich um sich selbst dreht, leidet nicht nur er selbst darunter, sondern auch sein ganzes Umfeld. Als ich begann, für meine Kinder zu leben, hat mich das auch als Christin sehr reifen lassen. Davor hat mir niemand gesagt, dass ich faul war und mich entscheiden sollte, mehr zu arbeiten. Doch als ich mich dann entschloss, alles zu tun, was nötig ist, um das bestmögliche Zuhause zu schaffen, nahm meine Motivation stetig zu und ich bekam eine immer größere Vorstellung von dem, was ich als Hausfrau und Mutter bewirken kann. Im Rückblick staune ich, wie viel ich täglich leisten und wie hart ich arbeiten konnte. Die Mühe hat sich gelohnt und heute freue ich mich an dem, was seit damals entstanden ist. Lass dich ermutigen, dich bereitwillig der Aufgabe zu stellen und die beste Mutter der Welt für deine Kinder zu werden. Es ist deine Chance, den Egoismus abzulegen, der in jedem Menschen steckt und der so zerstörerisch ist. Du kannst dich dazu entscheiden, für andere da zu sein. Ich weiß, dass du das kannst.

Alles Liebe von Sally

KAPITEL 7

Im Alltag Opfer bringen – Abkehr vom selbstbezogenen Leben

Sarah Mae

Mühsam kämpfe ich mich durch den Alltag. Jede Bitte der Kinder, jedes Wehwehchen, jede Klage zerrt an meinen Nerven. Müde und wütend wehre ich mich innerlich dagegen, immer für meine Kinder da sein zu müssen. Ich liebe sie. Aber ich sehne mich danach, meine Ruhe zu haben, meine eigenen Sachen zu machen und einfach alleine zu sein. Ich will, dass es leise ist, und ich möchte mal ganz in Ruhe ein Bad nehmen, ohne dass mich jemand stört. Wie gerne würde ich einfach nur das tun, was ich will.

Ich hatte ja gar keine Ahnung, wie egoistisch ich bin.

„Mami, spielst du mit mir?"

„Mama, ich will basteln!"

„Mami, komm zu mir, ich will mit dir zusammen den Film anschauen."

Dabei würde ich am liebsten weglaufen und mich verstecken. Es ist einfach zu schwer für mich, Mama zu sein.

Ich bin durch und durch egoistisch.

Am liebsten würde ich in Ruhe schreiben, lesen oder einfach nur meinen Kaffee trinken, aus dem Fenster schauen und die tanzenden Schneeflocken beobachten. Ich habe keine Lust, zwanzig Minuten lang meine Kinder anzuziehen, ehe wir in den Schnee gehen können, nur um sie draußen die ganze Zeit zu ermahnen, sich keine Schneebälle ins Gesicht zu werfen, und dann ein paar Augenblicke später alle wieder auszupacken, weil sie vor dem Losgehen nicht auf der Toilette waren und jetzt müssen. Ich will an einem Ort sein, wo es warm und still ist. Ich habe keine Lust auf den ganzen Dreck, der nach dem Schneeausflug auf mich wartet: schmutziger Fußboden, feuchte Kleidung, nasse und dreckige Jacken und Stiefel.

Grundsätzlich ist es eine wunderschöne Vorstellung, dass meine Kinder zuerst im Schnee herumtollen und dann ins Warme stürmen, um eine dampfende Tasse Kakao zu genießen und einen alten Zeichentrickfilm anzuschauen. Aber ich habe mich in den letzten Jahren verändert. Ich bin müde geworden. Es bedeutet mir nichts mehr, meine Kinder zu sehen, die sich über den Schnee freuen. Als es für mich noch neu war, Kinder zu haben, war es auch faszinierend, ihre Freude zu beobachten. Mit meinem ersten Kind war jede neue Entdeckung ein Ereignis. Aber jetzt, beim dritten Kind, fasziniert mich überhaupt nichts mehr und ich sehne mich nur noch nach den Dingen, die mir selbst Freude bereiten.

Egoismus ist eine hässliche, uralte Krankheit, die unser Innerstes vergiftet. Ich fürchte, ich bin davon besonders stark betroffen.

Ich will immer Neues erleben. Bei meinem ersten Kind fand ich alles wunderschön. Wie sehr ich mir die Freude von damals inzwischen zurückwünsche. Es tut mir weh, wenn ich daran denke, wie oft ich meine Kinder vor den Fernseher gesetzt habe, um mich nicht mit ihnen beschäftigen zu müssen. Ich verachte mich selbst und wünschte, ich wäre so liebevoll, selbstlos und demütig ihnen gegenüber, wie mein Vater im Himmel zu mir ist.

Der Egoismus erfüllt mich mit Selbstverdammnis und schadet den Seelen meiner Kinder. Ich will nicht mehr egoistisch sein! Viel lieber hätte ich das Wesen Jesu, der für seine Geschöpfe gestorben ist. So sollen wir eigentlich auch leben und lieben: „Niemand liebt mehr als einer, der sein Leben für die Freunde hingibt" (Johannes 15,13).

Opferbereit werden

„Die Hochmütigen weist Gott von sich, aber er hilft denen, die wissen,
dass sie ihn brauchen.“   Jakobus 4,6

Das Gegenteil von Demut ist Stolz. Oft ist es mein Stolz, der mich von den anstrengenden Aufgaben abhält und nicht zulassen will, dass ich mich in die Kinder investiere.

Stolz will mir weismachen, ich sei besser, überlegen und wichtiger. Wäre ich nicht vom Stolz geleitet, würde es mir viel leichter fallen, meine eigenen Termine abzusagen und meinen Kleinen so viel Zeit, Aufmerksamkeit und Liebe zu geben, wie sie brauchen. Natürlich liebe ich meine Kinder von ganzem Herzen. Ich würde für sie sterben. Trotzdem fällt es mir so schwer, das Buch wegzulegen, den Computer auszuschalten oder die Handarbeit zur Seite zu legen, um für sie da zu sein, ihnen Dinge zu erklären, sie zu ermutigen und ihnen Wertschätzung entgegenzubringen. Sie brauchen das an jedem Tag.

Warum ist es so schwer, mit den Ponys zu spielen? Ist es wirklich so langweilig, etwas zu basteln? Ich glaube, es gibt zwei Gründe. Einerseits ist es natürlich schon manchmal langweilig, mit kleinen Kindern zu spielen. Wenn ich auf dem Teppich sitzen und mir einen Dialog zwischen den beiden Pferdchen ausdenken muss, dann ermüdet mich das auf Dauer schon. Gleichzeitig weiß ich im Voraus, dass mein Zweijähriger eine Menge Unsinn machen wird, während ich mich mit dem älteren Kind an die Bastelarbeit mache. Der Kleine wird uns stören, alles durcheinanderbringen, nerven, die Großen ärgern und die Stimmung wird schnell kippen. Es wird ja nicht zum ersten Mal so sein.

Ich kann mich aber aus Liebe zu meinem Kind dazu entscheiden, mit ihm zusammen in die Welt der Ponys einzusteigen. Mein Kind ist so glücklich, wenn ich mit ihm spiele und mir dabei immer neue Geschichten ausdenke. Auch wenn ich mich auf das Basteln einlasse, von dem ich weiß, dass es schiefgehen kann, ist das eine aus Liebe motivierte Entscheidung. Ich entscheide mich, geduldig und freundlich zu bleiben, statt mich frustrieren zu lassen und alles hinzuschmeißen. Es ist meine Entscheidung, mir Zeit zu nehmen, schwierige Situationen mit den Kindern zu üben, mit ihnen über richtiges und falsches Verhalten zu reden, sie notfalls auch zu bestrafen, bis sie das richtige Verhalten lernen. Die Entscheidung, mich auf die Kinder einzulassen, bedeutet, meine Kinder wirklich zu lieben, und zwar mit meinem Handeln, nicht nur mit meinen Gefühlen.

Dabei nehme ich mir Zeit, den Charakter meiner Kinder zu formen. Das geschieht, während ich mit den Ponys spiele, bastle, mir im Schnee nasse Füße hole, einen Kinderfilm anschaue – obwohl es so viel Wichtigeres zu tun gäbe – und abends noch viel länger bei ihnen bleibe, als ich das eigentlich vorhatte. Diese Form der praktischen, opferbereiten Liebe wird sich auszahlen. Sie formt die Persönlichkeit der Kinder. So erleben sie, wie wertvoll sie mir sind und wie gerne ich Teil ihrer Welt sein will. Gleichzeitig lernen sie dabei die Liebe des Vaters im Himmel kennen. Jesus war sanft und geduldig. Er sagte: „Lasst die Kinder zu mir kommen und haltet sie nicht zurück, denn für Menschen wie sie ist Gottes neue Welt bestimmt" (Matthäus 19,14).

Meine Kinder sind noch so klein, ich habe immer noch Zeit, mich zu ändern, mich für die liebevolle Zuwendung zu entscheiden und mich selbst zurückzunehmen, um für sie da zu sein. Ich habe noch Zeit.

Wohnen Ihre Kinder noch zu Hause? Dann haben auch Sie noch Zeit! Bitten Sie Jesus um Hilfe. Er macht uns fähig, unsere eigenen Interessen hintenanzustellen und uns den Menschen hinzugeben, die uns anbefohlen sind. Eines Tages werden Sie dankbar zurückblicken und sagen: „Ich habe das Richtige getan, ich habe meine Kinder vor meine eigenen Bedürfnisse gestellt." Dann werden Sie ernten, was Sie gesät haben, nicht zuletzt dann, wenn diese Kinder erwachsen werden, heiraten und eigene Kinder haben. Jetzt ist es Zeit zu investieren.

Wenn wir uns jetzt die Mühe machen, für unsere Kinder da zu sein, dann haben wir gute Aussichten, später die Früchte zu ernten. Wer sich dieser nicht immer einfachen Aufgabe stellen will, muss sich einerseits zur Treue und zum langfristigen Durchhalten entscheiden, andererseits sollte er nicht versuchen, dies in eigener Anstrengung zu tun, sondern aus dem Glauben heraus und in der Kraft, die Gott uns dazu gibt.

Zeit für mich

Kaum war die Tür zu, ging ich nach oben. Das Haus war leer und ich war sehr froh über diese Zeit der Ruhe, die mir ganz alleine gehörte. Ich ging ins Bad, band meine Haare zurück und wusch mir das Gesicht. Selbst dazu hatte ich zuletzt selten Zeit gehabt. Aber jetzt war es mir ein richtiges Bedürfnis, meine Haut zu pflegen. Langsam, bewusst und genießerisch reinigte ich mein Gesicht. Dann zog ich mich an, kochte mir Kaffee und ordnete die Kissen auf dem Sofa so, wie ich sie haben wollte. In den nächsten paar Stunden würden sie genau so bleiben. Ich räumte das Wohnzimmer auf, zündete eine Kerze an, brachte das schmutzige Geschirr in die Küche und zog meinen Schaukelstuhl zum Licht. Der Kaffee war fertig, ich verfeinerte ihn mit einem Schuss Karamellsirup und überlegte, was ich frühstücken wollte. Ich hatte Zeit zum Überlegen! Ein Eisandwich würde jetzt perfekt sein, mit einem Spiegelei, Zwiebeln, Schinken und Käse zwischen den getoasteten Hälften. Lecker! Ich sank in meinen Schaukelstuhl und griff nach meinem Schreibzeug. Welch ein perfekter Morgen! Heute würde ich richtig auftanken.

Tag für Tag verausgaben wir uns für unsere Kinder und es ist ein Vorrecht, Kinder zu haben, für die wir da sein dürfen. Ich bin dankbar dafür, meine Werte an diese Kinder weitergeben zu können. Aber wenn wir uns entschlossen haben, ihnen unsere ganze Aufmerksamkeit zu schenken, dann brauchen wir von Zeit zu Zeit eine Pause, sonst brechen wir zusammen und verzweifeln.

Ich kann mich gut an die dunkle Zeit erinnern, in der ich so gut wie nie eine Pause hatte. Damals fürchtete ich, verrückt zu werden. Schon beim Aufwachen sehnte ich mich nach dem Abend, endlos lag der Tag vor mir, lang, anstrengend und eintönig. Damals hatte ich noch nicht gelernt, mein Leben und das Leben der Kinder schön zu gestalten. Ich brauchte dringend Zeit, um mich wieder zu sortieren. Ich sehnte mich nach Zeit in Gottes Nähe, nach Zeit für mich, nach einer Zeit der Ermutigung – und nach Muffins.

Dieser Wunsch nach Zeit für mich, der so negativ und selbstsüchtig daherkommt, ist nicht mit Egoismus zu verwechseln. Wenn ich mir keine Zeit für mich nehme und irgendwann zusammenbreche, dann habe ich nicht im Sinne der Kinder gehandelt.

Was bleibt nun unter dem Strich? Es ist richtig, immer mal wieder aus der Tretmühle auszusteigen und für sich selbst Auszeiten zu arrangieren. Das kann einem der Ehepartner ermöglichen, eine gute Freundin oder jemand aus der Gemeinde. Es muss jemand sein, dem Sie vertrauen können und der die Kinder gut kennt. Wenn es möglich ist, eine regelmäßig wiederkehrende Zeit zu vereinbaren, zu der Sie immer ohne Kinder sind, wird das eine sehr hilfreiche, wertvolle Regelung werden.

Falls Sie niemanden finden, der dazu bereit oder in der Lage ist, dann geben Sie die Hoffnung nicht auf. Irgendwann wird es gehen. Ich konnte jahrelang keine regelmäßigen Pausen machen und deshalb war ich am Ende auch so verzweifelt. Aber Gott hat mir geholfen, die Zeit zu überstehen und jetzt habe ich regelmäßig frei. Das tut mir sehr gut, ich kann mich erholen und in neuer Kraft zu meinen Aufgaben zurückkehren. Jede Mutter braucht solche Zeiten der Ruhe und des Auftankens.

Sally

Seit über einem Monat lagen die Temperaturen nun schon unter null Grad. Langsam bekamen wir Platzangst. Einerseits war ich so glücklich über das kleine Baby, das ich bekommen hatte, andererseits wurde ich immer unruhiger, je länger wir zu Hause eingesperrt waren. In vielerlei Hinsicht war es schön, als Missionare in Österreich zu leben, und es befriedigte mich auch. Andererseits fühlte ich mich oft sehr einsam. Clay arbeitete in der Stadt, während ich den ganzen Tag über mit dem Baby alleine war. Oft konnte ich über zwölf Stunden lang kein Wort mit einem Erwachsenen wechseln. Die anderen Frauen, die ich kannte, hatten keine kleinen Kinder. Also spielte ich allein mit meinem kleinen Mädchen, fütterte sie, zog sie um, wartete, bis sie einschlief, um dann zu warten, bis sie wieder aufwachte.

Schließlich beschloss ich, das Haus zu verlassen, ehe ich verrückt werden würde. Ich packte mein Baby in einen dicken Overall und zog ihm warme Stiefelchen, einen Schal und eine Wollmütze an. Dann wagten wir uns auf die Kopfsteinpflasterstraßen und waren bereit, Abenteuer oder zumindest etwas Abwechslung zu erleben. In der Straßenbahn hatte ich Mühe mit meinem Kinderwagen, fand schließlich aber sogar einen Sitzplatz. Mit Sarah auf dem Schoß schaute ich aus dem Fenster, an dem die Wahrzeichen Wiens vorbeizogen. Am nächsten S-Bahnhof stiegen wir in die schnellere Bahn um, die uns mitten in die Stadt bringen würde.

Meine kleine Sarah liebte die schnelle Fahrt, sie kicherte ununterbrochen, bis wir die Endstation vor dem berühmten Hotel Sacher mitten im Zentrum Wiens erreicht hatten. Ich beschloss, das fünf-Sterne-Hotel von innen zu betrachten, und versuchte, wie ein Hotelgast zu schauen, während ich meinen Kinderwagen hineinschob. Kleine elegante Boutiquen säumten die riesige Eingangshalle, im Zentrum befand sich ein Café. Die Menschen lächelten mich an, zeigten auf Sarah und ich verstand, dass sie, in den verschiedensten deutschen Worten, immer wieder das Gleiche sagten: „Was für ein süßes Baby!" Ich bummelte an den Auslagen entlang und ließ Sarah auf ihren speckigen, kurzen Beinchen herumtapsen. Dann gönnte ich mir eine Tasse Kaffee und teilte den Keks mit ihr. Die Kleine war glücklich und ich war ganz erfüllt von all den Eindrücken, die einen wohltuenden Kontrast zur Eintönigkeit in meiner Wohnung bildeten. Dieser einfache, aber wunderschöne Nachmittag wurde zu einem wichtigen Meilenstein für meine folgenden Jahre als Mutter.

Eine Frau Gottes erkennt man auch daran, dass sie für das Wohlergehen ihrer Seele sorgt und Verantwortung für sich selbst übernimmt. Eine Mutter ist wie eine Dirigentin, sie bestimmt die Klänge, die das Orchester spielt, und sie entscheidet, welche Musik ihr Leben erfüllt. Gott verfügt über unendliche Kreativität und Größe, er hat Freude daran, wenn wir mit ihm zusammen Schönes erschaffen.

Ich bin von Gott berufen und befähigt, mein Leben kunstvoll und schön zu gestalten. Diese Erkenntnis wurde mir sehr wichtig. Es ist meine Aufgabe, mein Leben so einzurichten, dass ich langfristig als Mutter erfüllt und glücklich leben kann. Es dauerte eine Weile, ehe mir bewusst wurde, dass niemand außer mir selbst dafür verantwortlich war. Würde ich mich nicht um mich selbst kümmern, so würde meine Seele allmählich vor Erschöpfung, Langeweile, Einsamkeit und Trübsinn krank werden.

Wir sind nicht zufällig so, wie wir sind

Ich habe meine ganz individuelle Persönlichkeit von Gott bekommen. Ich liebe Abenteuer und Reisen, ich bin auch ein geselliger Mensch und habe gerne viele Freunde. Außerdem lese ich gerne, denke viel nach und bin künstlerisch veranlagt. Ich mache Gott keine Freude damit, dass ich mein eigenes Wesen verleugne. Er will vielmehr, dass ich meine Ideale und meine Art auslebe. Ihm ist es wichtig, dass ich mich zu der Person entfalte, als die er mich geschaffen hat. Nur so kann ich meinen Kindern alles geben, was sie brauchen. Wenn ich ein Leben führe, das für mich selbst interessant ist, dann wird es auch für meine Kinder spannend sein.

Die Erwartungen anderer sind nicht wichtig

Immer wieder kommen wir in diesem Buch darauf zurück: Es gibt unendlich viele Stimmen von außen, unzählige Erwartungen und Meinungen über Kindererziehung und Muttersein. Wer versuchen würde, all diesen Erwartungen gerecht zu werden, würde in der Psychiatrie landen. Und wenn man sich mit anderen vergleicht, verliert man sein eigenes Bauchgefühl für das, was für einen selbst und die eigenen Kinder richtig ist. Am besten ist es, wenn jede Frau so lebt, wie es ihr entspricht, im Rahmen ihrer Grenzen und Möglichkeiten.

Es gibt Frauen, die haben sich so darauf fixiert, eine gute Mutter zu sein, dass sie kaum noch menschliche Wesen sind. Nein, ich rede hier nicht dem Egoismus das Wort, es geht nicht darum, die Kinder zu vernachlässigen, um sich selbst auszuleben. Aber ich bin überzeugt, dass Gott jedem Menschen einen vernünftigen Spielraum gegeben hat, in dessen Grenzen er sein Leben selbst einrichten kann. In diesem Rahmen dürfen und sollen wir auch unser Familienleben gestalten, individuell zugeschnitten auf die Bedürfnisse und Bedingungen, auch auf die Schwächen von uns und unseren Angehörigen.

Eigentlich gibt es zu viele Bücher und Ratschläge für junge Mütter, sodass diejenigen, die kein starkes Selbstbewusstsein haben, eher verunsichert werden, als dadurch Hilfe zu finden. Und ich kenne kostbare junge Frauen, die fast daran zerbrechen, nicht mit ihren Nachbarinnen mithalten zu können. Ich habe als Mutter glücklicherweise bald herausgefunden, dass ich es einfach nicht schaffen würde, den Vorstellungen anderer gerecht zu werden. So habe ich mich an Jesus gehalten und in seinem Wort nach Anhaltspunkten gesucht, wie ich Freiheit finden und ich selbst werden kann. Die menschlichen Regeln, die mich nur unter Druck bringen, sind zahllos. Zu ihnen zählen Anweisungen wie:

- Am wichtigsten ist es, jeden Tag mit Gott zu beginnen. Wer nicht frühmorgens seine Bibel liest, verpasst Gottes Stimme, der uns jeden Morgen neu begrüßen will.

- Eine gute Hausfrau hat auch in den Schubladen Ordnung.

- Eine gute Mutter näht selbst, das lesen wir auch in Sprüche 31, dem Kapitel von der tüchtigen Hausfrau.

- Es ist wichtig, jedes einzelne ungehorsame Verhalten des Kindes sofort zu kommentieren, eventuell auch zu bestrafen, um dem Kind zu zeigen, was richtig ist.

- Eine gute Mutter lässt ihr Kind nicht allein und lässt es nicht von anderen Menschen betreuen.

Es gibt unendlich viele solcher Sätze, die nichts weiter bewirken, als allen Müttern Schuldgefühle zu vermitteln. Ich bin überzeugt, dass es zur Zeit Jesu ähnlich war. Das erklärt sein hartes Vorgehen gegen alle Gesetze und Vorschriften, die von den Pharisäern ausgingen. Wer versucht, alles richtig zu machen, verhindert die Entfaltung seiner Seele, denn niemand ist vollkommen. Jede Mutter braucht regelmäßig die spürbare Erfahrung von Gottes Wohlwollen, seiner Barmherzigkeit und seiner Gnade.

Nach meinem ersten beglückenden Ausflug in Wien suchte ich immer wieder nach Gelegenheiten, um alleine an einem netten

Ort über mich und meine Ziele nachzudenken. Oft blieb Clay am Samstagvormittag zu Hause, backte Waffeln mit den Kindern oder unternahm etwas mit ihnen, sodass ich ein bisschen Zeit für mich haben konnte.

Was war mir wertvoll? Was wollte ich meinen Kindern vermitteln? Bücher, Kunst, Musik, meine Weltanschauung, die Bibel, Schönheit, Gastfreundschaft, Feiern, Reisen, Beziehungen, geistlicher Dienst und theologische Konzepte, Liebe zur Natur, schreiben, musizieren, Theater spielen, Mission … die Liste ist lang.

Als ich mir über meine Vorlieben klar geworden war, fing ich bewusst an, einige dieser Dinge in meinen Alltag mit den Kindern einzubauen. Das machte mich selbst froh und meine Freude übertrug sich auf die Kinder. Wenn eine Mutter mit Leidenschaft an manche Themen herangeht, werden die Kinder auch lernen, leidenschaftlich zu leben und Projekte engagiert und freudig zu verfolgen.

So hatte ich jeden Tag eine glückliche Zeit mit meinen Kindern, wenn wir gemeinsam auf dem Sofa saßen und ich ihnen aus der Kinderbibel vorlas. Wir kuschelten uns dabei eng aneinander und es war so schön, ihnen immer wieder zu sagen, wie sehr Gott und wir Eltern sie lieb hatten. Das wurde zu einem Fixpunkt unseres Alltags.

Dann gönnte ich mir jede Woche einen kleinen Blumenstrauß, den ich auf unseren Esstisch stellte, abends zündete ich Kerzen an und schaltete liebliche Musik ein. So zeigte ich ihnen, was ich selbst schön fand. Für mich war es sehr wichtig, immer wieder Momente zu haben, in denen ich mich mit schönen Dingen beschäftigen konnte. Indem ich das für mich selbst tat, lernten auch meine Kinder, Schönes wertzuschätzen. Ihre jungen Seelen wurden dadurch geprägt und heute, als Erwachsene, führen sie manche dieser Gewohnheiten fort.

Waren wir zu lange in der Wohnung eingesperrt, dann packte ich alle ins Auto und wir fuhren in die Berge, um ein Abenteuer zu erleben. Unterwegs hörten wir ein Hörspiel und es gab ein paar Leckereien. Solche spontanen, kleinen Touren machten uns allen viel Freude. Ich genoss diese unbeschwerten Zeiten mit glücklichen Kindern in der schönen Natur und die Kinder lernten, wie wichtig es ist, sich solche besonderen Momente zu schaffen.

Ich hatte gelesen, welche Bedeutung Bücher für die mentale Entwicklung der Kinder hätten. Also fing ich an, mit meinen Kindern regelmäßig in die Bücherei zu gehen. Stapelweise holten wir uns dort Bilderbücher, Abenteuergeschichten, Biografien, Witzbücher, Märchenbücher und was es sonst noch alles gab. Dabei durfte jedes Kind seine eigenen Bücher auswählen, sogar die Krabbelkinder. Dann verbrachte ich viele Stunden damit, ihnen aus den Büchern vorzulesen, über die Geschichten zu reden und mich von deren Schönheit fesseln zu lassen. Auch das erfüllte mich mit tiefer Freude und die Kinder lernten es, Bücher wertzuschätzen.

Gott will, dass wir selbst lebendig sind und das Leben der Kinder abwechslungsreich und gehaltvoll gestalten. Er liebt es, wenn wir dafür sorgen, dass wir immer etwas zum Freuen haben, dass unsere Gedankenwelt bunt und lebendig ist und dass wir die Schönheit seiner Welt genießen.

Solche lebendigen, schönen Dinge passieren in der Regel nicht von alleine oder zufällig, man muss sie aktiv planen. Wie soll unser Familienleben sein? Wie soll es in der Wohnung aussehen? Welcher Zeitplan macht Ihnen und Ihren Kindern Freude? Wenn eine Frau die Verantwortung für die Atmosphäre und die Abläufe in ihrer Familie übernimmt, wird sie selbst mit Freude und Zufriedenheit erfüllt werden. Gleichzeitig wird sie im Laufe der Jahre Kinder bekommen, die das lieben, was sie liebt, und mit denen sie auf dieser Basis wunderbare, tiefe Freundschaften pflegen kann.

Jetzt sind Sie an der Reihe!

Nachdem Jesus ihnen die Füße gewaschen hatte, zog er sein Obergewand wieder an, kehrte zu seinem Platz am Tisch zurück und fragte seine Jünger: „Versteht ihr, was ich eben getan habe? Ihr nennt mich Meister und Herr. Das ist auch richtig so, denn ich bin es. Wie ich, euer Meister und Herr, euch jetzt die Füße gewaschen habe, so sollt auch ihr euch gegenseitig die Füße waschen. "   Johannes 13,12–14

- Jesus, der König, nahm vor seinen Jüngern den niedrigsten Platz ein. Er hat uns damit gezeigt, was einen Diener ausmacht. Sind wir auch so? Geben wir unsere eigenen Ansprüche auf, um denen zu dienen, die uns anvertraut sind?

- Man kann anderen Menschen auch aus einer selbstgerechten Haltung heraus dienen und zieht dann eigenen Gewinn aus dem Dienst. Wollen wir nicht lieber unseren Blick auf Jesus heften, der aus Liebe zu seinen Jüngern und aus Gehorsam seinem Vater gegenüber handelte?

Niemand liebt mehr als einer, der sein Leben für die Freunde hingibt.   Johannes 15,13

- Jesus bezeichnet Selbstaufgabe als den größten Ausdruck der Liebe. Sind wir bereit, all unsere Rechte und Ansprüche aufzugeben, um den Menschen in unserer Umgebung zu dienen?

- Gibt es bestimmte Rechte, die Sie nur sehr schwer loslassen können, obwohl Sie wissen, dass Gott das möchte?

ॐ

Vorschlag

Gehen Sie mit Ihren Kindern einzeln los, in ein kindgerechtes Lokal oder zu einem guten Ausflugsziel. Planen Sie regelmäßig eine Zeit zu zweit ein, in der Sie Ihr Kind ermutigen und über alles sprechen, was gerade wichtig ist, zeigen Sie Ihre Wertschätzung für das Kind und segnen Sie es, indem Sie ihm einen Teil Ihrer Zeit abgeben.

Zu dieser Einleitung gibt es auch ein Video in englischer Sprache. Sie können es über den abgedruckten QR-Code mit Ihrem Handy abrufen oder unter www.gerth.de/clarkson7 öffnen.

Liebe Sally,

wenn mir alles zu viel wird, dann flüchte ich mich ins Internet. Ich bewege mich in den sozialen Netzwerken und versuche, dort Spannung und Befriedigung zu finden und meinem realen, eintönigen Leben zu entfliehen. Ich weiß, dass das nicht gut ist und ich schäme mich dafür. Wahres Leben finden wir nur in dem Gott, der selbst das Leben ist, trotzdem greife ich manchmal auf das Internet zurück. Es ist so einfach, dem grauen Alltag damit zu entfliehen. Kennst du so etwas? Wie hast du es geschafft, dich nicht in Fantasiewelten zu flüchten?

Alles Liebe, Sarah Mae

Meine Liebe,

eigentlich ist es doch verrückt, dass wir denken, wie könnten gute Mütter sein, ohne dass wir von anderen in dieser schwierigen Rolle unterstützt werden und ohne dass wir Freizeit und Urlaub hätten. Ich habe herausgefunden, dass ich nur dann langfristig eine gute Mutter sein kann, wenn ich selbst dafür sorge, mir schöne Zeiten zu organisieren, mit und ohne Kinder. Jede Form der Sucht ist der Versuch, Mangel im Leben selbst auszufüllen, einen billigen Ersatz zu finden für das, was uns eigentlich fehlt. Es ist wichtig, dass du dir Unterstützung suchst, Pausen verschaffst, mich anrufst, Dinge tust, die dir Freude machen – immer dann, wenn du merkst, dass dich wieder etwas in seinen Bann ziehen will oder du dir auf ungesunde Weise Ersatzbefriedigungen verschaffst. Stelle dich deinen Gefühlen, lege den Finger genau auf die Wunde und überlege, was dir wirklich helfen könnte. Deine Bedürfnisse sind wichtig und Gott wird dir zeigen, was du brauchst und was du tun musst, um langfristig innerlich erfüllt und stark zu bleiben.
Ich schicke dir heute ein paar Blumen, damit du spürst, wie lieb ich dich habe.

Sally

KAPITEL 8
Flucht

Sarah Mae

Ich weiß noch genau, wie mich das Internet zum ersten Mal so richtig in seinen Bann zog. Mein drittes Kind war noch nicht geboren, also waren meine beiden Kinder etwa ein und drei Jahre alt. Ein bekannter Blogger richtete ein Forum ein, in dem man lernen konnte, einen guten Blog aufzubauen, mit vielen Abonnenten und mit Werbeeinnahmen. Ich verbrachte den ganzen Tag in diesem Forum, bis mein Mann abends nach Hause kam. Das war das erste Mal in meinem Leben, dass ich einen ganzen Tag lang vor dem Computer gesessen hatte. Davor hatte ich immer sehr darauf geachtet, dass der Computer aus war, solange meine Kinder wach waren. Doch an diesem Tag konnte ich einfach nicht mehr aufhören. Plötzlich war es Abend, mein Mann war da und ich konnte es kaum fassen, dass ein ganzer Tag verstrichen war. Normalerweise zogen sich meine Tage unerträglich in die Länge, alles erschien mir sonst so zäh und langweilig. Natürlich schämte ich mich an diesem Abend und es war klar, dass *so etwas nie wieder vorkommen* würde. Trotzdem war es ein spannender Tag gewesen. Im Nachhinein muss ich sagen, dass damals alles anfing. Ich wurde computersüchtig. Das Internet war eine interessante Welt, im Gegensatz zu meinem Alltag, der mich nur noch langweilte.

Da wir heute nicht mehr in größeren Familienverbänden leben, sind die Mütter von kleinen Kindern in der Gefahr, sich in irreale Welten zu begeben, an Orte, die sich auf angenehme Weise von ihrem Alltag abheben. Es ist so leicht, dabei in eine Abhängigkeit zu geraten. Manche hängen den ganzen Tag vor dem Fernseher oder

werden computersüchtig, andere führen irgendwelche Internet-
beziehungen, manche sind auch in handfeste Affären verwickelt.
Wieder andere nehmen Tabletten, um fröhlich durch ihre Tage
zu kommen. Es gibt die unterschiedlichsten Methoden, doch alle
wachsen aus der gleichen Wurzel – man ist einsam und der Alltag
ist grau. Niemand ist da, der sich um einen kümmert. Das ist keine
Entschuldigung, aber eine Erklärung. Ich weiß, wovon ich schreibe.
Doch je länger ich mit meinen Kindern zu Hause bin, desto mehr
lerne ich, mich an Gott zu halten. Anders geht es nicht, schließlich
laufe ich als Mutter keinen Sprint, sondern einen Marathon. Ich
will eine Frau sein, an der man sich orientieren kann, ich will ein
Vorbild sein. Wenn ich in fünfzehn oder zwanzig Jahren zurückschaue, dann will ich nicht bedauern, was ich in diesen anstrengenden Jahren getan und wozu ich mich entschieden habe. Ich will im
Rückblick mit mir als Mutter zufrieden sein, weil ich meinen Kindern, die auf mich angewiesen sind und mich im wahren, echten
Leben brauchen, alles gegeben habe.

Wenn Sie mit Sucht in irgendeiner Form zu tun haben oder stark
in eine solche Richtung gezogen werden, dann legen Sie sich vor
Gott fest, dagegen anzukämpfen, und fliehen Sie, so schnell und
entschlossen wie möglich, vor dieser Gefahr. Zusätzlich sollten
Sie sich Hilfe von außen holen. Es ist sehr schwer, sich von einer
Traumwelt oder einer Sucht zu lösen, weil wir die Gefühle, die wir
dort bekommen, eigentlich doch sehr schön finden. Wir müssen zu
uns selbst und vor anderen ehrlich sein, indem wir einer Freundin,
einer Seelsorgerin oder dem Partner das alles sagen.

Wenn wir die Sucht genießen, weil sie uns schöne Gefühle gibt,
weil sie leichter ist als das wirkliche Leben und wir sie deshalb eigentlich gar nicht aufgeben wollen, dann ist es wichtig, das auch
genau so zu sagen. Es ist unumgänglich, diese Dinge laut vor anderen auszusprechen. Alles, was im Dunkeln bleibt, wird uns weiter belasten und beherrschen. Auch vor Gott müssen wir ehrlich
sein, er weiß ohnehin alles, aber er will es auch von uns hören. Es

braucht unsere Entscheidung, Gott im Gebet zu suchen und ihn immer wieder zu bitten, uns vor der Versuchung zu bewahren und von dem Bösen zu erlösen. Wir dürfen ihn bitten, uns die Ursachen für unser Verhalten zu zeigen. Wir brauchen Lösungen. Wenn es nicht mehr weitergeht, dann müssen wir eine Freundin anrufen und sie um Gebet und um Worte der Gnade und der Wahrheit bitten. Doch nichts ersetzt das eigene Gebet. Wenn wir Gott um Vergebung und um Hilfe bitten, dann wird er hören und da sein.

Wenn wir mit aufrichtigem Herzen zu Gott kommen, dann hilft er uns zuverlässig. Und wenn wir vor uns selbst und vor Gott ehrlich sind, dann setzt das viel Kraft frei. Eine charakterlich starke Person denkt über die Folgen ihres Tuns für ihre Zukunft nach. Wer das nicht tut, über den wird Folgendes gesagt: „Dass ihre Untreue aufgedeckt wird, hat sie nicht bedacht. Nun ist sie tief gefallen – und keiner ist da, der sie tröstet" (Klagelieder 1,9).

Mein Bekenntnis

Manchmal gehe ich meinen Kindern aus dem Weg.

In den letzten Tagen habe ich nur geputzt. Mein Mann sagt, das käme nur etwa zwölfmal im Jahr vor (ich fürchte, das ist eine wohlwollende Untertreibung). Ich habe meine beiden Bücherregale aufgeräumt, den Geschirrschrank im Esszimmer aus- und eingeräumt und alles aufgeräumt, was auf dem Deckel vom Klavier lag. Die Küche habe ich auch geputzt, alle Böden gewischt, die Kissen geschüttelt und Staub gewischt. Als meine Tochter mit mir basteln wollte, erklärte ich, dass ich noch das Schlafzimmer sauber machen müsste.

Ganz klar, heute bin ich keine tolle Mutter. Heute habe ich keine Zeit. Ich muss putzen.

Warum tue ich so viel Unnötiges, nur um mich nicht mit meinen Kindern beschäftigen zu müssen? Ich habe sie doch lieb. Ich liebe ihr Wesen und freue mich an allem, was Gott in sie hineingelegt hat. Trotzdem drücke ich mich davor, mit meinen Kindern das zu machen, was ihnen Spaß macht. Doch es muss noch mehr als das sein. Ich ahne, Gott will mir noch etwas Tieferes zeigen.

Es fällt mir schwer, meinen Kindern Priorität einzuräumen und mein eigenes Leben ihnen zuliebe hintenanzustellen. Stattdessen versuche ich, meinen Kindern zu entkommen, und damit fliehe ich auch vor meinem eigenen Leben. Das ist keine schöne Seite an mir. Die Wurzel der Selbstsucht sitzt tief bei mir und ich wünschte, Gott würde sie bald aus meinem Herzen entfernen. Doch ich bin noch mitten in dem Thema und ich habe meine Selbstsucht noch nicht überwunden. Ich bitte Jesus, mir zu helfen, das Leben, das er in mich gelegt hat, zur Entfaltung zu bringen.

Sally

Es war ein düsterer Nachmittag. Seit zweiundzwanzig Tagen hatten wir schon Frost und kamen nicht aus der Wohnung heraus. Ich liebte meine Kinder, aber an diesem Tag konnte ich einfach nicht mehr. Ich musste einfach mal raus, denn ich konnte an nichts anderes mehr denken.

In mir war es so trübe, dass ich kaum noch mütterliche Gefühle empfand, und ich hatte das Gefühl, es keine Stunde länger mehr aushalten zu können. Dieses Chaos und das ständige Weinen des Babys, das einfach nicht einschlafen wollte, machten mich total fertig. Zum Glück fand ich ganz schnell einen Babysitter und konnte tatsächlich mal das Haus verlassen. Ich brauchte Freundinnen, Abwechslung und Zeit für mich.

Natürlich kamen bald danach die Schuldgefühle. Wie konnte ich als gläubige Frau, die aus Überzeugung Mutter war, so negativ gegenüber den Kindern und meiner Mutterrolle empfinden? Ich fragte mich, was mit mir nicht in Ordnung war. Heute weiß ich, dass Gefühle immer nur Momentaufnahmen sind und nicht dem entsprechen, was wir tatsächlich für eine Person oder Sache empfinden.

Als ich mit neunundzwanzig Jahren heiratete, lagen schon etliche Jahre als Single hinter mir. Ich hatte Reisen gemacht, als Missionarin gearbeitet und mich an die europäische Mentalität gewöhnt. Mein Leben hatte mir viel Spaß gemacht und ich hatte unterwegs viele Menschen kennengelernt und interessante Freunde gewonnen. Und dann kam diese ganz andere Phase meines Lebens, die mit meinem Singleleben so gar nichts mehr gemeinsam hatte.

Gerade dann, wenn wir uns unfähig und niedergeschlagen fühlen, sind wir besonders anfällig für Angriffe aller Art. Es gibt kaum etwas Gefährlicheres im Leben einer Frau, als wenn sie anfängt, nach Befriedigung außerhalb der Familie und der Beziehung zu Gott zu suchen. Das kann eine eingebildete Beziehung sein, die nur in Tagträumen stattfindet, heimlicher Alkoholkonsum oder das unstillbare Verlangen nach Bestätigung und Anerkennung. Ich habe im Laufe der Jahre mit unendlich vielen Frauen gesprochen, die solche geheimen Sünden in ihrem Herzen vergraben hatten. Die meisten Briefe, die ich bekomme, sind Bekenntnisse von Frauen, die in solche Fallen gegangen sind.

Eigentlich steht es doch in der Bibel: „Was eurem Glauben bisher an Prüfungen zugemutet wurde, überstieg nicht eure Kraft. Gott steht zu euch. Er lässt nicht zu, dass die Versuchung größer ist, als ihr es ertragen könnt. Wenn euer Glaube auf die Probe gestellt wird, schafft Gott auch die Möglichkeit, sie zu bestehen" (1. Korinther 10,13).

Man muss sich das klarmachen: Jede Versuchung, die uns angreift, kommt auch bei allen anderen vor, ist ganz normal, von Gott zugelassen und zu meistern. Es ist keine Sünde, versucht zu werden. Dem können wir gar nicht entgehen. Wir sind alle von Zeit zu Zeit schwach und verletzlich. Wir müssen uns das eingestehen, damit wir andere um Hilfe bitten können.

Viele Frauen, die ich kenne, fühlen sich wegen der Versuchungen, die sie erleben, so schuldig, dass sie es kaum wagen, sich damit an Gott zu wenden. Stattdessen versinken sie in einem Meer von Schuldgefühlen. Doch wer sich in seiner Scham vergräbt, wird ein Gefangener seiner Versuchung und seines Versagens.

Es ist etwas ganz Besonderes, Mutter zu sein und Verantwortung für Kinder zu haben. Stress, Schwierigkeiten und Herausforderungen gehören selbstverständlich mit dazu. In unserer nicht sehr familienorientierten Welt ist es umso schwieriger, die Einsamkeit, Langeweile und Isolation junger Mütter aufzufangen. Im Zeitalter des Internets, Fernsehens und Computers gibt es unzählige Möglichkeiten, eine junge Mutter von ihrer eigentlichen Aufgabe abzulenken.

Einsamkeit führt dazu, dass wir niemandem Rechenschaft ablegen. Niemand bemerkt, was wir mit unserer Zeit tun und welchen Träumen wir nachhängen. Da ist keiner, der uns warnt oder hilft, wenn wir zu kämpfen haben.

Eigentlich wissen wir doch, dass all die Dinge, die uns Erfüllung und Bestätigung versprechen, doch nur schwarze Löcher sind, die unser Herz, unsere Zeit und unsere Gefühle aufsaugen wollen. Ehe das Problem chronisch wird, sollten wir dringend nach Hilfe suchen. Auch hier gilt das Prinzip von Saat und Ernte. Wenn wir uns zurückziehen und keinen Kontakt zu anderen pflegen, dann ist auch niemand da, der die Gefahren erkennt, auf die wir zusteuern.

„Das ist für mich nicht schlimm. Ich brauche das, um zu funktionieren. Jeder braucht von Zeit zu Zeit eine kleine Unterstützung", so lauten die Entschuldigungen. Ob das nun Drogen, Alkohol oder das Internet sind, ob Liebesromane, Fernsehen oder Tagträume von einem anderen Partner, jede Sucht funktioniert nach dem gleichen Muster. Immer wird uns vorgegaukelt, dass es Leben und Erfüllung geben würde, die sich außerhalb des Lebens befinden, das Gott gibt. Und immer führen diese Wege statt zum Leben direkt in den Tod.

Unsere Kultur gibt uns jede erdenkliche Freiheit, alles was Spaß macht, ist erlaubt. „Das hast du dir verdient." „Jeder macht einmal einen Fehler." „Du gibst so viel, jetzt musst du auch einmal an dich denken", so lauten die Slogans, die uns allerorten begegnen. Egal, mit welcher Ausrede wir uns beruhigen, zuletzt ist doch jede schlechte Gewohnheit und jede Sucht ein Kompromiss, den wir eigentlich nie schließen wollten. Sucht ist der Versuch, aus einer falschen Quelle Befriedigung zu schöpfen.

Gleichzeitig will Gott nichts anderes: Wir sollen ein erfülltes, glückliches Leben haben. Er will, dass wir mit echten Menschen wirklich beglückende Beziehungen führen, wir sollen von dem Werk unserer Hände satt werden, wir sollen Erfolg haben und uns nicht mit billigem Ersatz zufriedengeben. Als Christen sollten wir uns gegenseitig in allen Kämpfen und Prüfungen liebevoll stützen, sodass jeder von uns seinen Weg siegreich beenden kann.

Niemand kann für einen anderen Menschen Verantwortung übernehmen. Es fiel mir nicht leicht, das zu lernen. Aber als reife Erwachsene bin ich selbst für mein Glück verantwortlich. Wenn ich einsam bin, ist es wichtig, dass ich Freundinnen suche, die mir ähnlich sind und mit denen ich Freundschaften aufbauen kann. Wenn ich erschöpft bin, muss ich mir Ruhezeiten organisieren. Fühle ich mich leer, muss ich etwas Schönes planen. Sind wir in eine Sucht oder Affäre geraten, dann müssen wir uns dem Problem stellen und Hilfe holen.

Wenn jemand körperlich krank ist, wird niemand ihn dafür verachten, dass er ins Krankenhaus geht. Mit seelisch und geistlich kranken Menschen verhält es sich nicht anders. Wir müssen ihnen die Unterstützung zukommen lassen, die sie brauchen. Wenn Sie gerade am Kämpfen sind, dann zögern Sie nicht, sich jemandem anzuvertrauen und über Ihre Gefühle, Ihre Sucht oder Ihre Versuchung zu reden. Im Verborgenen entwickeln sich diese Dinge viel schneller als am Licht und am Ende, wenn doch alles herauskommen wird, ist das Leid viel größer. Vertrauen Sie sich jemandem an, vielleicht einer älteren Frau, einem Pastor oder einer Seelsorgerin Ihrer Gemeinde. Holen Sie sich Hilfe. Tragen Sie diese Last nicht länger alleine!

Nöten vorausschauend begegnen

Wenn Sie eine Freundin haben, die durch solche Prozesse geht, dann gehen Sie rechtzeitig auf diese Frau zu, aber ohne sie auch nur im Ansatz zu kritisieren, sonst wird sie sich nicht öffnen. Zu viele Christen haben vor lauter Regeln und Geboten ganz vergessen, dass Jesus voller Mitgefühl hinter den verlorenen Schafen herging, um die sich kein Hirte kümmerte.

Christen sollen die Verletzten nicht mit pharisäerhaften Bemerkungen verletzen, sondern so wie Jesus sein. Er kam als Erlöser, der auf die Verlorenen zuging und sie ins Leben zurückholte. Wir sollten uns, aus Dankbarkeit ihm und seiner bedingungslosen Liebe gegenüber, ebenso verhalten. „Jeder soll dem anderen helfen, seine Last zu tragen. Auf diese Weise erfüllt ihr das Gesetz, das Christus uns gegeben hat" (Galater 6,2).

Ich kann mich an eine Zeit erinnern, in der ich sehr bedrückt und überfordert war. Dabei war mir kaum bewusst, wie viel auf mir lastete. Wir konnten unsere Rechnungen nicht bezahlen, eines der Kinder war chronisch krank, ein anderes hatte ADHS und war voller Rebellion, dazu hatte ich noch ein kleines Mädchen, das ganz normal mit seiner Mama spielen wollte, einen Mann, der unter Depressionen litt, und es kamen vier internationale Konferenzen auf mich zu, zu denen ich als Sprecherin eingeladen worden war und wo ich geistliche Antworten parat haben sollte.

Ich wollte treu sein und durchhalten, aber ich hatte nur die Kraft, einen Fuß vor den anderen zu setzen und einen Tag nach dem anderen in Angriff zu nehmen. In jener Zeit fand ich plötzlich eine Postkarte im Briefkasten. Eine Freundin hatte mir geschrieben:

Ich weiß, dass du am Ende deiner Kraft bist und ich weiß nicht, wie ich dir helfen kann – aber ich habe eine Massage für dich gebucht, sodass du wenigstens einmal für eine Stunde ausruhen und dich entspannen kannst.

Ich freute mich zwar, konnte mir diese Stunde aber zeitlich eigentlich nicht leisten. Nur um die Freundin nicht zu enttäuschen, ging ich widerstrebend zu dem Massagesalon. Doch diese eine Stunde, in der jemand sich um meinen Körper kümmerte und mich von den muskulären Spannungen befreite, diese Stunde, in der ich mich ausruhen konnte, half mir mehr, als ich jemals gedacht hätte. Die liebevolle Geste meiner Freundin begann, die Eisschicht aufzutauen, die sich über mein Herz gelegt hatte. Ein kleiner Riss ließ das Licht hindurch. Ich bekam neue Kraft, Hoffnung und Heilung und konnte mich wieder besser den vor mir liegenden Aufgaben widmen.

Ich habe diese schwere Zeit überstanden und Gott hat mir dabei geholfen, aber meine Freundin hat auch viel dazu beigetragen. Durch sie war ich darauf gebracht worden, Gottes Gnade wieder neu in Anspruch zu nehmen. Sie hatte sich darauf eingelassen, Gottes Hand zu sein, die sich mir helfend entgegenstreckte. Wir brauchen diese Freunde, die uns helfen, wenn es darauf ankommt. Oft ist es sogar nötig, dass wir aktiv solche Freundschaften suchen und aufbauen. Gott wird uns helfen und den Mangel in uns stillen, wenn wir uns denen anvertrauen, die uns umgeben, und mit ihnen zusammen nach Heilung und Gnade für unsere Seele suchen.

૯૭૭

Jetzt sind Sie an der Reihe!

Glaubt nur nicht, ihr könntet euch über Gott lustig machen! Ihr werdet genau das ernten, was ihr gesät habt. Wer sich nur auf sich selbst verlässt, den erwartet der ewige Tod. Wer sich aber durch den Geist Gottes führen lässt, dem wird Gott das ewige Leben schenken. Werdet nicht müde, Gutes zu tun. Es wird eine Zeit kommen, in der ihr eine reiche Ernte einbringt. Gebt nur nicht vorher auf!

Galater 6,7–9

- Was für eine Saat streuen wir aus?

- Was werden Sie in zehn Jahren als Frucht der Entscheidungen ernten, die Sie heute treffen?

- Was ist das Gute, das Sie tun sollen, ohne müde zu werden?

Als er die vielen Menschen sah, hatte er großes Mitleid mit ihnen. Sie waren hilflos und verängstigt wie eine Schafherde ohne Hirte.

Matthäus 9,36

- Gott schaut mit Liebe und Mitleid in die tiefsten Abgründe unserer Seele. In welchen Bereichen Ihres Lebens wünschen Sie sich Gottes Barmherzigkeit?

- Können Sie sich vorstellen, dass Gott Sie wie ein guter Hirte von diesem steinigen Boden weg hinaus auf eine grüne Weide führen will?

☙

Vorschlag

Nehmen Sie sich etwas Zeit in Gottes Gegenwart und erstellen Sie zwei Listen. In die erste Liste schreiben Sie all das Schöne und Gute, das Sie gerne tun würden, alles, was Sie ermutigt und lebendig macht. In die andere Liste schreiben Sie die Dinge, die Sie müde machen, in denen Sie versagen oder die dazu führen, dass Sie den falschen Samen ausstreuen. Legen Sie Ihrem Gott beide Listen vor und denken Sie daran, dass er der Hirte ist, der Ihre Bedürfnisse kennt.

Zu dieser Einleitung gibt es auch ein Video in englischer Sprache. Sie können es über den abgedruckten QR-Code mit Ihrem Handy abrufen oder unter www.gerth.de/clarkson8 öffnen.

Liebe Sally,

*meine Wohnung ist ein einziges Chaos und ich weiß gar nicht,
wo ich anfangen soll. Wenn mir doch jemand helfen würde, alles
sauber zu machen. Habe ich ein Zimmer aufgeräumt, dann
ist es zehn Minuten später schon wieder unordentlich. Ganz zu
schweigen von der Wäsche – sag mal, ab welchem Alter haben
deine Kinder eigentlich ihre Wäsche selbst gewaschen? Wie viel
Putzarbeit haben sie dir abgenommen? Hoffentlich schreibst
du mir jetzt nicht, dass es falsch ist, auf die Hilfe der Kinder
zu hoffen? Ich fühle mich so schlecht, weil das mit der Wohnung
doch eigentlich meine Aufgabe sein soll, aber ich schaffe es einfach nicht. Was soll ich bloß machen?*

Alles Liebe, Sarah Mae

Liebe Sarah,

das Ideale wäre: Nimm dir eine Putzfrau! Ich hätte übrigens auch gerne eine. Was mich betrifft, bin ich im Laufe der Jahre immer mehr dazu übergegangen, die Hausarbeit so einfach wie möglich zu gestalten. Je weniger Aufwand ich betreibe, desto besser kann ich auf dem Laufenden bleiben. Es ist auch gut, sich einen Plan zu machen, wann welche Arbeit an der Reihe ist. Dann kannst du die Familie auch entsprechend einteilen, auch deinen Mann. Wenn alle sich daran gewöhnen, regelmäßig etwas zu tun, werden für dich nicht so erdrückende Berge an Arbeit entstehen. Wenn es bei uns hier zu schlimm wird, dann mache ich laute Musik an und alle müssen eine halbe Stunde lang mithelfen, wieder eine grundlegende Ordnung herzustellen. Aber das wird sicher in deiner Familie erst in ein paar Jahren möglich sein. Gleichzeitig ist es aber auch nötig, sich mit einem gewissen Maß an Dreck und Unordnung abzufinden. Solange wir leben, wird das immer so sein. Mir hilft es außerdem, die Wohnung hübsch zu dekorieren, dann habe ich auch mehr Motivation, sie aufzuräumen. Da hilft mir ein Strauß Blumen oder eine jahreszeitlich passende Dekoration. Wichtig ist, dass ich es in dieser Wohnung, in der ich mich jeden Tag aufhalte, schön finde.

Also, überleg dir etwas, um dein Zuhause schön zu machen. Ich mache mich auch gleich mal an die Arbeit.

Sally

KAPITEL 9

Die Hausarbeit in Schach halten

Sarah Mae

Ich möchte noch einmal auf das zweite thermodynamische Gesetz zu sprechen kommen.

Sally hat weiter vorne im Buch schon darüber geschrieben. Es besagt, dass sich alle Vorgänge im Universum unweigerlich auf Tod und Zerfall zubewegen. Der Fluch, den Gott über Adam und Eva aussprach und den wir im zweiten Kapitel des ersten Buches Mose nachlesen können, enthält eine ähnliche Aussage. Wir kämpfen gegen die Tatsache, dass der Staub sich auf allem niederlässt, dass Dinge alt werden und kaputt gehen und dass unsere Körper einfach immer wieder müde werden. Tod und Zerfall herrschen überall.

Stellen wir uns den Tatsachen. Wir müssen Windeln wechseln, Babys füttern, aufstehen, obwohl wir noch müde sind – wir stoßen uns die Zehen an, wenn wir zu schnell ins Schlafzimmer rennen und das weinende Baby herausholen, ehe es die anderen Kinder weckt – gleichzeitig brauchen unsere Kinder saubere Kleidung zum Anziehen, sauberes Geschirr, um davon zu essen, und einen sauberen, aufgeräumten Boden, um darauf zu spielen. Wir müssen uns in diesem Buch auch über Hausarbeit unterhalten, denn sie nimmt einen großen Teil unseres Lebens als junge Mütter ein.

Hätten wir Personal, wie es in Sprüche 31 beschrieben wird, das viele dieser Aufgaben für uns erledigt, dann wäre es natürlich einfacher, die Kinder zu versorgen. Doch da viele von uns niemanden haben, der ihnen hilft, müssen wir einen Weg finden, um die Hausarbeit in Schach zu halten.

Jede von uns hat Stärken und Schwächen

Wir kämpfen gegen unsere Schwächen, wir rechtfertigen uns, wir lassen uns entmutigen, wir fassen immer wieder neue Vorsätze und brechen sie dann wieder. Wir geben auf und fürchten, dass wir uns nie ändern werden. Natürlich können wir unser Erbgut nicht ändern, aber unser Denken können wir ändern und wir haben Einfluss auf unsere Selbsteinschätzung und die Bewertung unserer Schattenseiten.

Ordnung halten fällt mir schwer. Abwasch macht mir keinen Spaß, auch Wäsche waschen und Fenster putzen, Boden wischen und alles andere nervt mich. Trotzdem habe ich ein ganzes Buch über das Putzen geschrieben. Es handelt im Wesentlichen davon, dass es am wichtigsten ist, andere zu lieben. Ich kann dem Toilettenputzen nichts abgewinnen, aber aus Liebe zu meiner Familie mache ich es trotzdem. Sollte es aber jemanden geben, der mir die Arbeit abnehmen will, werde ich nicht Nein sagen. Ich hätte gerne Hilfe, aber es befriedigt mich auch, mein Zuhause gemütlich und wohnlich zu machen, es soll sauber, aber nicht steril sein, eine Umgebung, die lebendig ist und in der man gerne lebt. Wenn man mich besucht, wird nicht alles blitzen, aber es gibt einen gemütlichen Platz, an den man sich gerne setzt, es gibt ein paar schöne Dinge, die man gerne anschaut, Vanillearoma liegt in der Luft und alles lädt dazu ein, die Beine hochzulegen und ein bisschen zu verweilen. Nichts ist perfekt, aber alles ist gepflegt, denn ich möchte meine Gäste lieben, indem ich ihnen eine wohltuende Atmosphäre biete. Mein Mann und meine Kinder sollen es auch so empfinden.

Unser Haus ist sauber genug, um darin gesund zu bleiben, aber schmutzig genug, um darin glücklich zu sein.

Unbekannter Autor

Den Alltag akzeptieren und rosafarbene Handschuhe kaufen

Wenn Sie nicht so gerne putzen, dann sollten Sie sich eingestehen, dass es einfach sein muss. Es gehört zum Alltag. Vielleicht wird es Ihnen aber auch helfen, ein paar rosarote, glitzernde Gummihandschuhe zu kaufen, in denen Sie Ihre Arbeit machen können.

Jede Frau muss einen Weg finden, wie sie den Haushalt so führen kann, dass es zu ihr passt. Vielleicht hilft es Ihnen, einen Wecker zu stellen und nur so lange fleißig sein zu müssen, bis dieser klingelt. Andere machen sich eine Liste mit Aufgaben, die sie abhaken können. Überlegen Sie sich eine Belohnung, die Sie sich am Ende der Arbeit gönnen. Nehmen Sie es sportlich, wirbeln Sie fröhlich durchs Haus und beziehen Sie Ihre Kids mit ein. Arbeiten Sie mit Musik – es gibt viele Tricks, Hauptsache, die Arbeit wird getan. Machen Sie sich dabei immer wieder bewusst, warum Sie das alles tun.

Dieses „Warum" hilft sehr. Meine Antwort darauf heißt: „Ich putze aus Liebe zu den Menschen in meiner Umgebung."

Wenn ich mich um meine Wohnung kümmere und sie mit Leben, Schönheit, Gemütlichkeit und Wärme erfülle, dann sage ich damit zu mir selbst und zu anderen: „Ich liebe dich! Komm herein, lege deine Füße hoch, ruhe dich aus. Hier bist du willkommen!" Es geht mir nicht darum, dass es bei mir wie in einem Museum aussieht. Natürlich soll alles sauber und ordentlich sein, doch ich strebe keine Perfektion an. Das könnte ich auch gar nicht, selbst wenn ich es wollte, das ist nicht meine Art. Aber ich gebe mir alle Mühe, dass mein Zuhause einladend wirkt und Menschen sich bei mir geliebt und entspannt fühlen können.

So rate ich jeder Frau, sich auch die Frage nach dem „Warum" der Hausarbeit zu stellen. Die Antwort kann uns motivieren, das Nötige zu tun.

Wenn Sie jedoch die Möglichkeit haben, eine Hilfe zu engagieren, dann tun Sie das! Wenn ich könnte, würde ich allen meinen

Freundinnen, die kleine Kinder haben, Haushälterinnen und Putzhilfen besorgen.

Sally

Ich verteilte eine große Menge Himbeerkaltschale auf kleine Schüsselchen und dekorierte sie mit Schlagsahne. Ein zufriedenes Lächeln lag auf meinem Gesicht. Kerzen brannten, Musik lief im Hintergrund und ich erwartete meine Freundinnen, die mich wie jedes Jahr im Advent besuchen würden. Meine Töchter hatten ihre besten Freundinnen eingeladen, ich auch. Diese Routine pflegten wir schon seit einigen Jahren und bis heute macht sie uns Freude.

Festlich geschminkt, mit dem besten Schmuck und allem, was eine Frau für ihre Schönheit so braucht, versammelten wir uns, um unsere Freundschaft zu feiern. Doch an diesem Nachmittag nahm die Unterhaltung irgendwann eine ungewohnte Wendung. Ich hatte alle gebeten, sich vorzustellen, wie ihr Leben in zehn Jahren aussehen würde.

„Ehrlich gesagt", begann ein schüchternes Mädchen, „will ich nicht so viele Kinder wie meine Eltern, weil meine Mama immer gereizt und schlecht gelaunt ist."

„Ich auch nicht", pflichtete eine andere bei. „Meine Mutter beschwert sich immer über die Hausarbeit, ist ständig im Stress und sagt uns, was wir wieder falsch gemacht haben. Wir haben permanent ein schlechtes Gewissen, weil wir ihr laufend neue Arbeit machen. Also, eines weiß ich sicher: Ich will nicht viele Kinder, weil die immer so viel Schmutz und Arbeit machen, darauf habe ich keine Lust."

Ich versuchte, das Gespräch in eine andere Richtung zu lenken, aber es war zu spät. Wenn eine Mutter ständig jammert und klagt, dann wird das die Herzen der Kinder belasten.

Kein Kind will eine Mutter, die meistens schlecht gelaunt und gestresst ist. Kein Kind würde jemals sagen: „Meine Mutter tat ihr bestes, aber sie war einfach faul, sie hatte nun einmal oft schlechte Laune. Sie konnte doch auch nichts dafür." Viel eher werden Kinder später sagen: „Ich habe mich immer schuldig gefühlt, weil meine Mama unglücklich war. Sie hat viel geschimpft. Ich war froh, als ich endlich ausziehen konnte." Ich habe solche Sätze von sehr vielen erwachsenen Frauen gehört. Wir sollten nicht auf das Verstehen der Kinder hoffen. Sie nehmen jede feine Nuance wahr und spüren sehr deutlich die Stimmung und Einstellung der Mutter.

Auf der anderen Seite erlebe ich immer wieder, wie sehr Kinder es schätzen, wenn ihre Mama glücklich ist. Wenn eine Frau eine gesunde Einstellung zu ihrem eigenen Leben und ihren Aufgaben hat, dann spüren die Kinder, dass sie gerne Mutter ist und dass sie für ihre Kinder dankbar ist. Die Kinder genießen es, wenn sie trotz der vielen Arbeit ein erfülltes Leben hat und zufrieden ist.

Für mich war Hausarbeit immer eine Herausforderung. Aber es führt kein Weg daran vorbei, mein Mann und meine Kinder wollen dreimal am Tag etwas essen, an jedem Tag im Jahr, und sie brauchen jeden Tag etwas einigermaßen Sauberes zum Anziehen. Alle Kinder wünschen sich ein Zuhause, auf das sie stolz sein können und das besser ist als alle anderen Wohnungen, die sie kennen. Ob Sie das wahrhaben wollen oder nicht: Ihr Verhalten und Ihre Einstellung hat mehr Auswirkung darauf als alles andere. In den folgenden drei Abschnitten gebe ich meine über viele Mutterjahre gesammelte Erfahrung weiter, wie man den Stress reduzieren und das Hausarbeitsmonster zähmen kann.

Man kann sich mit der Hausarbeit arrangieren

Wer als Hausfrau glücklich und zufrieden leben will, der muss sich schlichtweg damit abfinden, dass alle Familienmitglieder immer wieder Dreck machen. Das ist in jeder Familie so, überall auf der Welt. Es gibt kein Buch und keine Tipps, die dagegen helfen. In jeder Familie fällt laufend neue Hausarbeit an.

Entscheidend ist, mit welcher Einstellung ich an die Sache herangehe. Damit präge ich die ganze Atmosphäre in meinem Zuhause. Wenn es Mama nicht gut geht, ist keiner wirklich glücklich. So liegt es in der Hand der Mutter, mit ihrer Rolle zufrieden zu sein und sich per Entscheidung ein fröhliches Wesen zuzulegen. Gefühle schwanken, aber wir entscheiden, wie wir mit ihnen umgehen, welche Gefühle wir in Worte fassen und welche wir zur Seite schieben, welche Stimmung unsere Einstellung beeinflussen darf und welche nicht.

Ich durfte herausfinden, dass ich mich reifer verhalten und mehr arbeiten kann, als ich früher dachte. Als meine Kinderschar wuchs und ich auch immer mehr in unserer Organisation zu tun bekam, da staunte ich, wie ich innerlich und äußerlich an Kraft gewann. Ich wurde zu einer reifen Persönlichkeit und konnte erstaunlich viel leisten. Wir können uns daran gewöhnen, treu unseren Platz auszufüllen und in allen Umständen zufrieden zu sein. Das macht uns stark und leistungsfähig.

Einen Plan machen

Als ich drei Kinder im Alter von unter fünf Jahren hatte, kam ich an den Punkt, dass ich nur noch auf die Situationen reagierte, die sich um mich herum entwickelten. Ständig wurde etwas verschüttet, gab es Streit und Aufregungen und Sachen gingen schief. Meine Kinder bestimmten insofern, was ich den ganzen Tag über tat. Ich konnte meine eigenen Pläne für den jeweiligen Tag überhaupt nicht mehr umsetzen. So kam ich zu dem Schluss, dass ich feste Zeiten in meinem Tag brauchte, zu denen alles nach meinen Vorstellungen lief und die dazu beitragen würden, dass unser Zuhause immer wieder in einen erträglichen Zustand zurückgeführt werden würde.

Ich suchte nach den natürlichen Fixpunkten des Tages und schrieb sie mir in den Kalender, um mit meinem Haushalt nicht unterzugehen. So versuchte ich, die Kinder jeden Tag zur gleichen Zeit ins Bett zu bringen und feste Zeiten für die Mahlzeiten einzuführen. Ich bezog auch meine kleinsten Kinder in diesen Rhythmus mit ein und gab ihnen geeignete Aufgaben, sodass sie von Anfang an lernen konnten, dass bestimmte Arbeiten zu den normalen täglichen Abläufen dazugehörten. Weiter sollten sie lernen, dass auch sie für unser Zuhause Verantwortung hatten, dass es regelmäßige Pflichten gab und dass sie etwas tun mussten, wenn die Unordnung überhandnahm. Solche Gewohnheiten entwickeln sich nicht über Nacht, aber wenn die Kinder wissen, was von ihnen erwartet wird, machen sie auch mit.

Jeden Morgen nach dem Frühstück und der Zeit mit Gott gab es eine Zeit der Hausarbeit. Abwechselnd waren die Kinder an der Reihe, um das Geschirr abzuwaschen, die Oberflächen abzuwischen und den Geschirrspüler auszuräumen. Ich legte Wert darauf, dass dies jeden Morgen geschah, ehe wir uns anderen Dingen zuwandten. Nachmittags hörten wir zu einer bestimmten Zeit mit unseren Aktivitäten auf und räumten für Papa auf, damit er sich freute, wenn er von der Arbeit nach Hause kam.

Ebenso wichtig waren die Abläufe am Abend. Zu einer bestimmten Zeit mussten alle Kinder ihr Spielzeug weglegen, Zähne putzen und Schlafanzüge anziehen. Waren sie dann alle im Bett, kamen wir und lasen ihnen Geschichten vor.

Natürlich müssen solche Pläne immer bis zu einem gewissen Grad flexibel gehandhabt werden. Aber sie halfen mir sehr, mich immer wieder wohlzufühlen, egal, wie chaotisch der Tag auch verlaufen war. Diese Routine hat sich den Kindern so fest eingeprägt, dass sie bis heute gegen fünf Uhr am Nachmittag anfangen, die Kissen im Wohnzimmer zurechtzurücken und alles schön zu machen für einen gemütlichen Abend in einer angenehmen Umgebung.

Zusätzlich führte ich auch immer wieder ganze Tage ein, an denen wir größere Aktionen durchführten. Trotz unserer täglichen Routine blieb immer noch vieles liegen. Wenn unsere Rückstände dann zu groß wurden – was in jeder Familie immer wieder der Fall ist –, dann hörten wir einen Tag lang mit allen unseren sonstigen Aktivitäten auf und brachten unser Haus wieder gründlich in Ordnung.

Trotz alledem gab es immer wieder Zeiten, in denen ich mit der Arbeit einfach nicht mehr Schritt halten konnte. Dann kratzte ich mein Geld zusammen, wir verzichteten auf andere Ausgaben und ich holte mir jemanden ins Haus, der mir half, alles wieder in den Griff zu bekommen. Es tat mir unendlich gut, wenn von Zeit zu Zeit eine andere Person für mich arbeitete. Als die Kinder älter wurden und wir oft auf Reisen waren, wurde das immer öfter nötig. Für mich war das wichtig, um die Bewältigung der Hausarbeit an meine Situation anzupassen. Überlegen Sie, was in Ihrer Situation besonders schwer in den Griff zu bekommen ist, machen Sie sich einen realistischen Plan und finden Sie Lösungen, die zu Ihnen, Ihrer Wohnung und Ihren Tagesabläufen passen.

Eine Wohlfühloase schaffen

Sehen Sie sich selbst als Künstlerin. Sie schaffen Schönheit, Farben, Düfte, Geschmack, Spaß und Humor, Liebe und Gemütlichkeit – das alles gehört dazu, um Ihr Zuhause in einen Ort zu verwandeln, an dem Sie und Ihre Familie sich gerne erholen. Es geht keinesfalls darum, alles perfekt, sauber und aufgeräumt zu haben, sondern das Ziel ist eine Ausgewogenheit, die Ihnen und Ihren Mitmenschen Freude bereitet.

Seien Sie sich immer Ihrer eigenen Persönlichkeit und Ihrer Vorlieben bewusst, während Sie Ihr Zuhause gestalten, dann werden Sie am Ergebnis mehr Freude haben. Jetzt gerade, während ich hier in meinem Wohnzimmer sitze, sehe ich viele Details, an denen ich mich freuen kann. Ich sehe Bücher, Bilder, ein Tablett mit Teegeschirr und einer Kerze, im Hintergrund läuft meine Lieblingsmusik. Das alles tut mir gut und verwöhnt meine Seele, auch wenn ich viel Stress und drängende Termine habe. Nehmen Sie sich die Zeit, darüber nachzudenken, was Ihnen Freude macht und wie Sie dafür sorgen können, dass Sie sich in Ihrem Zuhause wohlfühlen.

Eine liebe junge Frau erzählte mir eines Tages, dass sie zweihundert Dollar gespart hatte, um ihr Wohnzimmer neu zu dekorieren. Zusammen mit einer Freundin ging sie in die Stadt, besuchte entsprechende Geschäfte und kam mit bunten Kissen, gerahmten Bildern, Kerzen und einer Vase mit getrockneten Blumen zurück. Damit schmückte sie den Raum und hatte das erhebende Gefühl, nun in einer ganz anderen Welt zu sein.

Von meiner Mutter lernte ich, beim Abendessen immer Kerzen anzuzünden und Musik im Hintergrund laufen zu lassen. Das wurde zu einer festen Gewohnheit, egal, ob wir nur eine Scheibe Toast aßen oder ein mehrgängiges Menü serviert wurde. Die Kinder wurden ruhig und wir alle erlebten, wie die friedliche Atmosphäre unseren Seelen guttat. Auch als die Kinder noch klein waren, reagierten sie schon auf das flackernde Kerzenlicht und die sanfte Musik. Ihr Staunen und ihre Freude zu beobachten erfüllte mich mit Zufriedenheit.

Während ich mich damit beschäftigte, das Leben der anderen reich und schön zu machen, fiel es mir immer leichter, mich selbst zu motivieren. Wird der Alltag als Last empfunden, dann steigt dadurch der Stress und das Gefühl der Überforderung nimmt zu. Wenn ich meine Tage mit Schönem fülle, nimmt das Gefühl von Stress ab und meine Seele bekommt neuen Auftrieb. Beim Wäschefalten höre ich mir gerne ein Hörbuch an, beim Putzen lasse ich laute Musik laufen, so versuche ich, mir alles angenehmer zu machen.

In einer Familie fällt immer eine Menge Arbeit an. Da wird gegessen, Geschirr schmutzig gemacht, gespielt, Unordnung produziert und es passieren viele lustige Dinge, die am Ende wieder jemand aufräumen muss. Der Strom an Arbeit wird nie abreißen, er wird sich über die Jahre lediglich verändern. Es wird zu Hause nie perfekt sein. Aber wenn wir uns damit abfinden, dass Hausarbeit ganz normal zum Leben dazugehört und wir sie selbstverständlich und regelmäßig erledigen, dann haben wir die Bedingungen geschaffen, um das Leben mit den Menschen, die bei uns zu Hause sind, zu genießen. Die Kinder werden ihr Elternhaus als einen Ort in Erinnerung behalten, wo Harmonie herrschte und man einen positiven Blick auf die Welt pflegte.

∞

Jetzt sind Sie an der Reihe!

Unermüdlich und voller Tatkraft ist sie bei der Arbeit, was getan werden muss, das packt sie an! Sie merkt, dass ihr Fleiß Gewinn bringt, beim Licht der Lampe arbeitet sie bis spät in die Nacht.

Sprüche 31,17–18

- In welchen Bereichen der Hausarbeit brauchen Sie besonders viel Tatkraft?

- Wo bringt Ihnen Ihr Fleiß Gewinn?

- Welche Ziele müssen Sie sich setzen, um das zu erreichen?

Frau Weisheit hat ein Haus gebaut und es mit sieben Säulen ausgestattet. Sie hat ein Festessen vorbereitet, guten Wein geholt und den Tisch gedeckt. Ihren Dienstmädchen befahl sie: „Geht auf den Marktplatz der Stadt, und ruft: Ihr Unerfahrenen – kommt zu mir! Ihr Tagträumer, euch lade ich ein. Kommt, esst euch satt, und trinkt meinen guten

Wein! Bleibt nicht länger unvernünftig, fangt ein neues Leben an, werdet reif und besonnen! Sprüche 9,1–6

- Welche Atmosphäre schaffen Sie zu Hause für Ihre Kinder?

- Werden Ihre Kinder in Ihrem Elternhaus dazu angeregt, reife und besonnene Erwachsene zu werden?

- Welche Wirkung hat die Atmosphäre zu Hause, die Arbeit der Mutter und deren Einstellung dazu, auf ihre Kinder?

❧

Vorschlag

Wählen Sie einen oder zwei Bereiche in Ihrem Haushalt aus, in denen Sie etwas verbessern wollen: gesündere Mahlzeiten zubereiten, ein effektiveres System beim Wäschesortieren einführen oder auch nur bessere Tagespläne erstellen. Setzen Sie sich in diesen Bereichen klare Ziele und entwickeln Sie einen Weg, wie Sie sich mit Tatkraft gewappnet an die Umsetzung machen können. Denken Sie daran, wie Gnade und Weisheit, die Sie in diesen Bereichen anwenden, Ihre Familie beeinflussen werden.

Zu dieser Einleitung gibt es auch ein Video in englischer Sprache. Sie können es über den abgedruckten QR-Code mit Ihrem Handy abrufen oder unter www.gerth.de/clarkson9 öffnen.

TEIL 3

Wege aus der Dunkelheit

Liebe Sally,

ich bin bereit, noch einmal von vorne anzufangen und mich dem Leben allgemein und ganz besonders der Mutterrolle aus einer neuen Perspektive zu stellen. Ich möchte alle Hindernisse überwinden und mich in allen Bereichen, in denen ich schwach bin, auf Jesus stützen. Ich will Rituale entwickeln und Pläne erstellen, um meinem Leben Stabilität zu geben. Ich weiß jetzt nur nicht genau, wie ich damit anfangen soll. Hast du mir ein paar weise Worte dazu?

Alles Liebe, SM

Liebe Sarah,

ich bin mir sicher, dass du in dir selbst ein tiefes Gefühl der Bestätigung wahrnimmst, wenn du neu startest und dir ein Ziel setzt, auf das du dich zubewegen kannst. Gott hat uns so gemacht, dass es uns im Innersten befriedigt, wenn wir Schönheit herstellen. Frauen können das. Wenn du dann auf das schaust, was du geschaffen hast, wird es dich mit tiefer Freude erfüllen. Achte darauf, dass dein Plan genau zu dir passt, zu deinem Geschmack, deiner Persönlichkeit und deinen Wünschen. Dann wirst du die nötige Arbeit leichter in Angriff nehmen. Halte dir dabei immer vor Augen, was für ein großes Ziel du verfolgst: Du hilfst deinen Kindern, tüchtige Erwachsene und frohe Menschen zu werden. Du hast die Möglichkeit, Liebe, Gerechtigkeit und Glauben tief in die Herzen deiner Kinder einzupflanzen. Es liegt an dir. Gottes Geist ist der Wind unter deinen Flügeln und er wird dich segnen, während du seine Ideale verfolgst, zu seiner Ehre.
Meine Freundin, ich hab dich lieb,

Sally

KAPITEL 10

Neue Wege finden

Sarah Mae

Bevor ich eine Familie gründete, hatte ich keine Grundkenntnisse in Haushaltsführung und Babypflege. Ich habe lediglich drei- oder viermal auf Babys aufgepasst. An einem dieser Termine kam ich zu spät und die Leute haben mich nie wieder angerufen. Ich wollte ohnehin nicht als Babysitterin arbeiten, denn es machte mir keinen Spaß, sondern ich fand es langweilig. Unter einem schönen Abend stellte ich mir etwas anderes vor, als die Kinder anderer Leute bei Laune zu halten. Ich interessierte mich nie für Kinder, weil nie jemand mein Interesse an ihnen geweckt hatte. Es war mir fremd, meine eigenen Wünsche zur Seite zu schieben und mich um die Bedürfnisse anderer zu kümmern, auch wenn es kleine Kinder waren. Leider hatte ich keine Mutter, die mir zeigte, wie schön es ist, sich mit Kindern zu beschäftigen, sie zu betreuen, zu füttern, anzuziehen, ihre Interessen zu entdecken und ihnen Dinge beizubringen. Als ich selbst Kinder bekam, fing ich deshalb buchstäblich bei null an. Egal wie viele Bücher ich auch las, sie waren kein Ersatz für die persönliche Anleitung.

Als ich mein erstes Kind, ein kleines Mädchen, aus dem Krankenhaus nach Hause brachte, hatte ich keine Vorstellung davon, wie lange der vor uns liegende Weg sein würde. Es ist so ähnlich wie mit der Hochzeit und der Ehe. Wir steckten sehr viel Energie in die Vorbereitung unserer Hochzeit, aber wir hatten uns keine Zeit genommen, um uns auf unsere Ehe vorzubereiten. Ich habe mich intensiv mit der Geburt auseinandergesetzt, habe einen zwölfwöchigen Kurs über natürliche Entbindungen besucht, aber ich habe mich nie mit einer erfahrenen Mutter darüber unterhalten, wie es ist, Kinder zu haben. Es hätte so viel zu lernen gegeben! Ich hätte mich so viel besser vorbereiten können.

Meine schwierigste Zeit war damals, als meine Kinder eins, drei und vier Jahre alt waren. Ich habe viele schöne Erinnerungen an diese Zeit, sie war aber auch sehr anstrengend. Aber es war nur eine vorübergehende Phase, die dann wieder in eine andere Phase überging. Die Herausforderungen ändern sich ständig, doch es gibt auch immer neue Freuden und Segnungen. Nun sind meine Kinder drei, fünf und sechs Jahre alt, ich kann jetzt bedeutend mehr schlafen und alles ist einfacher, weil sie schon viel selbstständiger sind. Ich staune über ihre Persönlichkeiten und wir werden immer bessere Freunde. In jedem Alter gibt es neue Herausforderungen, aber ich lerne immer mehr, wie es ist, Mutter zu sein, während die Kinder älter werden. Mein Blick auf das Leben wird breiter und ich gewinne nach und nach an Weisheit dazu.

Erinnerung an die schweren Zeiten

Ganz bewusst erinnere ich mich an die verzweifelten Augenblicke und das Gefühl der Unzulänglichkeit. Da hilft mir das Schreiben dieses Buches, um diese Zeit nicht zu vergessen. Später, wenn ich älter bin und schon mehr Erfahrung gesammelt habe, möchte ich gerade den jüngeren Frauen gut helfen können (Titus 2). Ich will zurückschauen und sagen: „Ich weiß noch genau, wie anstrengend die Zeit mit den Kleinen war. Kann ich dir was zu essen vorbeibringen oder dir die Wohnung putzen oder auf deine Kinder aufpassen, damit du ein bisschen Zeit für dich haben kannst?" Oder auch: „Soll ich dir mal zeigen, wie … geht?" Ich will im Gottesdienst gerne auf die Babys der anderen Frauen aufpassen. Eigentlich würde ich mir wünschen, dass alle Mütter, deren Kinder schon groß sind, auf die Babys der jungen Frauen aufpassen. Es ist wichtig, diese

Dinge nicht zu vergessen, um so eine Frau zu werden, wie sie in Titus 2 beschrieben wird und wie sie in unserer Generation so dringend gebraucht wird.

Sally

Zwischen den Welten werden wir danach gerichtet werden, wie wir geliebt haben.   Johannes vom Kreuz

Das kann doch nicht wahr sein – jetzt endlich, nach zehn Tagen, habe ich zum ersten Mal mehr als zehn Minuten Zeit für mich an einem Stück. Es stimmt einfach nicht, dass eine Frau das alles alleine schaffen kann. Wenn ich mich um die Bedürfnisse meiner Kinder und meines Mannes kümmern, meine Wohnung in Ordnung halten und den Kontakt zu meinen wichtigsten Freundinnen und unseren Verwandten pflegen soll, dann muss ich mein Leben wirklich sehr straff organisieren. Jeder Augenblick meines Tages ist belegt, ständig wird mir das Maximum abverlangt. Gleichzeitig verstehe ich immer besser, wie wichtig meine Aufgaben als gläubige Mutter sind. Mit der Zeit kann ich die Früchte meiner Arbeit sehen, die langsam aber sicher heranreifen. Mein Anspruch ist unverändert, ich will eine Frau nach dem Herzen Gottes sein, die den Menschen in ihrer Umgebung dient und Gott damit die Ehre gibt.

Nein, das bedeutet nicht, dass ich immer sanft und liebevoll mit diesen komplizierten, anstrengenden Menschen umgehe, die in meiner Wohnung leben. Aber aus Liebe zu Jesus, der mir von Jahr zu Jahr kostbarer wird, gehe ich Schritt für Schritt weiter, mache meine Kinder mit ihm bekannt und vermittle ihnen meine Weltanschauung und die Liebe zu Gottes Reich. Ich führe ihnen durch mein Leben im Alltag die Wirklichkeiten Gottes vor Augen, an mir sehen sie die Früchte des Geistes, ich diene ihnen, berate sie und bringe Freude in ihr Leben.

Mit welchen Erwartungen gehen wir als Mütter an unsere Aufgaben? Eine To-do-Liste ist viel zu oberflächlich, es geht um viel tiefere Zusammenhänge.

Die Triebfeder jeder mütterlichen Handlung ist Liebe, sie ist die Voraussetzung, dass Gott unser Tun segnen kann. Die Liebe ist für Gott die höchste Priorität, denn das Gebot, Gott und die Menschen zu lieben, fasst Gottes Gebote in einem zusammen. Wir wissen, dass die Menschen Jesu Jünger an ihrer Liebe untereinander erkannten und dies auch heute noch gilt. Entsprechend werden unsere Kinder auch an unserer Liebe erkennen, ob wir Jesu Nachfolger sind. Liebe ist die Grundlage für jede andere positive Entwicklung. Eine Mutter, die ihre Kinder liebt, fördert deren Entwicklung, auch wenn sie immer wieder Fehler macht.

Um langfristig eine gute Mutter zu sein, ist es wichtig, dass wir unsere eigenen Ansprüche aufgeben. Ja, es ist eine Form der Anbetung, die eigenen Wünsche um der Familie willen hintenanzustellen. Um wirklich dem Beispiel Jesu zu folgen, müssen wir alles, was uns betrifft, in Gottes Hand legen. Jesus gab alle eigenen Ansprüche auf, um seine Kinder zu erlösen. Damit hat er uns gezeigt, was es heißt, ein dienender Leiter zu sein und selbstlos zu lieben. Wenn wir unsere eigenen Ziele aufgeben, werden wir als viel beschäftigte Mütter nicht verzweifeln, weil wir keine Zeit für uns haben, denn unser eigenes Leben steht dann nicht mehr an oberster Stelle.

Aber das darf auch nicht in ein falsch verstandenes Martyrium umschlagen, indem wir unser eigenes Leben aufgeben, uns jede Freude verbieten und mit hängenden Schultern und trauriger Miene durchs Leben gehen. Ich habe eine Freundin, die so lebt. Immer wieder erzählt sie, wie viel sie betet und wie viele geistliche Dinge sie tut, so als wollte sie sich Gottes Anerkennung erarbeiten. Sie denkt tatsächlich, Gott würde wollen, dass sie allem entsagt, was ihr Freude macht. Wahrscheinlich sehnt sie sich im tiefsten Inneren sehr danach, Gott zu kennen und in seiner Nähe zu sein. Aber weil sie meint, sie müsse sich seine Gunst verdienen und sich dafür alles Schöne verbieten, ist Gott in ihren Augen ein strenger Chef, der ihr nichts Gutes gönnt und sofort reagiert, wenn sie einen Fehler macht. Dadurch wird sie auch selbst hart und kritisch. Aus diesem Grund fühlen sich die Menschen in ihrer Gesellschaft nicht wohl und ziehen sich von ihr zurück. Sie weiß viel über Selbstaufopferung, aber Gottes Liebe und Gnade hat sie noch nicht erlebt. Den anderen Menschen dient sie nur mit der Erwartung, dafür belohnt zu werden, anstatt aus Liebe motiviert zu sein und ein Segen für andere sein zu wollen. Entsprechend entsteht keine Nähe zwischen ihr und anderen Menschen. Ihre Worte klingen religiös und ihr Herz wird immer trockener und lebloser. Sie tut so viel und trägt dabei so wenig Frucht.

Während ich über sie nachdachte, wurde mir bewusst, wie angenehm die Gesellschaft einer Person ist, die wirklich eng mit Gott verbunden ist. Solche Leute wirken lebendig, sie strahlen Freude, Güte, Wohlergehen, Gnade und Barmherzigkeit aus. Wer die bedingungslose Liebe, Gnade und Barmherzigkeit Gottes erfahren hat, ist von himmlischem Frieden und tiefer Dankbarkeit erfüllt. Die Menschen, die so mit Gott leben, werden natürlich auch Entmutigung erleben und menschliche Schwächen kennen, aber sie strahlen diesen übernatürlichen Frieden aus, der aus dem Vertrauen herrührt, in allen Lebenslagen, in guten und harten Zeiten, Gott an ihrer Seite zu haben. In ihrer Gesellschaft fühle ich mich wohl, weil sie ihr Leben ganz klar auf Gott und sein Reich ausgerichtet haben. Gott kann ihr aufrichtiges, ehrliches Herz in die richtige Richtung lenken, weil er das Ruder ihres Lebens in der Hand hält. Im Kontakt mit ihnen kann ich mich entspannen, denn ihre Liebe zu Gott ist so tief, dass sie mich auf jeden Fall lieben und annehmen und mich immer wieder freundlich auf Gott ausrichten werden.

Es war Ostersamstag und wir bereiteten alles für den nächsten Tag vor, an dem uns etwa ein Dutzend Leute zum Mittagessen besuchen würden. Joy, unsere damals Zwölfjährige, schälte hart gekochte Eier, aus denen wir eine unserer Lieblingsspeisen machen wollten, russische Eier. Plötzlich kam ihr eine Idee, wie man die Aufgabe schneller erledigen könnte, ganz anders, als ich es ihr gesagt hatte. Am Ende gab es sehr viel zu waschen und zu putzen. In meinem ganzen Leben sah ich nie so viel Eigelb an den Händen eines Menschen kleben. Wie hatte sie nur so viel Chaos anrichten können? Ich brauchte den ganzen Nachmittag, um alles wieder in Ordnung zu bringen, gleichzeitig trotzdem noch russische Eier zuzubereiten und meine Tochter zurechtzuweisen, zu trösten und wiederaufzubauen. Es war ihr sicher nicht entgangen, wie müde mich das alles gemacht hatte.

Plötzlich half Gott mir, diese pubertierende junge Frau, die eine Menge emotionaler Wechselbäder aushalten musste, die aber auch immer noch mein süßes kleines Mädchen war, mit seinen Augen zu sehen. Ganz klar konnte ich den Kummer und die Enttäuschung über sich selbst in ihren Augen erkennen, während ich alles putzen musste, was sie angerichtet hatte. So setzte ich mich mit ihr hin, als alles wieder einigermaßen in Ordnung war, und erklärte ihr, wie froh ich war, dass sie bereitwillig stundenlang geholfen hatte, um für den nächsten Tag alles vorzubereiten.

Dann erzählte ich ihr, wie oft ich mir schon dumm vorgekommen war und wie ich mich schon über mich selbst geärgert hatte, weil ich mühsam versucht hatte, ein neues Rezept auszuprobieren oder selbst Brot zu backen, nur um etwas Ungenießbares produziert zu haben. Ich sagte ihr, wie sehr ich sie liebte, und entschuldigte mich: „Es tut mir leid, dass ich dich verletzt habe. Du bist so ein großer Schatz für mich und ich weiß, dass du es gut machen wolltest. Vielen, vielen Dank für alle deine Hilfe in dieser Woche!"

Ein paar Minuten später rutschte sie mit ihren langen Armen und Beinen auf meinen Schoß und sagte: „Ich bin so froh, dass du mich immer liebst, Mami!" Ich bekam noch einen Kuss auf die Wange, schon war sie wieder weg.

Je älter ich werde, desto mehr erkenne ich meine Selbstsucht und Unreife. Wie gut, dass ich Gott nicht von mir überzeugen muss. Er weiß, dass ich nur Staub bin, trotzdem hat er mich zu seinem Kind gemacht. Wie oft hat er mir seine Liebe gezeigt, war geduldig mit mir und ist mir in Gnade entgegengekommen – auf der Grundlage dieser Erfahrung kann ich meine Kinder, meinen Mann und meine Freundinnen lieben, ihnen vergeben und sie ertragen. Sie werden immer Dinge falsch machen, egoistisch sein und sündigen – genau wie ich auch. Aber ich kann Gott nur gefallen und Frieden im Herzen haben, wenn ich mich dazu entscheide, sie unter allen Umständen zu lieben. Wenn ich die anderen liebe, füllt sich auch mein eigenes Herz mit Liebe und Barmherzigkeit.

Es kommt leider auch immer wieder vor, dass ich Clay oder die Kinder kritisch betrachte, und ich merke, dass wenn ich diesen Gefühlen Raum gebe, daraus eine ungute Distanz zu ihnen wächst. Aber wenn ich sie mit den Augen der Liebe betrachte und diese kritischen Gedanken wegschicke, dann kann ich wieder Gottes Perspektive einnehmen. Sie sind die Menschen, die ich liebe und mit denen mich schon viele Jahre verbinden, sie haben ihre Ecken und Kanten, genau wie ich auch, aber die Liebe kann so manchen Fehler klein und weniger wichtig erscheinen lassen. Hilfreich dabei ist, sich einmal die Situation des anderen ins Bewusstsein zu rufen: Es ist noch ein kleines Krabbelkind oder ein müdes Baby, es ist ein Teenager in der Pubertät oder eine Frau in den Wechseljahren, es ist ein verträumter Jugendlicher oder ein von der vielen Arbeit erschöpfter Mann. Mache ich selbst Fehler, tut es mir schließlich auch unheimlich gut, wenn die anderen gnädig mir gegenüber reagieren.

Jesus in seiner unendlichen Geduld freut sich über mich, wenn ich den anderen in Liebe begegne. So gehe ich gnadenvoll auf die anderen zu, rede geduldig und freundlich mit ihnen und stelle zufrieden fest, dass meine Gefühle sich meiner Entscheidung anpassen und Liebe zu fließen beginnt. Auf diesem Weg wachsen gute

Beziehungen. Das funktioniert nicht grundsätzlich und nicht immer erziele ich die gewünschten Resultate, das wäre eine unrealistische Erwartung. Aber es ist ein Lebensstil, der über die Jahre dazu geführt hat, dass ich die anderen besser lieben und annehmen und selbst gelassener bleiben kann. Im Gegenzug überwältigt Gott mich mit der tiefen Liebe, die er in mein Herz gießt. Wenn ich Liebe säe, ernte ich auch Liebe und bin selbst gesegnet. Das alles lerne ich von dem, der sein Leben für seine Freunde gab, bis hin zum Tod am Kreuz.

പ്ര

Jetzt sind Sie an der Reihe!

Gehört jemand zu Christus, dann ist er ein neuer Mensch. Was vorher war, ist vergangen, etwas Neues hat begonnen.

2. Korinther 5,17

- Erleben Sie in der Tiefe Ihres Herzens, wie das Versagen und die Schmerzen in Ihrer Seele verblassen, während Gott in seiner Liebe an Ihnen arbeitet? Was hat sich bei Ihnen verändert, seit Sie die Gnade Gottes erleben?

- Welche Auswirkungen hat das auf Ihr mütterliches Verhalten und auf Ihre Liebe zu Ihren Kindern?

Doch hängt nicht wehmütig diesen Wundern nach! Bleibt nicht bei der Vergangenheit stehen! Schaut nach vorne, denn ich will etwas Neues tun! Es hat schon begonnen, habt ihr es noch nicht gemerkt? Durch die Wüste will ich eine Straße bauen, Flüsse sollen in der öden Gegend fließen. Jesaja 43,18–19

- Gott hat immer Freude daran, Neues zu schaffen. Bei welchen Abschnitten der Vergangenheit sollten Sie nicht stehen bleiben?

- In welchen Bereichen Ihres Lebens wünschen Sie sich von Gott Erneuerung?

- Wo schafft er bereits Neues?

❧

Vorschlag

Erstellen Sie eine Liste der schweren, dunklen Anteile in Ihrer Vergangenheit, die Sie nicht so leicht überwinden können. Seien Sie dabei sehr konkret. Bringen Sie diese Themen im Gebet vor Gott. Erbitten Sie Gottes Vergebung für alle Bereiche, die Vergebung brauchen. Bitten Sie ihn anschließend, Ihnen zu helfen, die Dinge zu vergessen, die Ihren weiteren Weg behindern. Vernichten Sie schließlich diese Liste. Schreiben Sie nun eine neue Liste mit den Dingen, die Sie gerne erleben würden. Träumen Sie, denken Sie nach und erlauben Sie dem Heiligen Geist, Ihr Herz mit Vorfreude zu füllen.

Zu dieser Einleitung gibt es auch ein Video in englischer Sprache. Sie können es über den abgedruckten QR-Code mit Ihrem Handy abrufen oder unter www.gerth.de/clarkson10 öffnen.

Liebe Sally,

manchmal weiß ich einfach nicht, was richtig ist und wie ich als junge Mutter leben soll. Vielleicht gibt es auch gar keine richtigen Antworten? Die vielen Stimmen, die ich schon gehört habe und die mir sagten, was ich als Mutter tun oder nicht tun sollte, verwirren mich. Am liebsten würde ich sie alle zum Schweigen bringen und nur noch auf Gottes Stimme hören. Aber manchmal fällt es mir auch schwer, Gottes Stimme von den anderen Stimmen zu unterscheiden. Dazu kommt, dass es mir so wichtig ist, was andere Menschen über mich denken. „Was, wenn … denkt, ich mache das nicht richtig?" Wie hast du es geschafft, nicht aus Menschengefälligkeit zu reagieren und die eine, wahre Stimme von den vielen anderen menschlichen Stimmen zu unterscheiden?

Alles Liebe, SM

Liebe Sarah,

die Stimmen der anderen, ihre Erwartungen und die Erwartungen der Gesellschaft werden immer dazu beitragen, dass wir uns entweder nicht gut genug fühlen oder dass wir versuchen, alles richtig zu machen, um anerkannt zu werden. Einige Stimmen drängen uns, unsere Werte aufzugeben, andere bringen uns unter Druck, weil sie Dinge von uns verlangen, die unvernünftig und unrealistisch sind. Gott hingegen würde nie etwas von uns verlangen, das wir nicht schaffen können. Wenn dir alles zu viel wird, kann das daran liegen, dass du versuchst, die Erwartungen anderer zu erfüllen. Halte dich an weise Frauen, die selbst leben, was sie anderen sagen, und deren Rat sich für dich richtig anfühlt. Manchmal war es nicht gut für mich, auf die Frauen zu hören, die in meinem Alter und in meiner Situation waren. Ihnen fehlte die Möglichkeit, auf den jetzigen Lebensabschnitt zurückzublicken und daraus Schlüsse zu ziehen. Ich habe viele Ratschläge ignoriert, die zu meiner Zeit verbreitet waren, und habe stattdessen im Glauben versucht, das umzusetzen, was ich in der Bibel finden konnte. Das war oft sehr verschieden vom üblichen Denken meiner Zeit. Gottes Führung und seine Stimme werden dich segnen, während du lernst, deine Freude an ihm und seinem Wort zu haben, so wie wir es im ersten Psalm lesen.
Sei gesegnet!

Sally

KAPITEL 11

Einflüsse, denen wir ausgesetzt sind

Sarah Mae

In meinem Kopf tummeln sich viele Stimmen, auch jetzt gerade. Einige haben recht, andere nicht. Wenn ich nicht fest in meinem Glauben verwurzelt bin und genau weiß, warum ich was glaube, dann werde ich von jeder Meinung mitgerissen. Das verunsichert und verwirrt mich und lässt mich halbherzig reagieren.

Und wenn ich in solch einer Stimmung bin, wird mir bald alles zu viel und ich werde regelrecht depressiv.

Die Stimmen, die uns verunsichern

Es gibt verschiedene Stimmen, die auf uns eindringen. Da gibt es die geflüsterten Lügen, die uns giftigen Müll anbieten und innerlich leer zurücklassen. Sie können zum Beispiel so klingen:

- Lobe dein Kind nicht zu viel, sonst wird es stolz.

- Achte darauf, dass deine Kinder dir aufs Wort gehorchen.

- Du solltest als Mutter nicht arbeiten gehen.

- Diesen Film sollten deine Kinder nicht sehen.

- Das mit dem Putzen solltest du inzwischen doch gelernt haben.

- Du solltest dich deinem Mann immer unterordnen, ohne ihm zu widersprechen.

- Wer seinen Kinder Pommes gibt, tut ihnen nichts Gutes.

- Dein Kind sollte eigentlich schon lesen können.

- Das solltest du besser können.

- Du bist keine gute Mutter.

- Warum willst du das noch einmal versuchen? Das schaffst du doch wieder nicht.

- Jemand anderer wäre besser für dein Kind als du.

So zischt die uralte Schlange aus dem Garten und versucht, uns von der Wahrheit abzulenken. Dummerweise sehen wir die Schlange nicht, sondern diese Sätze kommen von Menschen, deren Urteil wir vertrauen, die wir lieben oder die uns vorgesetzt sind. Ihre Lügen treffen uns schmerzlich und können uns im Innersten angreifen.

Dann gibt es auch noch die Stimmen, die mich mit ihren Erwartungen unter Druck setzen. Es sei meine Entscheidung, welche Persönlichkeit ich gerade haben will, so sagt man mir. Und damit könne ich immer die Person sein, die meine Kinder jeweils brauchen.

Ich lese regelmäßig viele Mütter-Blogs und finde dort eine unendliche Zahl an Tipps, wie ich eine gute Mutter werden kann, eine gute Kameradin, eine gute Erzieherin und so weiter. Es begegnen mir Mütter, die in manchen Dingen besonders gut sind, und ich denke: *Das kann ich auch.* Also versuche ich es, aber entweder mache ich diese bestimmte Sache überhaupt nicht gern oder ich bin dazu einfach nicht fähig.

Besonders schwierig wird es im Bereich der Kindererziehung. Ich las in einem Blog von einem viereinhalbjährigen Mädchen, das bereits lesen konnte. Mein Kind war fünf und las noch nicht. Also fing ich an, Druck zu machen. Sie sollte endlich lesen lernen. Schließlich wollte ich ja keine schlechte Mutter sein, die ihr Kind weniger fördert als andere Mütter. Aber meine Tochter konzentrierte sich einfach nicht, wenn ich mit ihr das Lesen üben wollte, und ich ärgerte mich über sie. Sie fand das Lesen langweilig und hatte Mühe, Worte wiederzuerkennen. Es war eine Quälerei für uns beide und ich hätte uns das besser ersparen sollen, wenn ich nicht so unsicher gewesen wäre und mir Sorgen darüber gemacht hätte, was andere Menschen über mich als Mutter denken. Wieder einmal hatte ich angenommen, ich müsse das, was andere tun, auch können.

Gott sei Dank für all die Menschen, die mir immer wieder sagen, dass jedes Kind anders ist und zu anderen Zeiten andere Dinge lernt. Auch Mütter sind verschieden und haben unterschiedliche Arten, wie sie ihren Kindern Dinge beibringen. Daran ist nichts verkehrt. Ich muss einfach nur herausfinden, was für unsere Familie richtig ist.

Eine andere Erwartung, die mich unnötig unter Druck bringt, lautet: Ich kann alles schaffen, wenn ich nur will. Ich bin vom Typ her eine Visionärin. Immer wieder habe ich tolle Ideen und fange neue Dinge an, aber ich bin nicht der Typ, der etwas konsequent durchzieht und zu Ende bringt. Anderen Leuten sage ich, dass ich nicht alles gleich gut kann. Aber insgeheim denke und erwarte ich doch von mir selbst, alles zu schaffen. Verrückt, nicht wahr? Ja, so bin ich. Im Gespräch mit anderen weiß ich meist sehr genau, was richtig ist, aber ich halte mich nicht daran.

Es gehört nun mal zu mir, dass ich voller Ideen bin und vieles anfange, aber ich überschlage vorher nur selten die Kosten. In Lukas 14,28 sagt Jesus: „Stellt euch vor, jemand möchte einen Turm bauen. Wird er dann nicht vorher die Kosten überschlagen?" Dieser Vers spricht mich besonders an. Ich fange einfach an, Steine aufeinanderzusetzen, und begeistere auch gleich noch andere von

168

meiner Idee, einen Turm zu bauen. Aber ich muss lernen, mir vorher zu überlegen, was damit noch alles verbunden sein wird. Meine Begeisterung alleine reicht nicht, um den Turm fertigzustellen.

Unlängst machte ich eine lehrreiche Erfahrung. Ich hatte eine Idee und fragte Sally, ob sie mitmachen würde. Meine Idee war super und ich war sicher, dass viele Leute begeistert sein würden. Aber Sally reagierte weise: „Deine Idee ist gut, aber ich muss mir erst überlegen, ob ich das gut genug kann und ob ich es bis zum Ende werde durchhalten können, auch muss ich noch prüfen, ob es jetzt gerade in meine Planung passt." Da wurde mir bewusst, wie oft ich neue Projekte starte, ohne mir zuerst all diese Fragen zu stellen.

Tatsächlich kann ich bei Weitem nicht alles schaffen, was ich anfange. Ich muss einerseits überlegen, ob ich etwas gut genug kann und ob ich es vermag, es auch komplett durchzuziehen, andererseits ist es auch wichtig, meine jeweilige Situation zu bedenken. Im Moment habe ich kleine Kinder und meine wichtigste Aufgabe besteht darin, in ihr Leben zu investieren. Auch diese Kosten gilt es zu bedenken: Welchen Preis riskiere ich, wenn ich wegen dieses Projektes weniger Zeit für sie habe?

Der Erwartungsdruck zeigt sich auch in anderen Bereichen: Ich erwarte, dass mein Mann mich versteht. Unbedingt. Alle Frauen erwarten das von ihren Männern. Wenn ein Mann seine Frau liebt, dann muss er doch auch die tiefsten Regungen ihrer Seele verstehen und sie stets mit offenen Armen empfangen. Er muss sie bewundern und sich daran freuen, wie sie sich weiterentwickelt, ja, er muss sie durch und durch kennen und alles an ihr lieben.

Aber was ist, wenn er sie nicht versteht? Es ist gut möglich, dass ein Mann es völlig absurd findet, dass sie den Geschirrspüler immer offen stehen lässt, und dass er nicht kapiert, warum sie bestimmte Stars toll findet oder warum sie unglücklich ist, wenn er im Streit weggeht.

Dieser Gedanke „Ich erwarte" vernichtet Freude und Zufriedenheit.

Mein Mann kann unmöglich alle Regungen meiner Seele verstehen. Er findet mich nicht immer toll und er ist auch nicht immer meiner Meinung – im Gegenteil, manchmal hält er mich eher für verrückt. Wer schon länger verheiratet ist, weiß das alles und hat sich hoffentlich darauf eingestellt. Das Leben wird leichter und schöner, wenn wir nicht beständig unsere Bestätigung von unserem Mann erwarten, sondern zu uns stehen, wie wir sind, weil Gott uns genau so liebt. Natürlich will ich meinem Mann gefallen und von ihm geliebt werden, aber er ist ein Sünder, genau wie ich auch. Bedingungslose Liebe gibt es unter Menschen nicht, es ist schon schwer genug, überhaupt zu lieben.

Wir müssen diese Erwartungen abschütteln, ehe sie unsere Ehe zerstören. Für Gott bin ich vollkommen, er versteht mich, weil er mich gemacht hat. Und diese Wahrheit macht mich frei.

Die eine wichtige Stimme

Jeder weiß das, aber ich will es trotzdem erwähnen: Es gibt nur eine wichtige Stimme in unserem Leben und das ist die Stimme Gottes.

Es gibt so viele Wege, Kinder zu erziehen, wie es Ratgeber und Bücher gibt, aber wir müssen die Frage an Gott richten: „Wie möchtest du, dass ich meine Kinder erziehe?"

Am Ende unseres Lebens werden wir nur Gott gegenüber Rechenschaft ablegen müssen. All die anderen Menschen, die uns Tipps geben und Erwartungen an uns herantragen, spielen letztlich keine Rolle.

Wir müssen auf Gottes Stimme achten, auch wenn andere das falsch finden. Es ist wichtig, auch dann auf seine Stimme zu hören, wenn es leichter wäre, menschlichem Rat zu folgen. Und nicht selten ist es wichtig, dass wir auch auf unser Bauchgefühl achten – möglicherweise redet auf diese Weise der Heilige Geist zu uns.

Wenn ich das Bedürfnis habe, meinen Kindern rund um die Uhr zu sagen, wie wunderbar, wie wichtig und wie schön sie sind, dann sollte ich das tun. Ebenso, wenn ich spüre, dass Gott in mir etwas tut, dann sollte ich diesen Prozessen Raum geben, auch wenn andere mich dabei nicht verstehen: „Gott, ich bin einverstanden und ich vertraue dir, ich gehe den Weg, den du mich führst."

Es ist eine richtige Befreiung, wenn ich nur noch der Stimme meines Vaters folgen muss und alle anderen Meinungen ignorieren darf. Wenn Sie von allen Seiten bedrängt werden und viele zu wissen meinen, was für Sie gerade richtig ist, dann möchte ich Sie ermutigen: Lernen Sie, Gottes Stimme zu erkennen. Er hilft Ihnen gerne dabei. Seine Stimme ist sanft, sein Wesen ist gnädig. Alle anderen Stimmen dürfen wir zurückweisen.

„Meine Schafe erkennen meine Stimme, ich kenne sie und sie folgen meinem Ruf" (Johannes 10,27).

Sally

Wer ist denn schon Apollos oder Paulus, dass ihr euch deshalb streitet? Wir sind doch nur Diener Gottes, durch die ihr zum Glauben gekommen seid. Jeder von uns hat lediglich getan, was ihm von Gott aufgetragen wurde. Ich habe gepflanzt, Apollos hat gegossen, aber Gott hat euren Glauben wachsen lassen.

Korinther 3,5–6

Junge, engagierte Frauen, die sich nicht sicher sind, ob sie auch gute Mütter sein können, stehen in der Gefahr, jedem zu folgen, der ihnen laut und vernehmlich sagt, wo es langgeht, ob das anhand der Bibel nun haltbar ist oder nicht. Es gibt so viele, die sich in unserer multimedialen Welt zu Wort melden, dass Rat suchende Eltern schier überflutet werden.

Seit Anbeginn der Zeit haben die Menschen auf die falschen Stimmen gehört. Zu Beginn der Schöpfung ging Gott eines Nachmittags im Garten spazieren und hielt nach Adam und Eva, seinen geliebten Geschöpfen, Ausschau, weil er mit ihnen reden wollte. Aber sie hatten zuvor auf die Schlange gehört. Gott hatte sie als seine Gefährten geschaffen, die mit ihm zusammensein sollten. Er wollte sie leiten, lieben, schützen und mit Weisheit ausstatten. Doch sie beschlossen, seine Stimme nicht zu beachten und einer anderen Stimme zu folgen. Durch das Verlangen, jeder beliebigen Stimme zu folgen, nur Gottes Stimme nicht zu beachten, kam überhaupt erst die Sünde in die Welt.

Wir neigen dazu, uns von der Meinung unserer Mitmenschen abhängig zu machen. Wir wollen genaue Angaben und exakte Richtungsbeschreibungen, damit wir Schritt für Schritt wissen, wohin wir gehen sollen. Doch schon damals, als die Sünde in die Welt kam, hatte Gott einen Plan, wie er die Menschheit wieder erlösen wollte. Er suchte nach Menschen, die bereit waren, die Spannung auszuhalten, anstatt in eigener Regie unterwegs zu sein, die auf ihn hörten, auf ihn warteten und ihr Vertrauen glaubensvoll auf ihn setzten.

Daran hat sich bis heute nichts geändert. Gott will, dass wir ruhig auf ihn warten und seine Stimme von allen anderen Stimmen unterscheiden lernen. Er hat uns als Menschen gemacht und sich für sie die Ehe als ein beglückendes, erfüllendes Konzept ausgedacht. Er hat unsere Körper so geschaffen, dass wir Kinder bekommen können, und die Kinder hat er so geplant, dass sie auf ihre Eltern angewiesen sind und von ihrer Mutter gestillt werden können. Das alles ist ursprünglich Gottes kreative Idee und er möchte, dass wir Freude daran haben. Er sehnt sich nach Menschen, die ihn suchen, die in seiner Liebe ruhen, in seiner Annahme aufblühen und die verstehen, was er mit ihnen und ihren Kindern geplant hat. Wenn wir der Stimme Gottes gehorchen und uns darauf verlassen, dass er uns als Mütter leiten und befähigen wird, dann werden wir echten, anhaltenden Frieden finden.

In unserer Gesellschaft erheben sich viele widersprüchliche Stimmen, die sich zur Rolle der Mutter äußern. Sie verunsichern und erschüttern viele, die ihnen Gehör schenken. Durch die Entwicklung der Medien hat sich eine zusätzliche Dynamik entfaltet, sodass unzählige Meinungen von allen Seiten auf die Mütter eindringen. Wer versucht, darauf zu hören, wird stark verunsichert werden, denn die Positionen sind nicht überschaubar und zu widersprüchlich. Wie wohltuend ist im Vergleich dazu die Stimme des Heiligen Geistes. Wer mit Gott lebt und sich von seinem Wort leiten lässt, wird allen anderen Meinungen den richtigen Platz zuweisen.

Auch die Frauenbewegung hat dazu beigetragen, dass Mütter verunsichert sind und die Ausübung ihrer Rolle weniger Ansehen genießt als früher. In unserer Kultur – selbst in den Kirchen – wird die Bedeutung der mütterlichen Berufung weithin unterschätzt. Doch tatsächlich sind die Aufgaben einer Mutter von ewigem Wert, formen sie doch die Geschichte und den Charakter der nächsten Generation.

Wer dem Zeitgeist folgt, gerät immer unter Erwartungsdruck und Gruppenzwang, was letztlich zur Abhängigkeit von der Meinung anderer führt. So werden die Menschen, die sich aus Mangel an Halt und Unterstützung an der Meinung ihrer Mitmenschen orientieren, haltlos und ein Spielball der jeweiligen, sich häufig ändernden kulturellen Strömungen und aktuellen Trends. Es ist unmöglich, allen Erwartungen gerecht zu werden, aber Gott ist immer mit uns zufrieden, wenn wir im Vertrauen auf ihn und seine Gnade leben.

Wer auf die Stimmen des Zeitgeistes hört, neigt meiner Meinung nach außerdem dazu, gesetzlich zu werden, was letztlich das Erleben der Gnade unmöglich macht. Gesetzlichkeit ist eine große Gefahr für die christlichen Gruppen, viele Kinder aus christlichen Familien haben sich aufgrund menschlicher Vorschriften, die streng, aber ohne biblischen Hintergrund aufgestellt wurden, vom Glauben abgewandt.

Schon immer hatten die Menschen den Drang, aus Gottes Wort mehr Gesetze abzuleiten, als er uns eigentlich gegeben hat. Jesus hasste das und legte sich heftig mit den Pharisäern an. Zu seiner Zeit waren das die Personen, die immer neue Gesetze erließen und alle verdammten, die sich nicht daran hielten. „Sie bürden den Menschen unerträgliche Lasten auf", erklärte Jesus, nannte sie „Schlangenbrut" und griff sie öffentlich an (Matthäus 23, 4 + 33).

So wollen auch heute viele Menschen Gesetze aufstellen, nach denen die Mütter sich richten sollen: Welche Aktivitäten für Kinder welcher Altersstufe wichtig sind, wie man bestraft, wie zum Gehorsam erzogen wird, ob man als Mutter arbeiten gehen soll oder nicht, wie sich die Mädchen anziehen sollen, welche Musik, Filme und Bücher gut seien, ab welchem Alter die Teenager sich befreunden dürfen, ob man Kinder adoptieren soll, ob Alkohol erlaubt ist, sogar über die richtige Ernährung gibt es so viele Meinungen – zu jedem erdenklichen Thema gibt es zahllose Vorschriften.

Aber die Bibel bezieht eine entgegengesetzte Position: „Glücklich ist, wer mit seiner Überzeugung vor dem eigenen Gewissen bestehen kann und sich nicht selbst verurteilen muss" (Römer 14,22b). Wenn wir uns um das kümmern, was andere tun oder von uns erwarten, dann zerstören wir unsere eigene Seele und wir können die Stimme Gottes nicht mehr hören.

Wenn ihr aber durch das Gesetz vor Gott bestehen wollt, dann habt ihr euch von Christus losgesagt und Gottes Gnade verspielt. Wir aber vertrauen darauf, dass wir durch den Glauben an Jesus Christus von Gott angenommen werden. Er hat uns ja durch seinen Geist diese Hoffnung geschenkt. Wenn wir mit Jesus Christus verbunden sind, ist es völlig gleich, ob wir beschnitten oder unbeschnitten sind. Bei ihm gilt allein der Glaube, der sich in Taten der Liebe zeigt.

Galater 5,4–6

Paulus stellte die Einhaltung des Gesetzes und das Leben aus Gnade einander als Gegensätze gegenüber, die sich nicht miteinander vereinbaren lassen. Durch Gesetzestreue können wir uns keine Segnungen erkaufen. Wenn wir den Menschen gefallen wollen und tun, was sie uns sagen, werden wir Gottes Vorstellungen nicht gerecht werden. Wir werden es nie schaffen, menschlichen Rat völlig umzusetzen. Es gibt kein Konzept, das auf alle Situationen eine Antwort hat. Gott möchte der Einzige sein, dessen Rat wir folgen, nur so können wir ein Leben in Freiheit und Gnade führen, wie er es für uns vorgesehen hat.

Das Wort Gottes und das Verhalten Jesu

Wenn ich mich damit beschäftige, wie Jesus sein Leben geführt hat und wie er seine Jünger geliebt und geprägt hat, führt mich das immer wieder dazu, den Ratschlägen der Menschen weniger Bedeutung beizumessen. Während ich Gottes Nähe suche, treffe ich laufend Entscheidungen, die dem Zeitgeist zuwiderlaufen, die aber mein Leben mit Frieden, Freude, Liebe und Schönheit erfüllen.

Ich bin so froh, dass Gott nicht ein Erziehungskonzept vorgegeben hat, an das sich alle Mütter halten müssen. Jede Familie ist wie ein eigenes Puzzle und wenn wir uns nach Jesu Vorbild ausrichten und mit Gnade und Freude erfüllt sind, werden wir unsere ganz speziellen, passenden Teile zusammenfügen.

Er war König und Knecht, gab seine Rechte auf und lebte mit seinen Geschöpfen. Geduldig lehrte er sie, versorgte sie, heilte ihre Angehörigen und zeigte ihnen, wie sie leben sollen. Zuletzt starb er für sie.

Sich selbst bezeichnete er als demütig, sanftmütig und freundlich. Er suchte nie die Aufmerksamkeit der Menschen und wollte niemandem gefallen. Stattdessen wusch er ihnen die Füße, besuchte die Träger ansteckender Krankheiten und nahm sich Zeit für

Kinder. Sein Lebensstil war schlicht, aber voller Autorität, weil er der Stimme seines Vaters in allem gehorchte.

Die Freiheit, ich selbst zu sein

Gott hat jeden Menschen anders gemacht, zum Glück. Er hat sich etwas dabei gedacht, als er jedem von uns eine ganz eigene Persönlichkeit gab, die zu den Aufgaben passt, zu denen er uns berufen hat. Er stattete uns mit Freiräumen aus, die wir selbst gestalten können. So ist es wichtig, die eigenen Grenzen zu kennen und die Grenzen seiner Kinder zu beachten, nur so können wir unsere Stärken an unsere Kinder weitergeben. Die Freude, die wir dabei erleben, erfüllt unsere Beziehungen zu unseren Kindern und wird in den Herzen der Kinder Liebe und Annahme schaffen.

Jedes Familienmitglied ist anders. Manche Kinder sind ruhig, andere laut und aktiv, manche sind künstlerisch begabt, andere lieben Mathematik und in einigen liegt die Fähigkeit, Forscher zu werden. Manche Mütter sind sehr liebevoll, andere sind eher intellektuell veranlagt (was sich jedoch nicht ausschließen muss). Manche Väter lieben alles, was im Freien stattfindet, andere lieben Bücher. Ich rede sehr gerne, Gott hat mich als Rednerin geschaffen und ich freue mich, diesen Teil meiner Persönlichkeit ausleben zu können. Wer versucht, einen Menschen oder eine Familie in die Form eines anderen Menschen oder einer anderen Familie zu pressen, beleidigt Gott, der jedes seiner Geschöpfe einzigartig gestaltet hat. Wir dürfen ihm zutrauen, jeden Einzelnen von uns perfekt geschaffen zu haben.

Aus Glauben leben und lieben

Es gibt viele Bibelstellen, die mich als Mutter beeinflusst haben, und ich habe versucht, mein Leben nach der Bibel auszurichten. Je länger ich mich mit der Bibel beschäftigte, desto mehr Weisheit fand ich in ihr, und je länger ich meine neuen Erkenntnisse in der Erziehung meiner Kinder einsetzte, desto einfacher wurde es auch, sie anzuleiten. Ich lernte, mich als Mutter gegenüber meinen Kindern ähnlich zu verhalten, wie Jesus es seinen Jüngern gegenüber tat. Dabei erreichte ich die Herzen meiner Kinder mit seiner Liebe und Wahrheit. Ich versuchte, im Glauben und Vertrauen darauf zu leben, dass Gott mir zeigen würde, wie ich jedes einzelne Kind auf seine ganz besondere Art lieben, erziehen und unterweisen konnte. Im Glauben an den Heiligen Geist, der mich täglich leitete, konnte ich die Verantwortung für jeden Tag in Gottes Hand legen. Auf diesem Weg wurde ich frei von dem Druck, mir unter den vielen Stimmen dieser Welt die richtige aussuchen zu müssen. Gottes Hilfe reicht für mich und meine Familie vollkommen aus. Ich habe gelernt, in Liebe und Gehorsam ihm gegenüber zu leben und ihm zu vertrauen, dass er mich in ein Leben der Freude, des Wachstums, der Liebe und der Freiheit führen würde.

❧

Jetzt sind Sie an der Reihe!

Wer das Urteil der Menschen fürchtet, gerät in ihre Abhängigkeit; wer dem Herrn vertraut, ist gelassen und sicher.

Sprüche 29,25

- Haben Sie Angst vor dem, was andere über Sie denken?

- Warum führt Menschenfurcht in Abhängigkeit?

- Was ist wichtiger: Das Leben zu führen, das Gott für uns geplant hat, oder so zu leben, dass unsere Mitmenschen mit uns zufrieden sind?

Passt euch nicht dieser Welt an, sondern ändert euch, indem ihr euch von Gott völlig neu ausrichten lasst. Nur dann könnt ihr beurteilen, was Gottes Wille ist, was gut und vollkommen ist und was ihm gefällt.

Römer 12,2

- Was heißt es, sich dieser Welt anzupassen?

- Wo passen Sie sich dieser Welt an?

- Können wir uns nach Gottes Vorstellungen ändern, während wir auf Menschen hören?

- Was bedeutet es, sich von Gott neu ausrichten zu lassen?

☙

Vorschlag

Es gehört zu den wichtigsten Dingen im Leben, auf Gott zu hören. Nehmen Sie sich Zeit zum Beten und schreiben Sie dann alles auf, was Sie über Gott wissen und was Gott über Sie denkt. Welche Schritte wollen Sie unternehmen, um sicherzustellen, dass Sie der Stimme Gottes folgen und nicht anderen Menschen gehorchen?

Zu dieser Einleitung gibt es auch ein Video in englischer Sprache. Sie können es über den abgedruckten QR-Code mit Ihrem Handy abrufen oder unter www.gerth.de/clarkson11 öffnen.

Liebe Sally,

*ich will später nicht mit Bedauern auf mein Leben zurück-
blicken. Manchmal schrecke ich nachts hoch und habe Angst,
mir in fünfzehn Jahren Vorwürfe zu machen: „Warum habe ich
nicht mehr mit meinen Kindern gespielt?" Diese Gedanken sind
gut für mich, sie halten mich auf Trab. Sally, ich will bewusst
leben, für mich und meine Kinder. Ich will mein Leben aktiv
gestalten. Doch die letzten zwei Jahre sind mir einfach zwischen
den Fingern zerronnen. Wie hast du es geschafft, mit Ziel und
Vision zu leben? Was hast du so alles gemacht?*

Alles Liebe, SM

Liebe Sarah,

ich bin eine sachorientierte Person. Wenn mir jemand begründet, warum ich etwas tun soll, und mir das klar vor Augen malt, dann packe ich das an und ziehe es durch. Als mir bewusst wurde, dass meine Aufgabe an unseren Kindern von ewigem Bestand ist, da fiel es mir nicht mehr schwer durchzuhalten. Durch das, was ich als ihre Mutter mit ihnen mache, können sie große Denker werden und großartige Ideen entwickeln, liebevolle Menschen werden, Großes leisten, voller Freude das Leben genießen, Gott lieben und sie können seelisch stabile, starke Erwachsene werden. Überlege dir doch mal, was genau deine Ziele sind. Mach dir einen Plan. Halte an deinen Idealen fest und fülle Verstand und Willen damit, sodass du gerne bereit bist, alles zu geben, um diese lohnenden Ziele zu erreichen.

Alles Liebe, Sally

KAPITEL 12

Erfülltes Leben

Sarah Mae

Ich bin immer mit guten Absichten unterwegs, entwickle Pläne und Ideen, erstelle Listen und träume davon, wie ich mich in eine gute Ehefrau und Mutter verwandeln werde, in eine tüchtige Hausfrau und eine angesehene Autorin. Ich habe viele gute Absichten, die ich wirklich ernst meine und an die ich glaube.

Ich lese Bücher zum Thema Ehe, höre CDs, die mir helfen sollen, meinen Haushalt besser im Griff zu haben, und möchte alle Ratschläge auch gerne und gut umsetzen. Aber ich weiß genau, dass meine guten Absichten alleine nicht genügen. Zu ihrer Umsetzung gehört auch, dass ich jeden Tag treu meine Aufgaben erfülle, meine Schritte gehe, den Blick auf Jesus gerichtet halte und sein Wort in meinem Herzen bewege.

Ich komme der Umsetzung meiner Vorsätze näher, wenn ich in den kleinen Dingen des Alltags die richtigen Entscheidungen treffe: Wenn mein Kind mich bittet, ihm ein Buch vorzulesen, mache ich das, sobald es möglich ist. Während die Kinder einen Film anschauen, setze ich mich hin und wieder zu ihnen und nehme sie in den Arm. Ich küsse meinen Mann, wenn er nach Hause kommt, auch wenn ich gerade mit einer wichtigen Sache beschäftigt bin. Ich investiere eine ganze Stunde, um das Bücherregal aufzuräumen, weil es uns allen guttut, wenn wir hier wieder einmal Ordnung haben. Beim Abendessen zünde ich eine Kerze an, damit es bei uns wohnlicher wird, und ich nehme mir Zeit zum Bibellesen und bete ernstlich und mit aufrichtigem Herzen. Wenn ich manchmal am liebsten herumschreien würde, halte ich, sooft ich es schaffe, den

Mund und nehme die Person fest in den Arm, der ich am liebsten wehtun würde.

Die Umsetzung meiner guten Absichten ist nicht einfach, aber es lohnt sich.

Es liegt an mir. Ich kann mich dazu entscheiden, die kleinen Dinge des Alltags gut zu machen, aus der Kraft des Glaubens heraus.

Die Entscheidung zum Überwinden

Im Moment fühle ich mich nicht depressiv und schon vor fast vier Monaten hat sich die letzte Depression gelichtet. Vier Monate mag keine sonderlich lange Zeitspanne sein, doch für mich ist das viel. Im zurückliegenden Jahr gab es mehr Tage, an denen ich mich überfordert fühlte und depressiv verstimmt war, als es frohe, helle Tage gab. Ich hatte mehr schlechte als gute Zeiten, ein ganzes Jahr lang. Auf diesem Hintergrund sind vier Monate schon eine Errungenschaft. Natürlich habe ich vor diesem Hintergrund nicht alle Antworten für alle mit Depressionen kämpfenden Mütter parat, aber ich will ein paar Dinge weitergeben, die mir geholfen haben.

Ein ganzes Jahr lang habe ich einfach alles geschehen lassen. Nach außen sah mein Leben vermutlich gar nicht so schlecht aus. Ich arbeitete an zwei Buchprojekten, die Konferenz, die ich organisiert hatte, war erfolgreich, mein Blog wuchs schnell. Ich konnte meine Schwester und Sally, meine Mentorin, besuchen und wurde mehrmals als Rednerin zu verschiedenen Veranstaltungen eingeladen. All diese schönen Dinge geschahen, während ich mich verloren, verwirrt und oft völlig fehl am Platz fühlte. Ich hatte mich nicht darum bemüht, dass jemand mein Geschriebenes veröffentlichte, dass ich als Rednerin eingeladen wurde oder dass meine Internetseite viele Abonnenten bekam. Ich war einfach nur eine Frau, die über ihr Leben schrieb.

So war ich einerseits zwar dankbar für alles, was sich entwickelte, aber ich hatte andererseits keine Freude daran. Ich befand mich in einer Depression. Am liebsten hätte ich gar nichts mehr gemacht. Alles überforderte mich und ich wusste nicht mehr, was Gott für mein Leben geplant hatte. Mir war, als würde ich das Gegenteil von allem tun, woran ich glaubte, während ich so vielen Aktivitäten außerhalb meiner Familie nachging. Ich fühlte mich wie eine Schwindlerin und Versagerin. Wie ein kleines Mädchen sehnte ich mich nach meinem Papa, der mir sagen würde, was richtig und was falsch war und was ich tun sollte. Es fiel mir so schwer, mich mit all den Entscheidungen auseinanderzusetzen, die ich treffen musste. Ich betete um Gottes Führung und er antwortete mir – allerdings anders, als ich erwartet hatte.

Ich dachte, Gott würde von mir erwarten, dass ich das Bloggen, das Schreiben und die Konferenzen aufgebe, damit ich mich ganz auf meine Familie und mein Zuhause konzentrieren könnte. Denn ich bin überzeugt, dass meine wichtigsten Aufgaben zu Hause sind, meine Familie hat ganz klar die oberste Priorität. Aber dann zeigte Gott mir, wie ein Leben im Glauben funktioniert – und wie man im Glauben Entscheidungen trifft.

Es folgt eine Mail meines Mannes, die ich von ihm bekam, während ich herauszufinden versuchte, ob ich weitere Konferenzen durchführen sollte. Er ist damit einverstanden, dass ich seine Mail hier zitiere.

Ich habe über die Dinge nachgedacht, die in der letzten Woche gelaufen sind und die in das zurückliegende Konferenzwochenende mündeten. Was ist deine Berufung? Hast du überhaupt eine? Hier kommt meine Überzeugung diesbezüglich und ich glaube fest, dass Gott sie mir geschenkt hat: Zunächst einmal bist du, Sarah Mae, eine Nachfolgerin Jesu. Zweitens bist du meine wunderbare, hübsche und begabte Frau, mit der keine andere Frau mithalten kann. Drittens bist du die Mutter von drei tollen Kindern. An vierter Stelle hat Gott dir Gaben und

Fähigkeiten gegeben, mit denen du andere Mütter im ganzen Land ermutigen kannst, gute Mütter, Frauen und Nachfolgerinnen Christi zu sein. Dafür hast du zwei Buchaufträge erhalten, einen großen Blog und die erste Blogkonferenz, die es jemals in unserem Land gab. Durch sie wurde Jesus bekannt gemacht und Frauen von nah und fern wurden darin bestärkt, das Leben, das Gott für sie vorgesehen hat, mit Leidenschaft zu leben. Das ist deine Berufung. Wenn wir Gott bitten, dass er uns hilft, die ersten drei Punkte gut auszufüllen und wenn du keine Aufgaben übernimmst, welche deren Priorität infrage stellt, dann denke ich, dass es für dich auch weiterhin richtig ist, Konferenzen abzuhalten und zu schreiben.

Damit hat mein Mann mich regelrecht befreit!

Meine Kinder sind meine tägliche Aufgabe, ihnen will ich vieles beibringen und sie von ganzem Herzen lieben. Ich will mich um unser Zuhause kümmern, gastfreundlich sein und an Weisheit und Freundlichkeit zunehmen. Im Glauben will ich mich dann auch dafür öffnen, dass meine Gaben und Fähigkeiten anderen Frauen außerhalb meiner Familie nützen können. Damit habe ich endlich verstanden, was meine Berufung ist. Indem ich primär als Ehefrau und Mutter lebe und darin echt und wahrhaftig bin, kann ich meine Erfahrung auf den Wegen, die Gott mir geöffnet hat (Bücher, Blogs, Konferenzen), an andere Frauen weitergeben. Gleichzeitig kann ich meine Fähigkeiten nutzen, um unser Einkommen zu verbessern, solange das Geldverdienen nicht in Konkurrenz zu den drei Hauptaufgaben tritt. Dieses Modell gibt mir innerlich viel Freiheit und ich fühle mich wieder lebendiger, was auch dazu führt, dass ich nicht mehr so niedergedrückt bin.

Ein anderer Grund, warum meine Depression zurückgewichen ist, liegt in meinen Entscheidungen. Ich habe mich entschieden, täglich Zeit mit Gottes Wort zu verbringen. Ich habe mich entschieden, über meine Ziele nachzudenken und mir zu überlegen, auf was für ein Leben ich später einmal zurückschauen möchte.

Meine Gedanken sollen mich nicht mehr beherrschen. Ich möchte sie weiterhin überwinden und damit nicht mehr aufhören. Ich will durchhalten. Eines Tages will ich über mich sagen können, dass ich bewusst gelebt und das getan habe, was ich für richtig hielt. Ich entscheide mich, das anzupacken, was mir vor die Füße gelegt wird, statt passiv zu sein. Ich will bedacht handeln, mich immer an Jesus und nicht an den Menschen orientieren. Ich möchte eine treue Dienerin sein und Jesus vertrauen, dass er in mir das Gute wirkt, statt es in eigener Kraft zu versuchen.

Sally

Stellt euch vor, jemand möchte einen Turm bauen. Wird er dann nicht vorher die Kosten überschlagen?　　　Lukas 15,28

Als unsere Familie damals beschloss, in unsere geliebten Rocky Mountains in Colorado zu ziehen, fingen wir damit an, dass wir ein gerodetes Stück Land am Fuße der Berge kauften. Wir mussten sämtliche Schritte gehen, die nötig sind, ehe ein sicheres und gemütliches Heim entstehen konnte. Zunächst überlegten wir, in welche Richtung wir aus dem Haus schauen wollten. Die Lage in den Bergen war fantastisch, die Aussicht herrlich. Später wählten wir die Farben für die Wände aus: ein schönes, tiefes Blau für Sarahs Rückzugsort, zartes Rosa für Joy und Grasgrün für die Jungs. In dem auf unseren Einzug folgenden Sommer verbrachten wir einen matschigen, lustigen Tag damit, unseren Vorgarten mit saftigem, grünem Rasen zu bedecken. Dann bauten wir einen Spielplatz für die Kinder in den Garten, der zu einer richtigen Burg wurde. Die Innenwände des Hauses wurden mit Bildern und Zeichnungen bestückt und erinnerten an die vielen Ereignisse, die wir als Familie schon erlebt hatten.

Als Gott Adam und Eva segnete, sagte er: „Vermehrt euch, bevölkert die Erde, und nehmt sie in Besitz! Ihr sollt Macht haben über alle Tiere, über die Fische, die Vögel und alle anderen Tiere auf der Erde!" (1. Mose 1, 28). Ein Stück Land in Besitz zu nehmen bedeutet mehr, als nur Macht darüber zu haben. Die wörtliche Bedeutung dieses Satzes heißt: auf etwas Einfluss ausüben, sodass es sich der Leitung unterordnet und produktiv und fruchtbar wird. In diesem biblischen Sinn kann man auch das Bebauen unseres Grundstücks verstehen. Jeden Bauabschnitt haben wir aus dieser Perspektive betrachtet und immer versucht, Leben, Licht und Schönheit in unserem zukünftigen Heim zu verwirklichen. Es dauerte viele Monate und es gab Zeiten schwerer, anstrengender Arbeit. Wir mussten vieles planen, viele Details beachten und gründlich Schritt für Schritt gehen, so wie es nötig war. Als das Haus fertig war, hatten wir etwas Wunderbares erreicht – wir hatten uns eine Welt voller Gemütlichkeit, Freude, Lachen und Leben geschaffen, die wir nun gemeinsam füllen würden.

Schöne Sachen müssen geplant und erarbeitet werden. Ähnlich wie der Bau eines Hauses, so ist auch das Erwachsenwerden unserer Kinder ein Prozess, bei dem jeder Abschnitt wichtig und herausfordernd ist. Immer wieder frage ich mich, was ich tun kann, um mein Zuhause so zu gestalten, dass meine Kinder sich darin entfalten können. Ebenso wie für meine Kinder, bin ich auch für meine eigene Seele verantwortlich. Jeden Tag bin ich gefordert, meine Seele bewusst mit dem Guten zu sättigen, das Gott für mein Leben zur Verfügung stellt.

Damit ich Gutes an meine Kinder weitergeben kann, muss ich zunächst mein eigenes Herz mit Gutem von Gott füllen lassen und mich selbst nach ihm ausrichten. Wenn Gottes Güte mich innerlich erfüllt, dann wird ein göttlicher Strom des Segens von mir zu meinen Kindern fließen, der ihnen wohltun wird und der sie in Gottes Wegen wachsen und reifen lassen wird. Überall in der Bibel stellt sich Gott als liebender Vater vor, der uns alles gibt, was wir zu einem erfüllten Leben nötig haben. Er hilft uns, sein Wesen in unserem Alltag zu spiegeln und seine Gaben an unsere Kinder weiterzugeben.

Ein Wesenszug Gottes ist seine Güte. So bin auch ich gefordert, jeden Tag neu Güte und Freundlichkeit an die Menschen in meiner Umgebung weiterzureichen. Wenn meine Seele von Gottes Güte erfüllt ist, dann werde ich im Alltag entsprechend gütig reagieren.

Ein weiterer Wesenszug Gottes ist seine Treue. Bin auch ich täglich bereit, treu auf alles einzugehen, was Gott für mich bereithält? Wenn ich unbeirrt an den Dingen festhalte, die Gott mir anvertraut hat, dann werden meine Kinder von mir lernen, wie man in Treue auf Gottes Wegen bleibt.

Gottesfurcht ist eine andere Eigenschaft, die ich selbst ausleben und den Kindern vorleben möchte. Suche ich Gott mit ganzem Herzen, ganzer Seele, ganzem Verstand und ganzer Kraft? Wirkt sich das darin aus, dass ich Gottes Wort lese und in meinem Herzen bewege?

Es gibt noch viele andere göttliche Eigenschaften, die in mir Gestalt gewinnen sollten: Sanftmut, Offenheit für andere, Liebe zu allen Menschen, mit denen ich in Berührung komme ... Diese Eigenschaften und Fähigkeiten Gottes prägen mich als Person, während ich mich für Gottes Einfluss öffne. Je mehr Gottes Wesen sich in mir auswirkt, desto deutlicher wird sein Einfluss auf meine Kinder. Liebe, Treue, Fleiß und viele andere Dinge, die im Alltag eine Rolle spielen, werden von mir auf meine Kinder übergehen.

Damit diese Prozesse möglich sind, braucht es eine häusliche Atmosphäre, in der diese gottgewirkten Eigenschaften fest verankert sind. Clay und ich legen großen Wert darauf, dass das Fundament aller Interaktionen in unserem Haus die Liebe ist. Gottes ständig gegenwärtige Liebe, der wir uns bewusst öffnen, erfüllt uns mit Liebe zu unseren Kindern und mit dem Verlangen, ihr Wachstum und ihre Entwicklung zu fördern. Diese Liebe findet durch das Wort Gottes, der Grundlage all unseres Denkens und Fühlens, ihren Weg in unsere Herzen.

Auf der Grundlage der Liebe Gottes, der wir durch die Bibel begegnen, bauen wir die Säulen und Wände unserer Familie aus den guten täglichen Ritualen, die uns Halt und Schutz geben. Wir stellen unseren Kindern eine reiche Auswahl an guten Büchern zur Verfügung, damit sie lernen, gut zu reden und scharf zu denken. Jedes Kind liest für sich alleine, wir haben aber auch Zeiten, in denen wir als Familie gemeinsam laut lesen. Besonders bei den Mahlzeiten, aber auch zu jeder sonstigen Gelegenheit am Tag fördern wir ihr Denken, indem wir das Gespräch über aktuelle Ereignisse suchen.

Ergänzend haben wir ein System der Verantwortung für jeden Einzelnen entwickelt, wonach jedes Kind täglich bestimmte häusliche Arbeiten in Eigenverantwortung erledigen muss. So lernen sie, dass wir etwas von ihnen erwarten und sie die Erwartung auch erfüllen können. Darüber hinaus haben wir einen Wochenplan mit weiteren Aufgaben aufgestellt, die im Laufe einer Woche erfüllt werden müssen. Alle diese Pläne sind verbindlich und jeder kann sich darin auf den anderen verlassen. Die Erziehung zum umweltbewussten Denken war uns ebenfalls wichtig und wir leiteten die Kinder an, auch in diesem Bereich Verantwortung zu übernehmen. Außerdem trugen Waldwanderungen, Zoobesuche und Aufenthalte in botanischen Gärten dazu bei, den Kindern die Liebe zu Gottes Schöpfung, Freude an der Natur und das Bewusstsein für die Bewahrung der Schöpfung zu vermitteln.

Weiter ist es uns natürlich auch wichtig, die Beziehung zu Gott in unseren Kindern wachsen zu lassen. So ermutigten wir sie, täglich Zeit mit Gott und seinem Wort zu verbringen, und gaben ihnen gutes Material dafür an die Hand. Dazu kamen tägliche Zeiten, in denen wir als Familie die Bibel lasen, meist beim Frühstück. So lernten die Kinder von uns, dass die Bibel die Quelle ist, aus der alle Aktivitäten des Tages gespeist werden. Wir integrierten sie in eine Gemeinde am Ort und ermutigten sie, ihre Gaben dort einzubringen.

Je bewusster wir unser eigenes Leben führten und das Leben unserer Kinder lenkten, desto größer war der Einfluss, den unsere Werte auf unsere Kinder hatten. Wer solche Dinge nicht plant, wird auch keine entsprechenden Früchte ernten. Mir half es sehr, meine Ziele in einem Tagebuch aufzuschreiben, um mich immer wieder neu daran auszurichten. Auf mein Gedächtnis kann ich mich in solchen Dingen nicht wirklich verlassen, da steht oft eher das schlechte Gewissen im Vordergrund, weil ich meine Ziele im Alltag so leicht vergesse. Aber wenn ich meine Ziele schriftlich vorliegen habe, so kann ich immer wieder darauf zurückkommen, besonders dann, wenn ich gerade zu nichts Lust habe und mir die organisatorischen Zügel des Tages aus der Hand geglitten sind. Anhand dieser Notizen kann ich auch meine Prioritäten ordnen. Je klarer ich vor Augen habe, welche Ziele ich verfolge, desto zielstrebiger kann ich meinen Alltag mit den Kindern gestalten.

Ich möchte dazu beitragen, dass jedes Familienmitglied alle Facetten seiner Person entfaltet, indem ich meine Mutterrolle ganz bewusst ausfülle. Das beginnt damit, dass mein Leben im Alltag dem entspricht, was ich in den Kindern wecken möchte. Es ist ähnlich wie beim Bau eines Hauses. Zuerst braucht man ein tragfähiges Fundament, dann zieht man die Wände hoch und bemalt sie bunt, später kommt auch noch eine schöne Gartenarchitektur dazu, und so entsteht ein Ort, an dem man sich wohlfühlt und gerne zu Hause ist.

Entsprechendes gilt auch für den Bau des Charakters. Gezielte Anreize und viel Übung schaffen in den Persönlichkeiten der Kinder eine Struktur der Gnade und eine zielorientierte Ausrichtung. Als Frau muss ich meine Mutterrolle als göttliche Berufung erkennen und annehmen, um das Leben meiner Kinder reich machen und ihnen feste Überzeugungen vermitteln zu können.

In unserem Haus in den Bergen verbrachten wir Jahre voller Freude und Komfort und genossen ein erfülltes Leben. Entsprechend werden wir uns an einer reichen Ernte freuen, wenn wir uns selbst und unsere Kinder Gott zur Verfügung stellen und als Eltern bewusst und zielorientiert leben. Wir werden eine Belohnung empfangen, an der wir in diesem Leben und in der Ewigkeit Freude haben werden.

∞

Jetzt sind Sie an der Reihe!

Eine tüchtige Frau hält das Haus in Ordnung und sorgt für die Familie, eine leichtfertige aber zerstört alles.

Sprüche 14,1

- Was wollen Sie Ihren Kindern weitergeben?

- Was braucht man, wenn man ein Haus bauen will?

- Was ist typisch für eine dumme Frau oder eine dumme Mutter?

Sie kennt und überwacht alles, was in ihrem Haus vor sich geht – nur Faulheit kennt sie nicht! Ihre Söhne reden voller Stolz von ihr, und ihr Mann lobt sie mit überschwänglichen Worten: „Es gibt wohl viele gute und tüchtige Frauen, aber du übertriffst sie alle!"

Sprüche 31,27–29

- Welches Resultat dürfen Sie erwarten, wenn Sie Gottes Plänen folgen und Ihren Kindern göttliche Werte vermitteln?

Was immer ihr tut, was ihr auch esst oder trinkt, alles soll zur Ehre Gottes geschehen.

Korinther 10,31

- Wenn wir Jesus persönlich gegenübertreten werden, wird er uns fragen: „Hast du versucht, die göttlichen Wahrheiten in die Herzen deiner Kinder zu pflanzen? Wie hast du mich in deiner Familie geehrt?" Wie wird dann unsere Antwort ausfallen?

- Wem müssen wir als Mütter vor allem gefallen?

☙❧

Vorschlag

Notieren Sie in Ihrem Tagebuch fünf Dinge, die Sie Ihren Kindern weitergeben möchten. (Zum Beispiel: liebevolle Beziehungen führen, moralisch einwandfreies Leben, lebendiger Glaube etc.) Überlegen und notieren Sie sich für jedes dieser Ziele mindestens zwei praktische Schritte, die Sie in diesem Jahr umsetzen möchten. Erstellen Sie einen Halbjahresplan mit Aktivitäten und Ritualen, die Sie einführen möchten, um Ihre Ziele anzusteuern.

Zu dieser Einleitung gibt es auch ein Video in englischer Sprache. Sie können es über den abgedruckten QR-Code mit Ihrem Handy abrufen oder unter www.gerth.de/clarkson12 öffnen.

Liebe Sally,

*du motivierst mich, nach einem erfüllten, schönen, abenteuer-
lichen Leben zu suchen. Was du für dich und deine Familie
geschaffen hast, das wünsche ich mir auch. Natürlich sind alle
Familien unterschiedlich, aber kannst du mir ein bisschen von
den Dingen erzählen, die du bewusst getan hast, um euer Leben
schöner zu machen?*

Alles Liebe, SM

Liebe Freundin,

tue Dinge, die dir Spaß machen. Bereite dir dein Lieblingsessen zu. Lege eine CD ein, die dich inspiriert. Kaufe Blumen und Kerzen, um dir selbst Freude zu machen. Feiere dein Leben bei dir zu Hause, so wie es dir am meisten Freude macht. Wenn du dir dein eigenes Leben schön machst, wird das nicht nur dir selbst guttun, sondern dein Zuhause wird dabei auch ein Ort werden, an dem es lebendig und fröhlich zugeht und wo deine Familie ein erfülltes Leben führen kann. Genieße dein Leben jeden Tag und feiere im Alltag. Gott hat auch das Vergnügen geschaffen, um uns damit zu segnen und zu beschenken.

Sally

KAPITEL 13

Lebenskünstler

Sarah Mae

Die Konferenz, die ich veranstaltet hatte, war gerade vorüber und ich war endlich wieder zu Hause, aber ich war nicht allein. Meine Freundin Logan, die ich durch meinen Blog kannte, hatte ihren Flug verpasst und ich hatte ihr angeboten, mit zu mir zu kommen. So konnten wir uns etwas besser kennenlernen.

Auf dem Weg zu uns erfuhr ich, dass sie Raumausstatterin war. Ihre Begabung liegt im Bereich von Farben und Dekoration. Mir jedoch fehlt in diesem Bereich jedes Talent. Das sieht man überall in meiner Wohnung. Entsprechend aufgeregt war ich, als diese Frau plötzlich auf meinem Sofa saß. Sie war bereit, ihre Fähigkeiten zum Wohl unseres Hauses einzusetzen. Daraus wurde eine Aktion, die uns beiden wirklich Spaß gemacht hat.

Wir fuhren in ein Einkaufszentrum und machten eine große Shoppingtour.

Ich sagte ihr, welche Farben mich ansprachen und welchen Stil ich mochte. Sie konnte sich schnell einfühlen und wir steuerten auf die Abteilung mit den Dekorationsartikeln zu. Entschlossen packte sie Vorhänge, Kissen und einen gepolsterten Hocker mit Zebramuster ein. Von dem Hocker hätte sie gerne abgehalten, aber sie überzeugte mich, dass ich ihn später lieben würde. Als wir zurück waren, blieb nicht mehr viel Zeit, ehe sie wieder zum Flughafen musste, aber es reichte ihr noch, um mein Wohnzimmer von einem langweiligen, leblosen Raum in einen Ort der Schönheit und der Wärme zu verwandeln. Sie hatte recht, auch den Hocker im Zebramuster fand ich jetzt wunderbar.

Sie gab mir das Gefühl, etwas Besonderes zu sein, indem sie sich Zeit nahm, um ihre Begabung für mich und meine Familie einzusetzen. Durch ihre Hilfe waren wir plötzlich von schönen Dingen umgeben und bis heute freue ich mich immer an den von ihr arrangierten Sachen, wenn ich in meinem Wohnzimmer sitze. Was sie für mich tat, das will ich auch für meine Kinder tun. Ich will ihnen einen Raum geben, in dem es lebendig, schön und warm ist. Ihr Zuhause soll erfüllt sein mit Dingen, die sie gerne sehen, gerne berühren und zu denen sie gerne immer wieder zurückkehren.

Sie sollen sich auch dadurch geliebt fühlen, dass ich ihnen einen Ort zum Wohlfühlen bereite. Es tut uns gut, wenn wir unser Zuhause pflegen und unsere Wohnung mit Leben füllen. Dazu muss man nicht unbedingt einen Großeinkauf im Möbelhaus machen, es braucht nur Zeit und die grundsätzliche Bereitschaft, aktiv zu werden.

❦

Von Sally habe ich gelernt, was es bedeutet, Schönheit, Abenteuer und Kunst in mein Familienleben zu integrieren. Oft sind es die kleinen, bewusst arrangierten, liebevollen Dinge, die das Herz des anderen bewegen. Kinder wollen kein trübsinniges Existieren. Sie brauchen Abenteuer. Meine Kinder sollen das Leben in Fülle genießen. Ich möchte Freude an ihnen haben und sie sollen Freude an mir haben. Gemeinsam wollen wir unser Leben feiern.

Unlängst hatte ich Geburtstag und wollte zu diesem Anlass in einem Lokal frühstücken gehen. Ich rief einige Leute an, aber niemand hatte Zeit. Da schaute ich meine Kleinen an und meinte: „Wer geht mit mir zum Frühstücken?" Sofort waren alle begeistert. Wir fuhren zu dem kleinen Restaurant, das wir ab und zu besuchen. Es war das erste Mal, dass ich mit allen drei Kindern und ohne weitere Erwachsene zum Essen ging. Bis dahin hatte ich immer Angst gehabt, mich nicht um alle gleichzeitig kümmern zu können. (Ich erwähnte ja schon, dass eines der Kinder sehr lebendig ist.) Doch wir versuchten es, jeder durfte sich aussuchen, was er essen wollte, und wir feierten gemeinsam meinen Geburtstag. Wir hatten sehr viel Spaß und lachten die ganze Zeit. Mitten in der Woche waren wir aus dem Alltag ausgebrochen, weg von der gewohnten Umgebung, weg von der Routine und wir sprühten vor Lebensfreude.

Es sind oft nur kleine Sachen erforderlich.

Wenn ich mir Zeit für eine Person nehme, weil sie für mich ganz besonders ist, dann wird mein Kind, das mich dabei beobachtet, zu mir auch so sein. Vor Kurzem war ich an der Reihe, im Gottesdienst die Schriftlesung zu halten. Unsere Kinder saßen mit uns im Gottesdienst, als ich auf die Bühne ging und meinen Text vorlas. Kaum war ich fertig, hörte ich einen einsamen Applaus. Ich sah meinen Vierjährigen, der begeistert aufgestanden war, klatschte und rief: „Das war super, Mami, das hast du toll gemacht!" Mein Herz zersprang fast vor Freude. Ich war überwältigt von seinem unerschrockenen Verhalten. Es störte ihn nicht, dass er der Einzige war, der stand und klatschte. Er war einfach nur stolz auf seine Mama und drückte seine Gefühle aus. Ich lernte von meinem kleinen Sohn, furchtlos und spontan aufzustehen und zu sagen: „Toll gemacht, du bist klasse!"

So will ich für meine Kinder auch sein. Ich will ihr größter Fan sein, will ihnen voller Stolz applaudieren, sie bestätigen und Gott dankbar sein für die Freude, die er mir mit ihnen macht.

Die Pflichten ersticken die Freude

Vor lauter Aufgaben und Pflichten vergessen Mütter oft, sich an ihren Kindern zu freuen, sie verlieren den Blick für das Besondere an ihnen oder haben nicht gelernt, wie man sich freut. Wir sorgen uns wegen ihrer schulischen Leistungen und machen uns Gedanken über ihre Ernährung, ausreichend Zeit zum Spielen und Schlafen, ihre Mithilfe im Haushalt und ihre geistliche Entwicklung. Es gibt immer einen Grund, sich Sorgen zu machen. Schließlich wollen wir das Beste für sie. Wir wollen gute Mütter sein, wollen nichts falsch machen, nichts versäumen, auf keinen Fall versagen. Mir jedenfalls geht es so.

Ich kann von all den Dingen, die ich für wichtig halte, so unter Druck geraten, dass Schönheit und Abenteuer weitere Punkte auf meiner anstrengenden Liste von Aufgaben und Pflichten werden. Tatsächlich kann es auch Arbeit bedeuten, etwas Schönes oder Spannendes zu unternehmen, aber das ist immer noch besser, als in der Tretmühle des Alltags unterzugehen. Lieber investieren wir etwas Kraft in unser Leben, als uns passiv durchs Leben treiben zu lassen.

Wenn wir die positiven Dinge im Blick behalten, dann nimmt die Freude schneller zu. Ist es nicht schon positiv, dass wir uns überhaupt solche Sorgen machen? Nur gute Mütter tun das, Mütter, die das Beste für ihre Kinder wollen und ihre Aufgabe gut erfüllen möchten.

Ist es andererseits nicht auch entlastend zu wissen, dass alle Mütter Fehler machen? Wir werden auf keinen Fall alles richtig machen. Wir werden versagen und wir werden Dinge tun, die wir später bereuen werden.

Aber wir werden Gnade empfangen.

Sally

Herr, ich schleppte mich über das trockene Land, unsicher hielt ich dir meinen leeren Becher entgegen, um einen Tropfen Wasser bittend. Hätte ich dich besser gekannt, wäre ich angerannt gekommen, mit einem Eimer in der Hand.
                                                          Nancy Spiegelberg

Diesen Tag hat er zum Fest gemacht, lasst uns fröhlich sein und jubeln!
Psalm 118,24

Nachdem ich in der Nacht zum dritten Mal aufgewacht war, erfasste mich die Angst, nicht mehr einschlafen zu können. Meine Gedanken wurden von all den Bereichen meines Lebens, die mir derzeit Stress verursachten, magisch angezogen. Da war ein Buch, das ich zu Ende schreiben musste, und nach einer sehr kurzen Erholungsphase zu Hause würde ich mich auf eine weite Reise zu einer Hochzeit in der Verwandtschaft machen müssen. Außerdem musste ich für eines der Kinder das Stipendium und die Finanzierung seines Studiums beantragen und zahllose weitere Dinge stürmten auf mich ein.

Schließlich gab ich die Hoffnung auf, wieder schlafen zu können, stand auf und machte mir eine Tasse Tee. Damit saß ich im Dunkeln, als ich plötzlich die leise Stimme Gottes hörte: „Achte auch auf die Schönheit des Lebens, denke nicht nur über all die Aufgaben nach."

Ich schaltete meinen Lieblingsradiosender ein, zündete die Kerzen mit Vanilleduft an, die überall in meinem Wohnzimmer standen, und bat Gott, mir die Augen zu öffnen. Zuerst dankte ich ihm für die wunderbaren Kinder, die er mir gegeben hatte. Dabei bekam ich Sehnsucht nach Sarah, meiner Ältesten, die zurzeit auf der anderen Seite des Atlantiks, in Oxford lebt. Deshalb ging ich zum Computer und las ihren Blog.

Dabei stieß ich auch auf einen von ihr neu ins Netz gestellten Aufsatz über die überwältigende herrliche Freude, die Gott uns schenken möchte, die unser Leben erfüllt und uns immer neue Kraft gibt. Obwohl wir räumlich so weit voneinander entfernt waren, hatten mich die Gedanken an sie zu diesem schönen Text geführt. Sofort fühlte ich mich eng mit ihr verbunden. Ermutigt konnte ich mich dem neuen Morgen stellen.

Nur wenige Stunden später kam Joy, meine zweite Tochter und unser jüngstes Kind, die Treppe herunter. Sie trug ihren

Lieblingsschlafanzug mit dem Eulendesign. Ich sah ihr entgegen und staunte über ihre Schönheit. Welch ein Geschenk hatte Gott mir mit diesem Kind gemacht. Wie schön, dass ich nicht alleine war, sondern in ihre großen braunen Augen schauen konnte. Wir würden an diesem Tag singen, so laut wir konnten, und ich würde ihr zuhören, während sie mir all die lustigen und geheimen Dinge anvertrauen würde, die sie bewegten. Wie schön, diesen Tag mit ihr erleben zu dürfen.

Bald darauf erschien Joel, mein fast zwei Meter langer Sohn, in der Küche. Er ist unser Musiker, vor Kurzem hatte er sein Studium in Musik und Komposition abgeschlossen. Ohne Umschweife stellte er sich an die Spüle und begann das Geschirr abzuwaschen. Er summte eine Melodie, während er den Wasserkessel auf den Herd stellte, um sich einen Kaffee zu machen. Wie ich mich freute, diesen intelligenten, begabten Jungen wieder im Haus zu haben, auch wenn es nur für drei Monate war, bis er sein Leben an einem anderen Ort fortsetzen würde. Doch jetzt begleitete er mich auf meinen Reisen und wir konnten uns über unsere Gedanken, Ideale und Träume austauschen. Mir war, als würde ich von Gott hören: „Er wird nicht mehr oft zu Hause sein – genieße die Zeit mit ihm."

Zuletzt kam unsere Hündin Kelsey, ein Golden Retriever, stürmte durch den Raum und kam zu meinem Stuhl, kaum hatte ich mich mit einem Teller Rührei mit Käse hingesetzt.

Du bist immer so ein treuer Verehrer deines alten Frauchens, dachte ich, *du bist ein bisschen wie Gott, mit dieser bedingungslosen Liebe, die jeden Tag neu und unverändert ist.*

So erhob ich mich von meinem gemütlichen Stuhl, ließ mein Frühstück stehen und machte der Hündin ein Rührei – sehr zum Erstaunen und Vergnügen meiner Kinder.

Gott wohnt in meinem Haus, aber manches Mal denke ich nicht daran oder höre die Melodie nicht, die er für mich spielt. Als Mutter laufe ich einen anstrengenden Marathon, bei dem sich Augenblicke, Stunden, Tage, Monate, Jahre und Jahrzehnte aneinanderreihen.

Jeden dieser Augenblicke bringt Gott mit Schönheit, Liebe und Freude zum Funkeln. Ich will die Augen meines Herzens daran gewöhnen, sein kunstvolles Werk bewusst zu sehen. Es kann der Säugling sein, der mit kleinen Händchen Mamas Brust tätschelt, während er ihre Milch trinkt; oder das Krabbelkind, das kichernd vor Freude und quietschend vor Angst einen Frosch entdeckt; oder das kleine Mädchen, das sich komplett in Rosa gekleidet und in eine Prinzessin verwandelt hat. Auch der kleine Junge, der schon wieder seine Milch verschüttet hat und ängstlich auf ein gnädiges Zeichen von seiner Mama wartet, ist ein göttlicher Funken der Schönheit in meiner Welt, ebenso wie der Teenager, der von seinen Hormonen in Stimmungshochs und -tiefs gestürzt wird, rebellisch reagiert, in die Länge schießt und rasend schnell erwachsen wird – all diese Momentaufnahmen und Lebensphasen enthalten Gottes Gnade und die verborgene Schönheit, die uns seine Liebe offenbart.

Die Pflichten und Erwartungen, die wir erfüllen müssen, lasten oft schwer auf unseren Schultern. Wir laufen in der Tretmühle endloser Aufgaben und unser Leben ist oft kaum noch mehr als ein kahles, totes Land voller Pflichten. Halbherzig bitten wir um ein paar Tropfen Gnade und erwarten kaum, dass Gott uns hört. Aber Jesus bietet uns unendlich viel Gnade, Freude, Spaß, Liebe, Vergebung, Kraft, Schönheit, Abenteuer und Freiheit. Er lässt uns die Augenblicke unseres Lebens und die ganze Ewigkeit mit seinen Augen sehen, er zeigt uns, was wirklich wichtig ist und was schon bald vergangen sein wird.

Über die Jahre lehrte Gott mich, das zu feiern, was jeder Tag bringt. Ich suche nach den Fingerabdrücken Gottes, nach den Zeichen seiner Liebe, in allen Bereichen meiner Welt. Das ist mein tiefster Sinn in allem, was geschieht. Wenn wir zu Hause in unseren Familien froh und zufrieden leben und Gott ähnlich werden wollen, dann müssen wir aus seiner Perspektive der Ewigkeit auf unseren Alltag schauen. Gott ist unfassbar, weit außerhalb unserer Kontrolle und viel interessanter, als unser Verstand erfassen kann. Doch viel zu oft fesselt der Alltag uns, wir sehen das Wunder des Augenblicks nicht, die Augen unseres Herzens sind blind für seine Realität.

C. S. Lewis beschrieb das so: *Wenn wir die geradezu schamlosen Verheißungen auf Belohnung und die fantastischen Belohnungen, die in den Evangelien verheißen werden, betrachten, scheint es, als müssten unsere Wünsche dem Herrn eher zu schwach als zu groß vorkommen. Wir sind halbherzige Geschöpfe, die sich mit Alkohol, Sex und Karriere zufriedengeben, wo uns unendliche Freude angeboten wird – wie ein unwissendes Kind, das weiter im Elendsviertel seine Schlammkuchen backen will, weil es sich nicht vorstellen kann, was eine Einladung zu Ferien an der See bedeutet. Wir geben uns viel zu schnell zufrieden.**

Für mich zählt es zu den schönen Fähigkeiten einer starken Frau, täglich den Wert ihres eigenen Lebens und des Lebens ihrer Kinder zu feiern, so wie Jesus es tat. Jesus hat uns selbst vorgelebt, wie kostbar Kinder sind, er hatte mitten in seinem umtriebigen Alltag Zeit, sie auf den Arm zu nehmen, ihre Haare zu streicheln und sie zu segnen.

Entscheidung zur Dankbarkeit und Gewöhnung an Zufriedenheit

Wenn ich von der Verzweiflung zur Freude umschwenken will, brauche ich die Sicht Gottes und seine Haltung. Ich muss mit Gottes Wort übereinstimmen, in dem es heißt: „Kinder sind ein Geschenk des Herrn, wer sie bekommt, wird damit reich belohnt" (Psalm 127,3).

Wenn ich meine Kinder jeden Morgen neu als Geschenk Gottes sehe, als eine Belohnung, die ich von Gott bekam, gewöhnt sich

---

* C. S. Lewis: „Das Gewicht der Herrlichkeit und andere Essays" (Basel und Gießen: Brunnen Verlag, 2005), S. 93–94 mein Verstand daran, in den Bahnen von Gottes Wahrheit zu denken. Dann danke ich Gott für meine Kinder und kann ihnen besser in Liebe und Geduld begegnen. Dadurch ist es mir schließlich möglich, dass ich beten kann: „Gott, du bist wirklich gut und du wusstest genau, was du tust, als du mir diese Kinder gegeben hast." Meine Seele wird die Zufriedenheit und Freude aber erst dann *als Gefühl wahrnehmen*, wenn mein Denken mit der Stimme des Heiligen Geistes übereinstimmt. Die biblischen Einstellungen, die ich mir aneigne, und die göttlichen Denkweisen, die ich einübe, werden mir Kraft und Stärke verleihen. Wenn ich mich im Lobpreis Gottes und der Dankbarkeit zu ihm übe, werde ich erleben, wie mich das festigt und stärkt.

In der Folge wird echte Freude, die Gottes Geist schenkt, in meiner Seele Raum gewinnen. Darüber hinaus werde ich erleben, wie meine Kinder selbst eine Haltung der Dankbarkeit entwickeln. Andere Menschen werden sich in meiner Gesellschaft wohlfühlen. Mein Entschluss, mich immer wieder in Gottes Gegenwart stärken zu lassen, wird sich in meinem Leben und im Leben der Menschen in meiner Umgebung segensreich auswirken.

Alle Faktoren beseitigen, welche uns die Freude rauben

Unser Leben wird beherrscht vom Fernsehen, den Handys, Facebook und anderen sozialen Netzwerken, Blogs und der ganzen Palette von Angeboten der Medien und Elektronik. Wir haben uns so sehr an das alles gewöhnt, dass wir uns offline bei einem Aufenthalt in der Natur oder einer gemeinsamen Unternehmung mit Freunden kaum noch wohlfühlen. Viele Menschen können Zeiten ohne Internetzugang fast nicht mehr genießen und sind für die Schönheit der Natur und die Gespräche unter Freunden kaum noch offen, sondern sie fragen sich unruhig, was wohl in der Zwischenzeit an elektronischen Nachrichten eingegangen ist. Obwohl diese Kommentare, Mails und Nachrichten oft unpersönlich und unwichtig sind, will man sie doch nicht verpassen.

Aber Gottes Vorstellung für uns ist, dass wir enge Beziehungen mit unseren Verwandten und Freunden pflegen. Nur in der persönlichen Begegnung und der engen Gemeinschaft kann das tiefe Verlangen nach echter Liebe und schonungsloser Offenheit befriedigt werden. Wir müssen Wege finden, um die fesselnde, unechte, virtuelle Realität durch echte Intimität und gemeinsame Freude zu ersetzen, sonst können wir unseren Kindern nur schwer Gottes Wesen vermitteln, der liebevoll, gegenwärtig, vertraut und immer ansprechbar ist. Immer häufiger begegne ich Frauen, die sich so an ein unechtes Leben gewöhnt haben, dass sie selbst gar nicht mehr bemerken, wie leer und hohl ihre Kontakte und Beschäftigungen sind und wie ungeduldig sie mit echten Menschen aus der realen Welt umspringen, die ihnen nahe sind, sich nach Liebe sehnen und ihnen diese Liebe so gerne und dankbar erwidern würden.

Eine Entscheidung des Herzens

Es gibt kaum etwas Schöneres, als die zutiefst befriedigende Erfahrung, geliebt zu werden. Meine Kinder zu lieben und mich für sie einzusetzen hat sich viel mehr ausgezahlt, als ich mir je hätte vorstellen können. Sie sind meine größte Freude.

Doch um dahin zu kommen, bin ich einen weiten Weg gegangen, der viel Glauben und viel Zeit gebraucht hat. Auch wenn meine Gefühle für sie manchmal kaum wahrnehmbar waren, habe ich mich trotzdem ihnen gegenüber liebevoll verhalten. Ich hatte mich frühzeitig entschieden, meinen Kindern immer geduldig und aufmerksam zuzuhören, auch wenn ich müde und erschöpft war. Zu meinem Selbstverständnis als Mutter gehörte es, den Kindern ermutigende und auferbauende Dinge zu sagen, auch dann, wenn ich vom Gefühl her am liebsten alleine gewesen wäre. Ich sprach freundlich und respektvoll mit ihnen, auch wenn ich innerlich voller Zorn auf sie war. Aufgrund meiner Überzeugung, dass Gott dieses Verhalten von mir wollte, hatte ich mich dazu entschieden. Der Gedanke, der all diesen Überlegungen zugrunde liegt, ist die Tatsache, dass die Gefühle sich dem Verhalten entsprechend einstellen. Zuerst verhalte ich mich so, wie ich es vor Gott für richtig halte, unabhängig von meinen Gefühlen, und anschließend werden sich meine Gefühle meinem Verhalten anpassen. Zunächst handelte ich also so, wie man es tut, wenn man mit Liebe, Freude, Frieden und Geduld erfüllt ist. Dann durfte ich erleben, dass sich diese Früchte des Heiligen Geistes tatsächlich in meiner Seele entwickelten. Es war fast so, als hätte Gott mir diese Kinder anvertraut, damit ich so leben und so werden würde, wie er es für mich vorgesehen hat.

Wenn Kinder älter werden, merken sie genau, ob ihre Mutter echt ist oder ob sie nur eine Fassade präsentiert. Spricht eine Mutter zwar von Liebe, handelt aber nicht entsprechend, dann bedeuten den Kindern die Lippenbekenntnisse nicht viel, sondern sie werden lernen, dass sie den Worten ihrer Mutter nicht glauben können. Es ist von unschätzbarem Wert, wenn wir wahrhaftig sind und den ganzen Tag lang vor unseren Kindern Gott durch das, was wir sagen und tun, anbeten. Wenn wir uns an Gottes Wesen und seinen Segnungen freuen, wird das in den Kindern eine Sehnsucht nach Gott wecken, sodass sie auch zu ihm gehören wollen. Hat die Mutter ein offenes Herz für all die Wunder und die Freude, die Gott in jeden Augenblick ihres Tages gelegt hat, wird auch das Kind sich diese Haltung wünschen und aneignen.

જ⁓ૐ

Jetzt sind Sie an der Reihe!

Wer ein Haus baut, braucht Weisheit und Verstand, wer dazu noch Geschick besitzt, kann es mit wertvollen und schönen Dingen füllen.

Sprüche 24,3–4

- Mit schönen Dingen und guten Gewohnheiten schaffen wir ein Zuhause, das angenehm, gemütlich und inspirierend ist. Wie können Sie Ihr Heim gestalten, welche wertvollen und schönen Dinge wollen Sie dort ansammeln, was trägt dazu bei, dass Glaube, Liebe und tiefe Beziehungen entstehen und die eigene Familiengeschichte geschrieben wird?

- Welche Atmosphäre hätten Sie gerne bei sich zu Hause?

Der Himmel verkündet Gottes Größe und Hoheit, das Firmament bezeugt seine großen Schöpfungstaten.

Psalm 19,2

- Wenn wir uns die Sterne und den Sonnenuntergang anschauen, erkennen wir Gottes Kunstfertigkeit und die Schönheit seiner Werke. Wie können Sie Ihre Kreativität, Ihren künstlerischen Geschmack und das Werk Ihrer Hände in Ihrer Wohnung zum Ausdruck bringen?

❧

Vorschlag

Notieren Sie in Ihrem Tagebuch drei Wege, wie Sie Gewohnheiten, Mahlzeiten und Dekorationen in Ihrem Zuhause lebendiger und ansprechender gestalten möchten. Überlegen Sie konkret, welche

Dinge Sie dafür brauchen, welche Arbeit erforderlich ist und wie Sie das im kommenden Monat umsetzen wollen.

Zu dieser Einleitung gibt es auch ein Video in englischer Sprache. Sie können es über den abgedruckten QR-Code mit Ihrem Handy abrufen oder unter www.gerth.de/clarkson13 öffnen.

Liebe Sally,

allmählich lässt mein Gefühl der Unvollkommenheit nach. Ich finde mich mit meinen Grenzen ab und vertraue Gott, der mein Leben und das Leben meiner Kinder in seiner Hand hält. Du hast mir mit deiner Freundlichkeit und Güte unendlich viel geholfen, du bist ein großer Segen für mich und durch deinen Einfluss werde ich für immer verändert sein. Danke! Ich werde weitergehen, ich will mein eigenes Leben aktiv gestalten. Als Erstes möchte ich eine Reise nach Europa planen!

Alles Liebe, SM

Liebe Freundin,

ich wollte immer eine Heldin sein – und mein Leben für etwas Großes opfern – doch Gott wollte ein ganz anderes Opfer von mir: an Tausenden von Tagen, über viele Jahre hinweg, noch ein Küsschen, noch eine Geschichte, noch ein Essen. Ich habe einen Fuß vor den anderen gesetzt, über so viele Jahre, und habe Gottes Vorstellungen von Elternhaus und Familie umzusetzen versucht, ich habe das eingeübt, was heute meine größte Freude ist. Meine Gefühle haben sich dem angepasst, was ich aus Überzeugung getan habe. Ich liebe meine Kinder, sie sind mittlerweile, seitdem sie erwachsen sind, meine besten Freunde. Wir feiern zusammen das Leben und erzählen uns immer, was neu ist, was wir lustig finden und was uns traurig macht. So haben wir unsere Familienkultur geschaffen und das ist der größte Segen meines Lebens. Ich hätte nie gedacht, dass es mich so befriedigen würde, diese Familie so zu bauen, wie es meiner Seele entspricht und wie Gott mich geführt hat.

Du hast ein tapferes, liebevolles, gütiges Herz und ich freue mich über deine Bereitschaft, an den richtigen Dingen festzuhalten und deine Ideale umzusetzen. Du wirst die Wurzeln bilden, die du dir wünschst, die Erinnerungen an das, was du mit deiner Familie erlebst, ist dein Schatz und du wirst Kinder haben, die dich ehren werden, weil du bereit bist, dich in ihr Leben zu investieren. Ich durfte miterleben, wie dein Wesen schön und deine Überzeugungen stark wurden. Bleib dabei, lass dich von unnötigen Schuldgefühlen nicht beeinflussen und verfolge deine Ziele, dann wirst du den Segen empfangen, den du dir immer gewünscht hast.
Ich werde immer für dich da sein,

Sally

KAPITEL 14
Verzweifelt ... aber nicht besiegt

Sarah Mae

Ich war im Kindergottesdienst bei den Babys, als ein Pflegevater mit einem süßen, kleinen, weinenden Mädchen hereinkam. Sie hatte hübsche Ohrringe in den Ohrläppchen und dunkle Locken. Erst am Vorabend hatte er sie abgeholt und nun würden er und seine Frau die Kleine versorgen, bis ihre Eltern dies wieder würden tun können. Kaum hatte ich sie auf dem Arm, da spürte ich schon ganz tief, wie lieb ich sie hatte. Sie hörte nicht auf zu weinen, aber sie war so winzig und so kostbar. Mit dem kleinen Mädchen auf dem Arm wurde in mir erneut der Wunsch lebendig, ein Kind zu adoptieren.

Mein Mann und ich hatten das schon länger vor, aber wir wollten noch etwas warten, bis Caroline, unser kleiner Wildfang, etwas ... nun ja, leichter zu führen sein würde. Aber nun ist sie drei und ich denke, bis in einem Jahr werden wir bereit sein, uns für ein neues Kind zu öffnen. Wir mussten nur zuerst aus der Überforderung mit unseren eigenen Kleinkindern herauswachsen.

Als ich anfing, die Idee für das vorliegende Buch zu entwickeln, war ich sehr verzweifelt und ich war umgeben von anderen Frauen, denen es ähnlich ging. Jede von uns hatte kleine Kinder. Natürlich weiß ich, dass diese Zeit nur vorübergehend ist. Bei manchen Familien dauert die Phase länger, aber alle Kinder werden, so Gott will, groß werden. Während sie älter werden, wird vieles einfacher. Mein ältester Sohn ist erst sechs, also weiß ich noch nicht viel darüber, wie es ist, wenn man Kinder hat, die älter als sechs sind. Aber ich bin bei Weitem nicht mehr so verzweifelt wie noch vor ein paar

Jahren. Es gibt immer noch Tage, an denen ich mich am liebsten einigeln möchte, aber im Großen und Ganzen geht es mir gut. Fast alle meine Kinder sind mittlerweile aus dem Kleinkindalter heraus und ich befinde mich auf der Schwelle zu einer neuen Phase mit neuen Höhen und Tiefen.

Auch wenn wir durch eine Adoption ein neues Baby bekommen würden, wäre das nicht mehr so herausfordernd, weil ich dann ja nur ein einziges Baby hätte (es sei denn, Gott hätte eine lustige andere Idee …). Egal, wie schwer ein bestimmter Lebensabschnitt auch sein mag, wir sind deshalb nicht für immer am Boden zerstört. Auch wenn wir uns sehr ausgelaugt fühlen, Stimmungsschwankungen unterliegen, niedergeschlagen oder leicht abgedreht sind, wir können diese Zeiten bewältigen. Wir werden es schaffen.

Auch Sie werden es schaffen.

Vielleicht brauchen Sie jetzt gerade vor allem praktische Hilfe, um nicht verrückt zu werden. Es kann sein, dass Sie sich eine Zeit lang wirklich leicht verrückt fühlen. Aber Ihr Gott ist treu, er liebt Sie und er wird Ihnen geben, was Sie brauchen, um durch diese Zeit zu kommen. Gott wirkt bei jedem Menschen anders, deshalb gibt es hier keine allgemeingültigen Antworten, aber fest steht, er hat Sie nicht vergessen. Er vergisst seine Kinder niemals, egal, wie groß oder klein diese sind.

Wenn Sie gerade sehr verzweifelt, allein und ohne Unterstützung sind – wobei ich bete, dass es nicht so ist –, dann versuchen Sie doch, das aufzuschreiben, was Sie gerade erleben und empfinden. Fassen Sie in Worte, wie Sie auch in Zukunft für Ihre Kinder da sein wollen und wie Sie später andere junge Mütter, die Gott Ihnen über den Weg schicken wird, unterstützen wollen. Seien Sie später die Hilfe, die Sie sich jetzt wünschen.

Wie oft sagten Sie …

- „Wenn mir doch jemand … helfen würde!"

- „Warum kommt während des Gottesdienstes nie eine ältere Frau und passt auf die Babys auf?"

- „Ich sehne mich nach dem Rat einer älteren Frau, aber ich kenne keine."

- „Anscheinend gibt es keine älteren Frauen, die den jüngeren helfen wollen. Oder wo sind sie?"

- „Ich brauche eine Pause … ich muss einmal Luft holen!"

- „Ich habe kein Geld und kann nicht verreisen oder einen Besuch machen. Ich sehne mich danach, einmal woanders zu schlafen."

- „Ich habe so viel schmutzige Wäsche. Wenn mir doch jemand helfen könnte!!"

Sind das auch Ihre Gedanken? Brauchen Sie Hilfe, Zeit für sich und neue Kraft? Ich möchte Sie bitten, sich jetzt dafür zu entscheiden, eines Tages diese Hilfe für jüngere Frauen zu werden. Nehmen Sie es sich fest vor, eines Tages einer jungen Mutter mit der Wäsche zu helfen. Legen Sie sich fest, später Ihr Haus für eine junge Mutter zu öffnen, die zu Ihnen kommen und eine lange, ruhige Nacht bei Ihnen verbringen darf. Seien Sie eine Mentorin, die junge Mütter berät. Werden Sie genau die Hilfe, die Sie sich jetzt so dringend wünschen.

Wollen wir uns darauf festlegen? Ich bin dabei.

Sie und ich, wir werden sehr gute Helferinnen sein, weil wir mitfühlen können. Wir werden uns an die Einsamkeit und Verzweiflung erinnern und wir werden unsere Zeit und Kraft gerne anderen zur Verfügung stellen.

Darüber hinaus können wir auch unsere Kinder so erziehen, dass sie anderen helfen. Es liegt an uns, ihnen zu zeigen, wie man jungen Müttern in der Gemeinde helfen kann. Unsere Töchter können in der Gemeinde viel Gutes tun, indem sie junge Mütter zu Hause besuchen und ihnen mit den Babys helfen ... ohne Bezahlung. Unsere Töchter können für andere kochen, auf die Babys aufpassen und beim Putzen helfen, sie werden alles können, was wir ihnen beigebracht haben. Wir können etwas bewegen, wir können unsere Welt verändern.

❧

Es wird viel über Visionen geredet, große Träume, die man verfolgen soll. Wir sollen „unsere Berufung leben" und „unsere Träume umsetzen".

Doch solange man kleine Kinder hat, sollte man eher darauf achten, seine kostbare Zeit zu verteidigen und seine Grenzen zu wahren.

Der Gott, der Ihnen Ihre Gaben und Talente gab, hat Ihnen auch diese Kinder anvertraut, um sie zu erziehen, zu versorgen, auszubilden und um sich in sie zu investieren. Ich weiß nicht, was seine Pläne für Sie sind, aber ich weiß, dass die Bibel den Frauen, die ihr Zuhause schön machen und ihre Kinder gut erziehen, viel Wertschätzung entgegenbringt. Das sind die vorrangigen Aufgaben einer Mutter. Natürlich hat Gott für Sie auch noch andere Dinge vorgesehen, aber an erster Stelle steht die Investition in das Leben Ihrer Kinder. Wer das verstanden hat, erspart sich viele innere Kämpfe und viel Stress durch Überforderung.

Ich habe an dieser Stelle sehr gekämpft. Natürlich wollte ich gut für meine Familie sorgen und sie lieben, aber ich fühlte mich durchaus auch zu anderem berufen, was mir teilweise wichtiger erschien und mir Kraft und Zeit raubte, die ich für die Aufgaben in der Familie gebraucht hätte. Von Sally lernte ich, wie eine weise Frau mit ihrer Zeit umgeht, sie muss nicht grundsätzlich alle anderen Dinge aufgeben, aber phasenweise vielleicht schon.

Seit meiner Entscheidung, auch weiterhin zu schreiben und Konferenzen zu veranstalten, lerne ich immer mehr, was es heißt, im Glauben zu leben. Ich habe einen Mann, der mich sehr unterstützt und mich wieder aufbaut, wenn mir der Mut sinken will. Er schafft mir Freiräume, um zu schreiben und die Konferenzen vorzubereiten. Außerdem gibt es da noch diese wunderbare Frau, die jede Woche für ein paar Stunden zu uns kommt, das Haus putzt und mit den Kindern spielt. Ich mache nur eine begrenzte Anzahl an Reisen pro Jahr. Mein Mann und ich haben uns entschieden, dass ich mich im Normalfall nur dann als Sprecherin einladen lasse, wenn ich mit der ganzen Familie zu dem Veranstaltungsort reisen kann. Im Moment haben wir uns festgelegt, dass ich mich darüber hinaus höchstens dreimal im Jahr zu Veranstaltungen einladen lasse, zu denen meine Familie nicht mitkommen kann.

Ich bin wirklich in erster Linie Mutter und Hausfrau und bin überzeugt, dass dies meine wichtigste und kostbarste Aufgabe ist. Gleichzeitig bin ich von ganzem Herzen eine Nachfolgerin Jesu. Wenn er mich so führt, dass ich reden und schreiben soll, werde ich das auch tun, im Glauben – aber nur innerhalb der Grenzen meiner Zeit und Kraft, ohne dadurch meine Familie zu vernachlässigen. Wenn ich ohne meine Familie verreise, dann muss der Anlass wirklich sehr wichtig sein, sonst würde ich es nicht tun.

Ich lerne, wie wichtig es ist, meine gegenwärtige Lebensphase von ganzem Herzen anzunehmen. Es gibt immer noch düstere Zeiten, doch je mehr ich mich in meine Kinder investiere, desto weniger können Angst und Verzweiflung mich angreifen. Und bei all dem ist auch eins noch wichtig, was schon in einem früheren Kapitel betont wurde: Ich brauche Zeit für mich selbst. Jeder Mensch braucht Zeiten, in denen er aus seinem Alltag heraustreten und etwas anderes tun kann. Wer das nicht beachtet, ist in Gefahr auszubrennen.

Sally

Und diese Hoffnung geht nicht ins Leere. Denn uns ist der Heilige Geist geschenkt, und durch ihn hat Gott unsere Herzen mit seiner Liebe erfüllt.

Römer 5,5

Meine sechzehnjährige Tochter Joy, unser jüngstes Kind, saß eines Morgens in ihrem Pinguinschlafanzug in der Frühstücksecke, aß Toast mit Rührei und Käse und sah sehr nachdenklich aus.

„Was geht dir denn durch den Kopf?", fragte ich.

„Mama, ich sehe jetzt den Zusammenhang. Du hast uns daran gewöhnt, fleißig zu arbeiten, du hast dafür gesorgt, dass wir moralisch stabil sind, wir haben die Liebe zu Büchern und zum Schreiben von dir gelernt, du hast uns gute Manieren beigebracht, du hast uns den Glauben vermittelt und uns mit Gottes Liebe bekannt gemacht – wenn ich das alles zusammennehme, dann weiß ich, wie das Leben funktioniert. Ich bin so froh, dass du uns das alles vorgelebt und beigebracht hast."

Das war ein kostbarer Augenblick. Meine Zeit, um die Kinder zu formen und zu prägen, ging dem Ende entgegen, denn alle vier hatten begonnen, ihr eigenes Leben zu leben. Doch durch Gottes Gnade hatten alle gute Beziehungen zu uns Eltern, folgten Jesus nach und hatten Träume und Pläne für ihr Leben. Das ist wirklich Gnade.

Aber es war ein langer, anstrengender Weg, diese vier Personen zu formen. Wenn ich zurückblicke, war das die umfangreichste Arbeit meines Lebens und mein größter geistlicher Dienst. Seit er mir diese kostbaren Menschen anvertraute, war es meine Berufung, Gott zu dienen und meine Liebe zu ihm auszudrücken, indem ich meine Aufgaben als Mutter wahrnahm.

Ich habe mich dabei gerne an Jesu Umgang mit seinen Jüngern orientiert. So wie er bereit war, sein Leben aufzugeben und die Menschen zu lieben und ihnen zu dienen, so wollte ich es auch machen. Um als Mutter langfristig motiviert und als Christin wahrhaftig zu bleiben, war es hilfreich, die Versorgung und Erziehung meiner Kinder als göttliche Berufung zu sehen. Wenn Eltern, vor allem Mütter, nicht die Verantwortung für ihre Kinder übernehmen, sie schützen und im Glauben unterweisen, wer soll es dann tun? Unsere Kinder sollen zu Erwachsenen heranreifen, die Verantwortung übernehmen und das Evangelium in ihre Generation hineintragen.

Die Aufgabe sieht zuweilen sehr groß aus, das stimmt. Deshalb müssen wir als Mütter zuerst für unser eigenes Wohlergehen sorgen. Wenn ich das schon früher verstanden hätte, wäre manches in meinem Leben besser gelaufen. So wie wir unsere Kinder prägen und erziehen, so macht Gott es auch mit uns. Doch als Mütter sind wir oft so beschäftigt, dass wir unsere Mitte aus den Augen verlieren und vom Vertrauen auf Gott abgetrieben werden.

Gott kann sein Werk in uns erst beginnen, wenn wir die richtige Einstellung dazu haben. In der Bibel lesen wir, dass ein Mensch das erntet, was er gesät hat, und dass sein Denken entscheidend ist für seinen Charakter. Es ist also von großer Bedeutung, sich gedanklich in Gottes Güte und seiner Gerechtigkeit zu verankern. Unser Herz soll dem Vater im Himmel in kindlicher Haltung, vertrauensvoll und gehorsam, zugewandt sein. Das Wort Gottes und die Kraft des Heiligen Geistes sollen unsere Seele formen. Die Berufung, ein Kind zu erziehen, ist keine einmalige Entscheidung, sie ist eine tägliche, langfristige Hingabe an dieses Kind, um es in dem Bewusstsein zu formen, dass Gott mir nichts Kostbareres hätte anvertrauen können. Es hängt von meiner Einstellung und meinen täglichen Entscheidungen ab, ob ich den langen Weg bis zum Ende gehen werde.

Es sind keine schwierigen Einstellungen, die von einer Mutter erwartet werden, die Herausforderung liegt in den ständig neuen Entscheidungen, die viele Male am Tag getroffen werden müssen. Wenn wir im Kleinen treu sind, dann wird Gott uns mehr anvertrauen, wissend, dass wir auch größeren Herausforderungen standhalten werden.

Meine Seele ist ein Garten, bei guter Pflege werden darin viele Blumen blühen. Doch er muss in jeder Jahreszeit richtig versorgt werden. Die Herausforderungen des Alltags sind wie der Pflug, der die Erde umgräbt und sie darauf vorbereitet, die Saat aufzunehmen, die Gott in der Hand hält, Samen der Gnade und Güte. Gott möchte unser Leben überströmend segnen, aber nur ein weicher, gut vorbereiteter Boden wird die Frucht hervorbringen, die Gott, der große Gärtner, begehrt.

Es liegt an mir, meine Herzenshaltung zu pflegen. Wenn negatives Denken und Unzufriedenheit mich verhärten wollen, so ist es an mir, ein zufriedenes Herz zu kultivieren, das sich auf Gottes Treue verlässt. Hält mich der Alltag im Griff, liegt es an mir, nach den Spuren von Gottes Güte in meinem Leben zu suchen und mich an ihnen zu freuen. Bin ich in Gefahr, zu verzweifeln und meine Ideale aufzugeben, dann kann ich mich mit der Gnade Gottes beschäftigen, die alle meine Nöte bei Weitem übersteigt. Bin ich ausgelaugt vom Temperament meiner Kinder, kann ich mich entscheiden, sie zu lieben und Gottes Potenzial in ihnen zu sehen.

Wenn Gott in einem Menschen das gute Werk angefangen hat, wird er es auch vollenden. Das kann ich für jedes meiner Kinder in Anspruch nehmen. Gott wird zu seiner Zeit alles zustande bringen, was er sich vorgenommen hat. Gott liebt mich, wie ein Vater sein Kind liebt, ohne zu erwarten, dass ich schon vollkommen sei. Meine Aufgabe lautet, treu zu sein bis zum Ende. Gottes Zusage ist es, mich auf meinem Weg niemals alleine zu lassen.

Es kann sehr schwierig erscheinen, solche Entscheidungen zu treffen. Aber Gott hat uns so geschaffen, dass wir uns als Menschen gerne gegenseitig helfen. Jesus selbst sagte, dass zwei stärker sind als einer, während eine dreifache Schnur kaum zerreißen kann. Einer soll dem anderen helfen, seine Lasten zu tragen, und wir sollen uns umeinander kümmern. So ist es nur richtig, wenn wir gezielt nach anderen Frauen Ausschau halten, sowohl nach gleichaltrigen als auch nach älteren und reiferen Frauen, damit sie unser Leben bereichern können. Wenn wir ein starkes soziales Netz um uns herum geknüpft haben, werden wir darin aufgefangen werden, sollten die Kämpfe zu hart werden, um sie alleine ausfechten zu können.

Bei der Suche nach Freundinnen wähle ich bevorzugt Frauen aus, die ähnliche Werte und Überzeugungen haben wie ich selbst und die meine Ideale und meine Einstellungen verstehen können. Es ist schön, mit jemandem zusammen unterwegs zu sein, der in die gleiche Richtung geht wie ich. Ich habe eine gute Freundin, Phyllis, die mir seit vielen Jahren eine treue Weggefährtin ist. Zu Beginn unserer Freundschaft habe ich sie gezielt ausgesucht, weil sie mir ähnlich ist und weil ich, wenn ich mit ihr zusammen bin, immer motiviert werde, noch enger mit Gott zu leben. Ihr Leben mit Gott ist so intensiv, dass es mich immer anspornt und motiviert. Sie kann mit mir lachen, wenn ich fröhlich bin, sie versteht mich, wenn ich traurig bin, und sie versteht mich in meinen Entscheidungen. Mit einer solchen Freundin an der Seite ist es viel aussichtsreicher, die vielen Herausforderungen zu bestehen, die das Muttersein mit sich bringt.

Ebenso wichtig und unersetzlich ist die Gewohnheit, mir regelmäßig Zeiten zu nehmen, in denen ich zur Ruhe kommen und mich innerlich wieder neu füllen lassen kann. Denn wie könnten wir unseren Kindern Gutes geben, wenn wir selbst ausgelaugt sind? In der Bibel spielt der Sabbat als Ruhetag eine große Rolle. Dieser Tag ist eine Gabe Gottes an uns, damit wir immer wieder aus dem hektischen Pulsschlag unserer Zeit aussteigen können. Es ist eine lange Aufgabe, aus Kindern Männer und Frauen Gottes zu machen. Marathonläufer zügeln sich, wissend, dass sie für die ganze Länge des Laufs Kraft brauchen. Entsprechendes gilt auch für uns Mütter.

Ja, Gott verordnet uns regelrecht erholsame Pausen, damit wir besser auf seine Stimme hören können. Wir sind im Alltag von so vielen lauten Geräuschen umgeben, dass Gottes leises Flüstern nur schwer wahrzunehmen ist. Doch wenn unsere Seele vor Gott zur Ruhe kommt und wir die anderen Stimmen bewusst ausschalten, dann hören wir ihn wieder und er kann uns mit seiner Güte und Wahrheit den Weg weisen.

Die Hände, die unseren Garten bearbeiten, sind die Hände, die uns immer wieder nahe an das Vaterherz ziehen, zu dem Vater, der versprochen hat, uns niemals zu verlassen. Er ist über die Jahrtausende hinweg zuverlässig und treu zu allen, die sich an ihn halten und die wissen, dass er sein in uns angefangenes Werk auch zur Vollendung bringen wird. Der Boden unseres Herzens besteht aus der Hoffnung, die uns nicht enttäuschen, sondern die Schönheit und Gnade des Wesens Jesu, unseres großen Gärtners, herrlich aufblühen lassen wird.

৻৵৽

Jetzt sind Sie an der Reihe!

Wer durchhält und den Sieg erringt, wird dies alles besitzen. Ich werde sein Gott sein und er wird mein Kind sein.

Offenbarung 21,7

- Es gibt in der Offenbarung sieben Stellen, an denen von der Belohnung die Rede ist, die der Mensch, der durchhalten wird, empfangen wird. Im vorliegenden Buch ging es immer darum, welche Schwierigkeiten und Herausforderungen uns als Mütter im Alltag begegnen. Warum ist es so entscheidend, worauf wir unser Herz ausgerichtet haben, wenn es darum geht, Schwierigkeiten zu überwinden und eine Mutter zu werden, die siegreich ihren Langstreckenlauf vollendet?

*Aber er hat zu mir gesagt: „Meine Gnade ist alles, was du brauchst.“
Denn gerade wenn du schwach bist, wirkt meine Kraft ganz besonders
an dir.* 2. Korinther 12,9

Wie ein Vater seine Kinder liebt, so liebt der Herr alle, die ihn ehren.
Psalm 103,13

- Als liebevoller Vater hilft Gott uns gerne, unsere Lasten zu tragen. Der Gott, der das Universum schuf, steht uns zur Seite. Welche Voraussetzungen braucht es da noch, um den langen Weg der Mutterschaft bis zum Ende zu gehen?

- Welche Haltung hat Gott uns Müttern gegenüber?

☙

Vorschlag

Verbringen Sie Zeit mit Gott im Gebet. Erforschen Sie Ihr Herz, ob Sie Lasten tragen, die eigentlich Gott für Sie tragen möchte. Bekennen Sie ihm Ihre Unzulänglichkeit und empfangen Sie durch den Glauben die Barmherzigkeit, das Mitgefühl und die Hilfe Ihres Vaters im Himmel. Legen Sie Ihre Lasten zu Jesu Füßen ab und nehmen Sie diese nie wieder auf.

Zu dieser Einleitung gibt es auch ein Video in englischer Sprache. Sie können es über den abgedruckten QR-Code mit Ihrem Handy abrufen oder unter www.gerth.de/clarkson14 öffnen.

Dinge von ewigem Wert schaffen – als Mutter

Wer ein Haus baut, braucht Weisheit und Verstand, wer dazu noch Geschick besitzt, kann es mit wertvollen und schönen Dingen füllen.
Sprüche 24,3–4

Meine liebe Freundin Sarah,
während sich unsere Freundschaft entwickelte, schloss ich dich immer mehr in mein Herz. Inzwischen liebe ich dich wie eine Tochter. Ich hoffe, dass manches, was ich hier geschrieben habe, dir helfen wird – und den anderen lieben Müttern, die dieses Buch lesen werden. Ich habe es ja schon mehrfach erwähnt: Es ist sehr herausfordernd, eine Mutter nach Gottes Vorstellungen zu sein und den Kindern gute Werte mit auf den Weg zu geben. Ich hätte nie gedacht, dass das so anstrengend sein würde.

Ich weiß heute, nachdem meine Kinder alle erwachsen sind, dass es die wichtigste Aufgabe meines Lebens war, mich bewusst und treu über so viele Jahre in die Entwicklung meiner Kinder zu investieren. Ich durfte miterleben, wie sie heranwuchsen und zu Menschen mit klaren Überzeugungen und leidenschaftlicher Liebe zu Gott und seinem Reich wurden. Heute sind sie gute Freunde und Weggefährten für Clay und mich, junge Leute, die klar denken und gut kommunizieren können. Jeder hat seinen Platz im Leben gefunden und entwickelt sich dort weiter.

Ich hätte nie gedacht, dass es mich so tief befriedigen würde, diese Kinder nach Gottes Maßstab zu formen. Mein Ziel war es, sie in allen Bereichen zu effektiven, erfolgreichen Menschen zu erziehen. Während ich damit beschäftigt war, wurde meine eigene Seele, mein Glaube, mein Denken und mein Herz verändert.

Eine Mutter, die ihre Rolle nach Gottes Vorstellungen ausfüllt, hat eine faszinierende Wirkung und ist von unschätzbarem Wert für die nächste Generation. Ihr Einfluss auf die geistliche Entwicklung der Kinder ist von großer Bedeutung. Zur guten Versorgung eines Kindes gehören viele Elemente. Dazu zählen Spaß, Komfort, Humor, Güte, geistliche Leidenschaft, Barmherzigkeit für andere, Gastfreundschaft, Hausarbeit, kochen, Sport, aufbauende Worte, viele Stunden des Kuschelns, Zuhörens und Spielens, Betens, Lesens und Unterweisens – das alles ist erforderlich, um in einem Kind einen starken Charakter zu bilden.

Gott möchte, dass wir ihn als Vater in unserem Leben erkennen und verstehen. Auch aus diesem Grund hat er uns die Verantwortung für unsere Kinder gegeben und lässt uns Anteil haben an seinem Werk, wenn er junge Leute zu Männern und Frauen nach seinem Herzen macht. Er hat uns Eltern dabei als seine Partner und Mitarbeiter eingeplant. Während wir unsere Kinder erziehen, arbeitet er an unseren Herzen und macht uns ihm ähnlicher. Damit aus Kindern starke, gesunde, leistungsfähige Erwachsene werden, braucht es Menschen, die bereit sind, Stunden, Tage, Wochen, Monate und Jahre unermüdlich und fleißig an dieser Aufgabe zu bleiben. Ich freue mich über dich, liebe Sarah, weil du bereit bist, diese Aufgabe als deine Berufung anzunehmen. Dafür möchte ich dir zum Schluss noch ein paar ermutigende Gedanken mit auf den Weg geben.

Bleibe stark und zielstrebig

Ich hätte wirklich nicht gedacht, dass die Aufgabe einer Mutter sich über einen so langen Zeitraum erstreckt und einem so viel abverlangt. Oft genug war ich müde, verwirrt, niedergeschlagen und voller Angst und hätte am liebsten alles hingeschmissen. Es ist keine Sünde, angegriffen zu werden. Wir alle werden immer wieder versucht, unsere Ideale aufzugeben, wir alle werden unterwegs müde, während wir die großen göttlichen Ziele verfolgen. Entscheidend ist, wie wir mit diesen Gefühlen umgehen. Davon wird der Verlauf unserer Lebensgeschichte abhängen.

Neulich morgens wachte ich sehr bedrückt auf und dachte über einige belastende Umstände nach, mit denen ich konfrontiert war. Doch solche Zustände kenne ich und ich weiß genau, was mir in dem Moment hilft. Ich muss mich damit an Gott wenden, meine Sorgen vor ihm ausbreiten und dann einfach warten, bis er mir die nächsten Schritte zeigt.

Mir fiel die Geschichte von Jakob ein. In seinem Leben gab es eine besondere Nacht, als sich ihm ein Mann entgegenstellte und mit ihm kämpfte. Auch als es Morgen wurde, ließ Jakob den anderen nicht gehen, sondern hielt ihn fest, bis dieser ihn gesegnet hatte. Der Mann, bei dem es sich wohl um Gott selbst handelte, bat: „Lass mich los, der Morgen dämmert schon!" Aber Jakob erwiderte: „Ich lasse dich nicht eher los, bis du mich gesegnet hast!" (1. Mose 32,27).

Diese Haltung sucht Gott auch bei uns. Wir sollen durchhalten, dranbleiben, festhalten, ihn suchen und seinen Segen mehr begehren als alles andere auf der Welt.

Während ich diese Bibelstelle las, kam mir noch ein anderer Gedanke in den Sinn. Im Buch der Offenbarung, dem letzten, prophetischen Kapitel der Bibel, in dem wir über das Ende der Welt und das Kommen Jesu als König und Herrscher lesen, wird das Wort „überwinden" siebenmal verwendet. Das finde ich interessant. Wenn Gott etwas so oft wiederholt, dann ist es ihm wohl sehr wichtig, dass wir es verstehen.

Also beschäftigte ich mich mit diesem Wort „überwinden" und fand heraus, dass es mehrere Bedeutungen hat. Zunächst steht es für einen Kampf, den man so lange führt, bis man gewonnen hat. Eine weitere Bedeutung aber entspricht dem, was wir bei Jakob finden: über sich hinauswachsen, etwas ertragen, bis der Durchbruch errungen ist, festbleiben bis zum Ende, am Ball bleiben und durchhalten bis zum Schluss – damit beschreibt das Wort „überwinden" die Mutterrolle, wenn sie aufrichtig und treu gelebt wird.

Eine Mutter kämpft für die Seelen ihrer Kinder, sie gibt nie auf und lässt nicht nach. Es gibt viele Schauplätze, an denen gekämpft werden muss – für ein schönes Zuhause sorgen; den Charakter der Kinder durch Erziehung und Vorbild prägen; das Leben zu Hause interessant und lustig gestalten, sodass die Kinder gerne dort sind; in stundenlangen Gesprächen Beraterin und Freundin der Kinder sein; ihre Fragen beantworten und ihren Kummer mitfühlen; tiefe Gedanken über Gott anstoßen und Träume und Enttäuschungen verarbeiten helfen. Diese Aufgaben brauchen viel Zeit und Kraft. Außerdem müssen wir ununterbrochen gegen die Sünde ankämpfen und Gottes Wahrheiten aktiv in uns aufnehmen, mitunter bis zur körperlichen, seelischen und geistlichen Erschöpfung.

Über allem steht jedoch die Tatsache, dass unter unserer Fürsorge Menschen aufblühen, die am Evangelium festhalten und das Reich Gottes bauen werden. Die Arbeit einer Mutter überwindet viele Widerstände und bringt Gerechtigkeit hervor. Aber wir müssen unseren Wettkampf mit aller Kraft kämpfen, um unsere Ziele, die wir uns immer wieder neu vor Augen führen müssen, zu erreichen und um den Sieg davonzutragen.

Der Teufel weiß, dass Gerechtigkeit und Glauben der nachfolgenden Generation in den Händen der Eltern, und da besonders in den Händen der Mütter liegen. Unsere Arbeit ist weder nutzlos noch wirkungslos und wir sind auch nicht zu schwach dafür, auch wenn uns gelegentlich solche Gedanken angreifen. Doch zurück zum Buch der Offenbarung und dem Wort „überwinden". Jedes Mal wenn der Begriff erwähnt wird, geht es darum, dass ein großer Segen verheißen wird. Einmal bekommen die Überwinder einen neuen, herrlichen Namen von Gott; ein anderes Mal geht es darum, dass der Name dieser Menschen im Buch des Lebens eingetragen wird; an anderer Stelle redet Jesus mit dem Vater über die

Überwinder. Fest steht, dass viele verschiedene Segnungen und Belohnungen auf diese Menschen warten.

Wenn ich heute auf meine Zeit als Mutter zurückblicke, fällt mir auf, dass die kulturangepassten Ratgeber mich immer ermutigten, meine christlichen Werte nicht so eng zu sehen, vor allem, als ich noch eine junge Mutter war. Aber Gott freut sich an Menschen, die überwinden, die zum Kämpfen bereit sind, die durchhalten und auf Gottes Segen warten.

Behalte diese Gedanken in Erinnerung und greife darauf zurück, wenn du das nächste Mal entmutigt bist. Das wird noch oft vorkommen, du wirst immer wieder das Gefühl haben, nicht mehr weiterzukönnen. Die Herausforderungen sind sehr groß. Aber wenn du Gott von ganzem Herzen suchst und ihm die Führung in deinem Leben anvertraust, dann wird er dir helfen, ein Vorbild für deine Kinder zu sein und eine Atmosphäre der Gerechtigkeit, Gnade und Wahrheit in deiner Familie zu schaffen. Deine Kinder werden dich als Frau Gottes sehen, wenn du den Weg zu Ende gehst.

Mir war es immer eine große Hilfe, Tagebuch zu führen und meine Entschlüsse schriftlich zu fixieren. Das half mir, in allen Phasen und Lebensabschnitten festzubleiben. Die folgenden Leitgedanken stellte ich dabei immer über mein Leben: „Ich will den Weg gehen, den Gott für mich vorbereitet hat, und das tun, wozu er mich als Mutter berufen hat. Ich will ihm treu sein, so wie auch Jesus mir gegenüber treu ist, egal, wie ich mich verhalte. Meine Entscheidung steht fest, ich will anderen als Vorbild vorangehen und dabei ein dienendes Herz haben, so wie Jesus auch. Ich will für meine Kinder immer eine Fürsprecherin sein, so wie Jesus mein Fürsprecher ist."

Fehler und Grenzen sind Teil des Ganzen

Im Laufe von zwei Monaten hatten drei meiner Kinder Lungenentzündung, Windpocken und Hirnhautentzündung. Ich war so übermüdet, dass ich wie in Trance durch das Haus wankte. Zu der Hirnhautentzündung waren auch noch geplatzte Trommelfelle gekommen und die Kinder hatten viel mitgemacht. Ich fühlte mich wie in einem riesigen Meer von Schwierigkeiten und Nöten, zumal ich kurz davor noch eine sehr komplizierte Fehlgeburt gehabt hatte. Geschirr ohne Ende, Medikamente, Decken, Bäder mit Hautlotion und schmutzige Handtücher hatten mich zermürbt. Das Kämpfen für die Kinder und gegen die anfallende Arbeit war über meine Kraft gegangen, ich fühlte mich elend, unzulänglich und unsicher.

„Eine gute Mutter hätte nebenbei immer noch etwas aufgeräumt und sauber gemacht", flüsterte es in mir. „Ich habe den Kindern auch gar nichts aus der Bibel vorgelesen. Ich hätte besser kochen müssen, gesunde, selbst gemachte Sachen, ich hätte …"

Ohne es richtig zu bemerken, war ich ins tiefste Selbstmitleid gefallen und ließ mich von der Angst entmutigen, dass andere mich für eine schlechte Mutter halten könnten. Ganz schleichend war ich in dieses Tief hineingerutscht, als hätte sich über mir eine kleine Regenwolke gebildet, aus der nun Verdammnis auf mich herabregnete.

Ich saß auf dem Sofa und blickte auf das ganze Chaos in meiner Wohnung. Sarah betrat hinter meinem Rücken den Raum, kam zu mir und legte ihren Kopf in meinen Schoß. Dann griff sie nach meiner Hand und begann, diese zu streicheln. Glücklich sah sie in mein Gesicht.

„Mama, du bist die schönste Frau, die ich kenne. Ich bin so froh, dass ausgerechnet du meine Mama bist. Ich mag deine Hände, sie sind so lieb. Wenn du mich streichelst, dann fühlt sich das so gut an. Ein Glück, dass Gott dich zu meiner Mama gemacht hat. Ich will immer deine beste Freundin sein!"

Wärme und Freude kehrten schlagartig zurück. Im Bruchteil einer Sekunde wusste ich wieder, dass meine ganze Arbeit, die ich hier in den letzten Wochen geleistet hatte, ein Werk der Liebe an meinen Kindern war. Der Zustand der Wohnung spielte dabei eine zweitrangige Rolle. Ich hatte meine Zeit, meine Liebe und meine Fürsorge gegeben, das war alles, was für meine Kinder zählte. Ich wusste wieder, dass die vielen Stunden, in denen ich für sie da gewesen war und sie umsorgt hatte, für immer in ihren Herzen und Erinnerungen gespeichert waren.

Wie oft blieb ich hinter meinen Idealen zurück. Ich schrie die Kinder an, fühlte mich schuldig, bat um Vergebung. Der Haushalt versank im Chaos, ich sagte alle Termine und Pläne ab und verdonnerte uns alle zum Aufräumen und Saubermachen. Immer wieder brachen egoistische Wutanfälle aus mir heraus, wenn ich mich danach sehnte, nach meinen Vorstellungen als Erwachsene zu leben. Manchmal versank ich auch in einer Depression.

Ich habe auf viele verschiedene Arten versagt. Trotzdem lernte ich mit der Zeit, mich so zu mögen, wie ich nun einmal war, und mich damit abzufinden, dass ich immer wieder versagen und gegen meine Vorstellungen handeln würde. Die folgenden Sätze habe ich in dieser Zeit immer wieder durchbuchstabiert: „Wer nun mit Jesus Christus verbunden ist, wird von Gott nicht mehr verurteilt. Denn für ihn gilt nicht länger das Gesetz der Sünde und des Todes. Es ist durch ein neues Gesetz aufgehoben, nämlich durch das Gesetz des Geistes Gottes, der durch Jesus Christus das Leben bringt" (Römer 8,1–2). Das wurde zu einer grundlegenden Wahrheit meines Lebens.

Liebe Sarah, bitte miss deinen Wert nicht daran, wie oft du stolperst oder hinfällst. Gott hat dich genauso lieb, wie du dein Krabbelkind liebst, das laufen lernen will und immer wieder das Gleichgewicht verliert. Gott sieht uns so, wie wir unsere Kleinen sehen, er weiß genau, was wir können und was für uns zu schwierig ist. „Denn er weiß, wie vergänglich wir sind; er vergisst nicht, dass wir nur Staub sind" (Psalm 103,14). Er ist nicht überrascht, wenn ich gelegentlich einen Wutanfall bekomme, aber er hilft mir, stärker, reif und erwachsen zu werden.

Erwarte Gottes mächtiges Wirken und fülle dein Herz mit Glauben

Um als Mutter erfolgreich zu sein, ist Gottes Wort für mich das Wichtigste. Ich lernte, es persönlich zu nehmen und ihm zu glauben. Das klingt nun nicht so ungewöhnlich, aber ich bin der Meinung, dass Glaube wirklich der entscheidende Faktor ist, der mir die Kraft gibt, eine Mutter nach Gottes Vorstellungen zu sein.

Jeden Tag bete ich: „Gott, du hast Zugang zu den Herzen meiner Kinder, zu ihren Seelen und zu ihrem Denken. Bitte wirke du mit deinem Heiligen Geist in ihnen und hilf jedem von ihnen, eine starke, lebendige, liebevolle Beziehung zu dir zu bekommen. Schenke ihnen den Wunsch, zu gehorchen und Disziplin zu üben. Hilf mir, die Mama zu werden, als die du mich geschaffen hast."

In Hebräer 11,6 steht: „Denn Gott hat nur an den Menschen Gefallen, die ihm fest vertrauen. Ohne Glauben ist das unmöglich. Wer nämlich zu Gott kommen will, muss darauf vertrauen, dass es ihn gibt und dass er alle belohnen wird, die ihn suchen."

Gott wünscht sich, dass wir in einer Beziehung der Abhängigkeit von ihm leben. „Herr, ich gehöre dir, ich will dir gefallen mit allem, was ich bin und habe. Deshalb werde ich täglich versuchen, diese Kinder, die du mir anvertraut hast, zu lieben, zu erziehen, zu prägen und zu unterweisen. Ich gebe dir meine wenigen Brote und Fische – alles, was ich habe, lege ich in deine Hand. Alleine schaffe ich das nicht. Aber mit dir zusammen können wir den Kindern das geben, was sie brauchen. Herr, ergänze du alle meine Lücken und Schwächen. Du bist die Quelle meiner Weisheit, meiner Kraft und meines Erfolges."

Es ist etwas Besonderes, wenn wir auf diese Weise alles loslassen und uns entscheiden, jeden Tag zu genießen, weil er uns liebt, egal, wie gut oder schlecht wir unsere Sache machen. Wir können uns für die Freude entscheiden, die unsere Familie mit Leben erfüllt, die von Gott kommt und viel mehr bewirkt, als wir selbst in Gang setzen könnten. Gott will uns segnen, aber wir müssen uns entscheiden zu glauben, dass er bei uns ist und dass er auch hinter den Kulissen am Wirken ist. Dieser Glaube, dieses Vertrauen, diese Art, sich von Herzen zu engagieren, ohne letztlich verantwortlich zu sein, das ist der Weg, wie das Leben Jesu und sein Segen unsere Familien immer mehr erfüllen wird.

Wenn ich verunsichert bin, suche ich ihn. Habe ich Angst, halte ich mich an seinen Zusagen fest. Weiß ich nicht, ob ich in den Herzen meiner Kinder überhaupt etwas ausrichten werde, dann lese ich in den Evangelien die Geschichten von Jesus und denke über ihn und seine Art nach, mit der er so viele Menschen beeinflusste.

An Tausenden von Tagen, an denen ich sein Wort las, betete, mein Inneres durch Glauben mit ihm verband, wuchs ich langsam am inneren Menschen. Ich begann zu verstehen, dass er mich durch die Kinder in sein Ebenbild verwandelte. Die Verantwortung für sie war seine Art, an mir zu arbeiten. Weil ich meine Aufgabe alleine nicht geschafft hätte, orientierte ich mich an ihm, verließ mich auf ihn und wurde dabei als Christin immer authentischer.

Schaue ich heute zurück, so sehe ich, wie Gott meine Liebe zu den Kindern vertiefte, meine Belastbarkeit vergrößerte, mir schnelles und klar strukturiertes Denken beibrachte und sogar Höflichkeit und Güte mit mir selbst einübte, während ich sie den Kindern beizubringen versuchte. Dankbar kann ich feststellen, dass ich, indem ich mich den Aufgaben einer Mutter stellte, viel mehr zu der Frau wurde, die ich eigentlich sein wollte. Indem ich Gottes Willen tat, erlebte ich die Liebe Gottes und seinen Segen.

Liebe Sarah, dein Leben liegt vor dir, du kannst so leben, dass deine Kinder und deine Enkel den nachfolgenden Generationen von dir erzählen werden. Sie werden sagen: „Meine Mama / Oma Sarah zeigte uns, wie man mutig durchs Leben geht, sie hatte diese großherzige Liebe, die uns allen so gut tat, dazu eine tiefe Leidenschaft für das Reich Gottes und eine überschwängliche Freude an allem Schönen. Menschen aus nah und fern fingen an, den Gott zu suchen, dem sie in Sarah begegneten."

Du bist genau die Mutter, die deine Kinder brauchen. Schon vor der Erschaffung der Welt hatte Gott dich dafür vorgesehen, genau diese Dinge zu tun, die du jetzt an deinen Kindern tust. Wenn du diesen Weg der Mutterschaft an seiner Hand gehst, wirst du mit Freude beobachten, wie er den roten Faden der Erlösung überall in deinem und in ihrem Leben einarbeitet. Durch dich bringt er sein Licht an finstere Orte. Das ist nur möglich, weil du seine wunderbare Berufung für dich angenommen hast und diese kostbaren Kinder liebst, die als Bestandteil deines Lebens geschaffen wurden. Möge er dich segnen und mit großer Freude erfüllen, während du seinen Weg gehst.

Alles Liebe für dich und alle deine Lieben,
Sally

Zu dieser Einleitung gibt es auch ein Video in englischer Sprache. Sie können es über den abgedruckten QR-Code mit Ihrem Handy abrufen oder unter www.gerth.de/clarkson15 öffnen.

SALLY CLARKSON BEANTWORTET IHRE FRAGEN

Jedes Jahr wenden sich Tausende von Frauen an mich, die gerne gute Mütter sein wollen. Im Folgenden nun einige der am häufigsten gestellten Fragen. Hier kann ich nur eine kleine Auswahl beantworten. Doch im Internet werden noch viel mehr Fragen beantwortet. Ich hoffe, Sie dadurch zu ermutigen, zu inspirieren und Ihnen ein paar gute Denkanstöße geben zu können.

Ehe Sie diese Antworten lesen, möchte ich jedoch jede Leserin dazu ermutigen, die Freiheit und Gnade Gottes anzuwenden, um in ihrem eigenen Familienpuzzle so zu leben, wie es zu ihrer Persönlichkeit und ihren Gaben passt. Es gibt kein „Richtig" oder „Falsch", das für jede Familie, für jede Mutter oder jedes Kind Gültigkeit hätte. Im Glauben haben wir Freiheit, durch Jesus haben wir ein Leben der Fülle, das dürfen wir ausschöpfen, das ist für uns da. Kinder sind ein Geschenk. Während wir uns mit unseren Geschenken beschäftigen, beschenkt Gott uns mit verborgenen Segnungen und unterweist uns in seinen Wegen, damit wir ihm Freude machen, während wir für die Kinder sorgen, die er uns gegeben hat.

Es gilt ein wichtiges Grundprinzip: Genießen und lieben Sie Ihre Kinder, dann werden Sie glücklich sein, nicht so schnell verzweifeln und Ihr Tun wird Sie innerlich erfüllen. Mutterschaft ist ein langjähriges Projekt. Ich hätte gerne noch mehr Kinder gehabt, um alles besser machen zu können, denn von Kind zu Kind und von Jahr zu Jahr lernte ich dazu und wurde klüger. Aber alles, was ich in meiner Schwachheit nicht gut gemacht habe, das hat Gott in seiner Gnade ausgeglichen, sodass ich heute vier glückliche, gesunde, zielorientierte Kinder haben darf, die Gott und ihre Eltern lieben, trotz allem!

Wie finde ich Zeit zum Luftholen, wenn mein Mann sechzig Stunden pro Woche arbeitet und ich mit drei kleinen Kindern, die mich rund zwanzig Stunden am Tag beschäftigen, alleine bin? Ich bin an fünf bis sechs Tagen in der Woche eine alleinerziehende Mutter. Wie kann ich das schaffen und dabei geduldig und freundlich zu meinen Kindern sein und am Ende der Woche, nachdem ich so viele Stunden für die Kinder da war, auch noch meinem Mann eine gute Ehefrau sein?

Diese Frage betrifft viele Frauen, die Alleinerziehenden, die Frauen, deren Männer beruflich auf Reisen sind, und alle Frauen, die niemanden haben, der ihnen hilft.

Es ist unmöglich, unter diesen Bedingungen an den ursprünglichen Zielen festzuhalten, wenn man nicht regelmäßige Zeiten in Gottes Gegenwart hat, der uns immer wieder Nachschub an Gnade gibt und täglich da ist, um uns zu helfen. Hier ein paar Anregungen, wie man bei so viel Arbeit frisch und zuversichtlich bleiben kann:

- Lesen Sie täglich in der Bibel. Wenn ich mein Denken mit Gottes Wahrheit fülle, dann wächst meine innere Bereitschaft, als Mutter Gott zu dienen, indem ich die Kinder, die er mir anvertraut hat, liebe und für sie da bin.

- Nur Gott kann unsere Bedürfnisse befriedigen. „Aus seinem Reichtum wird euch Gott, dem ich gehöre, durch Jesus Christus alles geben, was ihr zum Leben braucht" (Philipper 4,19).

- Beginnen und beschließen Sie jeden Tag mit Gebet. Bitten Sie Gott um die Energie, die Sie so dringend benötigen, außerdem um „Liebe und Freude, Frieden und Geduld, Freundlichkeit, Güte und Treue, Besonnenheit und Selbstbeherrschung" (Galater 5,22–23).

- Beten Sie für Ihren Mann, den Vater Ihrer Kinder, damit er auch seine Rolle als Vater ausfüllt. Väter brauchen ebenso Gnade und Geduld, auch ihr Leben ist schwer und oftmals sind sie einsam und ausgelaugt.

- Entwickeln Sie ein dankbares Herz. Im Buch der Sprüche werden wir erinnert: „Achte auf deine Gedanken und Gefühle, denn sie beeinflussen dein ganzes Leben!" (Sprüche 4,23). So wollen wir uns darin üben, mit Dankbarkeit an unsere Ehepartner, deren Arbeit und die ganze dadurch vorhandene Versorgung zu denken.

- Suchen Sie sich eine reifere Christin, die Ihre Mentorin wird und der gegenüber Sie Rechenschaft ablegen und erzählen können, wie es Ihnen wirklich geht.

Ist es wirklich so wichtig, Zeit für mich zu haben? Wie bekomme ich das in meinem jetzt schon überfüllten Programm noch unter?

Jede Mutter muss auch an sich selbst arbeiten. Ihre Persönlichkeitsentwicklung ist wichtig. Planen Sie Zeit ein für die Dinge, die Ihnen wichtig sind. Eine weise Frau lernt, sich selbst gut zu leiten. Hier sind einige Vorschläge:

- Planen Sie gelegentliche extra lange Schlafenszeiten für sich selbst ein. An manchen schwierigen Tagen ist es am besten, einfach früh schlafen zu gehen.

- Halten Sie sich auch Zeit für Ihre besonderen Projekte frei oder Ihre persönlichen Interessen (Tagebuch schreiben, zeichnen, bloggen, lesen, Gartenarbeit …)

- Gründen Sie eine Müttergruppe, um andere Frauen kennenzulernen, sich gegenseitig zu ermutigen und um Freundschaften mit Gleichgesinnten aufzubauen. Je mehr Sie investieren, desto mehr werden Sie zurückbekommen.

- Knüpfen Sie ein soziales Netz aus Freunden, die bereit sind, Ihnen bei Bedarf zu helfen (Babysitter, Spielgruppen ...)

- Telefonieren Sie regelmäßig mit einer gleichgesinnten Freundin. Eine Unterhaltung mit Tiefgang ist anregend und hilfreich.

- Machen Sie es sich so leicht wie möglich, wenn es um Haushalt, Kochen und andere Aufgaben geht.

- Suchen Sie nach Möglichkeiten, wie Sie Ihrer Gesundheit Gutes tun können (Sport, Babysitter, soziales Netz, tägliche Ruhezeiten).

- Rutschen Sie nicht in eine Nörgelhaltung rein. Beschweren Sie sich nicht, weil Ihr Mann zu viel reist, weil Sie als Familie zu wenig Geld haben, wie anstrengend Ihr Leben ist ... oder worüber man sonst noch klagen könnte. Hüten Sie sich auch davor, Ihr Leben mit anderen zu vergleichen. Die Haltung, die Sie pflegen, wird überhandnehmen. Wenn Sie alles negativ sehen, wird Ihre Freude darunter ersticken. Vergessen Sie nicht, dass Ehemänner auch Wertschätzung brauchen.

- Denken Sie auch daran, dass Ihre Kinder eine glückliche Mama brauchen. Wenn Sie geduldige, zufriedene, disziplinierte Kinder haben wollen, dann müssen Sie selbst vor den Augen Ihrer Kinder charakterlich reifen. Ihre Kinder werden das imitieren, was Sie an Ihnen sehen.

- Planen Sie einen Abend, an dem Sie mit Freundinnen ausgehen, als Belohnung und als Ziel, ein paar Tage nachdem Sie zu Hause etwas Größeres geschafft haben. Helfen Sie sich selbst, indem Sie Dinge planen, auf die Sie sich freuen können.

Mein Mann ist beruflich viel unterwegs, reist oft und arbeitet immer sehr lange. Wie kann ich meinen Kindern trotzdem im Alltag das Gefühl geben, dass Papa und wir zusammengehören?

Tipps, wie man zusammenwachsen kann, auch wenn man getrennt ist:

- Richten Sie für die Zeiten, in denen Papa lange weg ist, einen Reisekalender ein. Tragen Sie Ausflüge ein, Termine und eine Willkommensparty.

- Planen Sie Unternehmungen, die allen Spaß machen, während Ihr Mann verreist ist. Vielleicht gibt es in Ihrer Umgebung auch öffentliche Angebote, städtische Familienevents oder Feste. Wählen Sie am besten mehrere davon aus (Lesenachmittag in der Stadtbücherei, Kindertag im Museum etc.). Es tut auch den Kindern gut, wenn sie etwas haben, auf das sie sich freuen können.

- Zeichnen Sie auf einer Landkarte ein, wo Papa ist, sodass die Familie gedanklich mit ihm zusammen unterwegs sein kann. Die Beschäftigung mit ansprechenden Landkarten wird den Kindern später auch in Erdkunde zugutekommen.

- Verstecken Sie Briefe und selbst gemalte Bilder von den Kindern in Papas Koffer.

- Bitten Sie Ihren Mann, jedem Kind zum Abschied ein besonderes Andenken zu geben.

- Planen Sie eine bestimmte Zeit am Tag, wann Papa mit den Kindern Kontakt aufnimmt.

- Halten Sie die Kinder dazu an, ihrem Papa von den Höhen und Tiefen ihres Tages zu erzählen.

Tipps, wie man zusammenwachsen kann, wenn man wieder beieinander ist:

- Begrüßen Sie Papa ganz bewusst. Umarmen und küssen Sie Ihren Mann bei der ersten Begegnung und halten Sie die Kinder an, das auch zu tun.

- Sorgen Sie für eine fröhliche Stimmung, wenn er heimkommt. „Ihr Mann kann sich auf sie verlassen, sie bewahrt und vergrößert seinen Besitz. Ihr Leben lang tut sie ihm Gutes, niemals fügt sie ihm Leid zu" (Sprüche 31,11–12).

- Bitten Sie ihn, von seiner Reise und seiner Arbeit zu erzählen.

- Planen Sie bald nach seiner Rückkehr einen Abend zu zweit.

In Bezug auf die Kommunikation in unserer Familie war ich ein schlechtes Vorbild. Das will ich unbedingt ändern. Ich wünsche mir, dass wir einander Gnade schenken und einer den anderen höher achtet als sich selbst. Wenn meine Söhne miteinander reden, höre ich meine Sätze aus ihrem Mund. Das klingt nicht gut. Ich möchte unbedingt anders reden lernen, weiß aber nicht genau, wie ich das anfangen soll.

Viele andere Sachen mache ich ja ganz gut, aber mit meinen heftigen Worten zerstöre ich vieles wieder.

Unsere Kinder sind auch in diesem Bereich ein großes Geschenk für uns, nicht wahr? Wer Tag für Tag mit Kindern zusammenlebt, weiß genau, an welchen Stellen er sich verändern sollte. Auch mir ging es oft so, dass ich meine Kinder beobachtete, wie sie unfreundlich und ungeduldig miteinander umgingen und mir dann klar wurde, dass sie diese Sätze und Verhaltensweisen von mir gelernt hatten. Sie sind nicht die Einzige, der es so geht. Und Gott ist auf Ihrer Seite! Für ihn ist es kein Problem, Sie zu verändern.

In diesem Leben wird niemand vollkommen werden. Dennoch ist unsere Verantwortung den Kindern gegenüber sehr groß, denn sie werden tun, was sie an uns beobachten, oft sogar unbewusst.

Als Mütter müssen wir unsere Sünde, Selbstsucht, Ungeduld, Enttäuschung etc. zu Gott bringen und ihn bitten, uns zu vergeben und zu verändern. Ich versuche, mich immer nur auf einen Bereich zu konzentrieren, in dem ich vorankommen will, damit ich dort kleine Ziele verfolgen und erreichen kann. Gottes Wort sagt uns, dass Liebe, Freude, Frieden, Geduld, Freundlichkeit, Güte, Treue und Disziplin seine Eigenschaften sind, die er in uns wachsen lassen will. Als Mütter brauchen wir alle diese Eigenschaften! Bitten Sie ihn, dass er Sie mit seinem Geist erfüllt und Sie seine Stimme hören können, wenn Sie auf dem falschen Weg unterwegs sind. Er ist treu, deckt unsere Fehler zu und hilft uns, anders zu werden. Wenn Sie Ihre Mutterrolle als Gottesdienst betrachten und sich Ihr Gehorsam ihm gegenüber in Ihrem Umgang mit Ihren Kindern ausdrückt, dann werden Sie mehr darauf achten, nach Gottes Vorstellungen mit den Kindern umzugehen.

Übung spielt in dem Zusammenhang auch eine wichtige Rolle. Es dauert Jahre, nicht Tage, bis unsere Kinder reife Personen werden, die liebevoll und gütig sind und sich selbst beherrschen können. Vor vielen Jahren schrieb Clay einmal 24 Regeln auf, an die wir uns als Familie halten wollten. Wir übten sie mit unseren Kindern ein und sie mussten sie auswendig lernen, einschließlich der dazu passenden Bibelverse. So hatten wir klare Ziele und Regeln, auf die wir sie hinweisen konnten. Die Nummer 5 heißt zum Beispiel: „Ich bin freundlich zu den anderen und behandle sie mit Respekt."

Wenn unsere Kinder sich nicht an diese 24 Regeln hielten, erinnerten wir sie daran: „Hast du deine Schwester gerade so behandelt, wie es nach unseren Regeln richtig ist? Wie wäre es besser gewesen?" Wenn man die Kinder nach den Grundregeln der Bibel erzieht, wird ihr Denken und Fühlen nach und nach entsprechend geformt.

Es gab Zeiten, da dachte ich, meine Jungs werden es nie lernen. Sie sind vom Alter her sehr nahe beieinander, aber vom Wesen her sehr verschieden. Doch heute sind sie richtig gute Freunde und sind oft und gerne zusammen. Es braucht Zeit, Dinge zu lernen und eine reife Persönlichkeit zu werden. Die Brüder haben sich aneinander gerieben und sich dabei gegenseitig zur Reife gebracht. Das ist die Chance, die Geschwister haben.

Werden meine Kinder später mit Gott leben? Nachdem wir ihnen alles über den Glauben beigebracht haben, ihnen die Bibel erklärt haben und alles getan haben, was in unserer Macht steht – können wir dann davon ausgehen, dass sie auf diesem Weg bleiben werden? Werden sie Jesus lieben, so wie wir es ihnen gezeigt haben und es uns wünschen?

Wie würde ich mich freuen, wenn ich zu dieser Frage eine einfache Antwort hätte. Meine Kinder im Glauben zu erziehen ist die schönste Aufgabe und die größte Herausforderung meines Lebens. Es braucht viel Gebet und Hingabe; es ist nötig, gegen den Strom zu schwimmen und sich den kulturellen Normen zu widersetzen. Es gab Nächte, in denen ich nicht schlafen konnte, Angst hatte und gebetet habe, und es gab viele Tage voller Arbeit. Aber wenn ich heute an meine vier Kinder denke, die alle Jesus lieben und die Welt mit dem Evangelium erreichen, dann weiß ich, dass all meine Mühe sich mehr als gelohnt hat.

Dennoch habe ich auch liebe Freunde, die nicht weniger in die geistliche Erziehung ihrer Kinder investiert haben, die alles gaben und viel gebetet haben und ihre Kinder von Herzen lieben, und dennoch haben ihre Kinder einen anderen Weg eingeschlagen. Diese Eltern leiden sehr und beten unablässig für ihre Kinder, die sich, zumindest nach außen hin, so weit von allem entfernt haben, was ihnen ihre Eltern vermitteln wollten.

Muss man sich also fragen, ob es überhaupt Sinn hat, so viel in die geistliche Entwicklung der Kinder zu investieren? Es gibt schließlich keine Garantie dafür, dass die Kinder auf Gottes Wegen bleiben werden. Doch ich denke, es gibt viele Gründe, warum es dennoch richtig ist, alles zu geben. Zwei davon, die mir besonders wichtig erscheinen, will ich kurz erörtern.

Erstens erziehe ich meine Kinder nach Gottes Willen, weil sein Wort das von mir verlangt. „Alles, was du tun kannst, wozu deine Kraft ausreicht, das tu!" (Prediger 9,10). Auch heißt es in der Bibel, dass die älteren Frauen den jüngeren beibringen sollen, wie sie ihre Kinder lieben können. Jesus hat es uns selbst vorgemacht, als er sein Leben für seine Nachfolger gab, er hat für sie gekocht, ihre Füße gewaschen, war täglich mit ihnen unterwegs, brachte ihnen das Beten bei und zeigte ihnen seine Liebe auf viele schöne, unterschiedliche Arten. Ihm will ich gehorchen.

Zweitens will ich mein Leben so leben, dass ich am Ende nichts bereuen muss. Ich möchte jeden Augenblick meiner Zeit mit ihnen verbringen, ihnen helfen, möglichst viele Dinge erklären, sie ermutigen, segnen, erziehen und lieben. Später möchte ich sagen können, dass ich alles tat, was in meiner Macht stand, um ihnen die Liebe und Herrlichkeit Gottes nahezubringen. Ich habe keine Garantie dafür, dass sie sich zu einem Leben mit Jesus entscheiden werden. Aber ich kann sicherstellen, dass der Weg klar und deutlich vor ihren Augen liegt und es ihnen nicht schwer ist, ihm zu folgen.

Vertrauen Sie auf Gott, lieben Sie Ihre Kinder mit jeder Faser Ihres Herzens und in allem, was Sie tun. Zeigen Sie ihnen, wie man selbstlos leben kann, und genießen Sie gemeinsam das Leben. Möglicherweise wird diese Atmosphäre der tiefen Liebe und intensiven Unterweisung dazu beitragen, dass die Kinder in Ihrem Sinne reagieren und den Gott lieben werden, den auch Sie lieben. Seien Sie ganz ruhig in dem Wissen, dass der Herr Gott ist, und er wird Sie belohnen und segnen, das ist seine Art.

Ich gebe das nur ungern zu, aber manchmal mag ich meine Kinder gar nicht, sondern sie regen mich einfach nur auf.

Wenn ich solche negativen Gefühle hatte, fühlte ich mich immer richtig schlecht. Manchmal fühlte ich mich kaum noch als Mutter. Es gab Zeiten, da mochte ich gar nicht, wie meine Kinder waren, doch Gott erwartete gleichzeitig von mir, dass ich meinen Nächsten liebe wie mich selbst, damit würde ich alle Gesetze und alle Worte der Propheten erfüllen. So lernte ich über die Jahre, dass ich meine Kinder auch lieben konnte, ohne liebevolle, zugewandte, schöne Gefühle zu haben. Vielleicht war in letzter Zeit einfach alles zu anstrengend und Sie brauchen Erholung. Manchmal half mir schon eine einzige Nacht, in der niemand meinen Schlaf störte und niemand mich anfassen wollte. Wenn Sie ein paar Stunden weggehen und etwas tun, was Ihnen Spaß macht, werden die negativen Gefühle wahrscheinlich schon stark nachlassen. Die meisten Mütter haben hin und wieder solche ablehnenden Gefühle ihren Kindern gegenüber.

Meinen Mann und meine Kinder zu lieben ist in erster Linie meine Entscheidung und hängt nicht von meinem Gefühl ab. Ich habe mich festgelegt, in jedem Augenblick meines Lebens Gottes Gnade und Güte an meine Familie weiterzugeben. Ob wir das wollen oder nicht, unser Leben, unsere Einstellungen, unser Verhalten und unsere Worte beeinflussen und prägen unsere Kinder und deren Leben massiv. Kinder beobachten und imitieren, was sie an ihren Eltern sehen, den ganzen Lebensstil. Ein Kind ist wie ein Schwamm, der alles aufsaugt, was von den Eltern kommt.

Meine Kinder sind so verschieden. Ein Junge ist gehorsam und fügsam, der andere ist laut und aktiv und es ist sehr schwer, ihn zum Gehorsam zu bringen. Wie kann ich zwei so verschiedene Kinder gleichzeitig erziehen, mit ihnen Disziplin einüben und dabei immer fair bleiben, beiden gegenüber?

Es ist wichtig, dass wir unsere Kinder gut kennen. Ein typischer Fehler vieler Eltern ist es, alle Kinder gleich behandeln zu wollen. In Wirklichkeit ist jedes eine Einzelanfertigung. Deshalb müssen wir uns Mühe geben, unsere Kinder genau zu erforschen. Das braucht Zeit, aber es wird sich lohnen. Unser Ziel ist doch, die Herzen unserer Kinder zu erreichen. Dafür müssen wir ihr Inneres kennen und herausfinden, was sie mögen und was ihnen wichtig ist, ihnen zuhören und sie auf den Ebenen ansprechen, mit denen Gott sie geschaffen hat.

Denken Sie daran, dass Gott sich auch das Testosteron ausgedacht hat. Es gibt den Jungs Kraft und Mut zum Kämpfen. Wir dürfen sie niemals bestrafen, weil sie das ausleben, was sie von Gott bekommen haben. Letzteres gilt übrigens auch für Mädchen!

Versuchen Sie nicht, Ihre Kinder so zu verbiegen, dass sie so werden wie ihre Geschwister oder wie Sie selbst. Achten Sie darauf, dass Sie kein Lieblingskind haben. Wozu die sonst entstehende Eifersucht zwischen den Geschwistern führen kann, lesen wir in der Geschichte von Josef und seinen Brüdern. „Natürlich merkten Josefs Brüder, dass ihr Vater ihn bevorzugte. Sie hassten ihn deshalb und redeten kein freundliches Wort mehr mit ihm" (1. Mose 37,4).

Beobachten Sie Ihre Kinder bei der Arbeit und beim Spielen und finden Sie heraus, was jedes von ihnen besonders gut kann. Loben Sie das Kind in diesen Bereichen. Wenn Sie Schwächen an Ihren Kindern entdecken, sorgen Sie für die erforderliche Unterstützung und helfen Sie ihnen, sich in diesen Bereichen zu verbessern. Aber seien Sie nicht kleinlich und nicht perfektionistisch mit Ihren Kindern, die Kinder würden Sie sonst als Polizist sehen und Sie würden die Kinder nur entmutigen. Schaffen Sie Ihren Kindern gute Möglichkeiten, ihre Stärken zu entfalten.

Wenn mein Kind ängstlich und schüchtern ist und sich ohne Grund an mich klammert und weint, schade ich ihm dann, wenn ich das zulasse?

Wenn Sie die Ängste Ihres Kindes kennen, können Sie ihm helfen und es trösten. Kinder, die mit ihren Ängsten allein gelassen werden, stürzen in noch viel tiefere seelische Nöte. Mit Ihrer Nähe, Ihrem Trost und Ihrem aufmerksamen Zuhören sind Sie sehr wichtig für Ihr Kind. Sie können in solchen Situationen auch mit Ihrem Kind beten. Vermitteln Sie ihm, dass Gott immer da ist und immer auf Sie beide achtet. „Macht euch keine Sorgen! Ihr dürft Gott um alles bitten. Sagt ihm, was euch fehlt, und dankt ihm!" (Philipper 4,6).

Wenn diese Ängstlichkeit über Jahre bestehen bleibt, ist es auch gut, nach Grunderkrankungen zu suchen. Es könnte eine Zwangsstörung, eine Form des Autismus oder eine andere Erkrankung vorliegen. Informieren Sie sich, lesen Sie darüber, beten Sie um Weisheit und seien Sie lieb zu Ihren Kindern. Normalerweise verschwinden diese Ängste und Unsicherheiten wieder, während die

Kinder älter werden. Aber achten Sie darauf, dass Sie auf die Not eingehen, die Ihr Kind erlebt, statt nur darauf zu warten, dass das wieder vorbeigeht. Wenn ein Kind sich sehr an die Mutter klammert, kann es auch daran liegen, dass es vernachlässigt wird. Dann ist nicht die Haltung des Kindes zu korrigieren, sondern das Verhalten der Mutter.

Was kann ich tun, wenn mein Kind unter schwierigen Umständen, unter einem Familienmitglied oder unter der Scheidung seiner Eltern leidet? Ist das Kind zwangsläufig das Opfer seiner Mitmenschen?

Unsere Kinder werden im Laufe ihres Lebens viele schmerzhafte Erfahrungen machen, sie werden mit dem Tod konfrontiert werden, mit Scheidungen, Schande, Peinlichkeiten, Vernachlässigung, Ablehnung durch Altersgenossen, Versagen, Missbrauch, seelischen Verletzungen, Krankheiten etc. Dann sind wir als Mütter gefragt, um dem Kind gut zuzuhören, ihm Zärtlichkeit zu geben, Mitgefühl und Trost. Wenn Sie sich dabei überfordert fühlen, dann erinnern Sie sich daran, dass Jesus die Quelle Ihrer Kraft ist. Er wird Ihnen alles geben, was Sie nötig haben. Die Bibel sagt dazu: „Gepriesen sei Gott, der Vater unseres Herrn Jesus Christus, der Vater voller Barmherzigkeit, der Gott, der uns in jeder Not tröstet!" (2. Korinther 1,3).

Wir können unsere Kinder nicht vor Schmerz bewahren, denn sie leben in einer gefallenen Welt, aber wir dürfen ihnen zeigen, wie man mit Gott mitten in Schwierigkeiten und Nöten stabil bleiben kann. Wenn unsere Kinder in Schwierigkeiten sind oder verletzt werden, dann versetzen wir uns als Erstes in ihre Lage, in ihre Gefühle, Kämpfe und Fragen und fühlen mit ihnen, was sie gerade empfinden.

Im nächsten Schritt weisen wir sie dann auf Jesus hin, der auch aus negativen Dingen etwas Gutes machen kann. Wir können ihnen erklären, dass sie durch die schmerzhafte Erfahrung stärker werden können und dass Gott in ihren Herzen Mitgefühl für andere Menschen wachsen lässt, die durch ähnliche Situationen gehen. Es ist auch wichtig, ihnen zu vermitteln, dass wir nicht durch unser Versagen definiert sind. Versagen und Schmerz können zum Fundament unseres Lebens werden, auf dem Gott Weisheit, Verständnis und Stärke bauen kann, sodass wir für kommende schwierige Zeiten gut gerüstet sind.

Es hilft sehr, wenn Sie die Liebessprache Ihres Kindes kennen. Auch Ihre eigene Liebessprache dürfen Sie einsetzen. Wenn Worte der Ermutigung zu Ihrer Liebessprache gehören, dann sagen Sie Ihrem Kind liebevoll und sanft, wie besonders und wunderbar es ist, wie einzigartig und kostbar.

Überlegen Sie: Was machen meine Kinder gerne? Was bereitet ihnen Freude? Worüber reden sie? Wofür investieren sie am meisten Zeit und Geld? Steigen Sie in diese Themen mit ein und machen Sie diese Dinge zusammen. Sorgen Sie für schöne gemeinsame Zeiten, an die Sie sich gerne später erinnern werden.

Mein Dreijähriger ist sehr willensstark und aktiv. An welchen Fronten soll ich mit ihm kämpfen und wo nicht? Welche Dinge kann ich einfach geschehen lassen und in welchen Zusammenhängen muss ich stark sein und Gehorsam verlangen? Bitte helfen Sie mir!

Viele Mütter versuchen, auch das kleinste Fehlverhalten ihres Kindes zu korrigieren, und meinen, sie müssten sich gegenüber dem Kind in jeder Kleinigkeit durchsetzen, vor allem, wenn es noch sehr junge Mütter sind. Aber Gott ist mir gegenüber ganz anders. Ich lerne und entwickle mich langsam, manchmal in Bereichen, von denen ich gar nicht wusste, wie viel es da noch zu verbessern gibt. Gott zeigt mir meistens nur ein Thema, an dem er arbeiten möchte.

Andere Eltern wiederum lassen ihren Kindern alles Mögliche durchgehen und haben so wenig Einfluss auf deren Verhalten, dass die Kinder für alle Menschen, die mit ihnen zu tun haben, eine Belastung sind.

Erziehung und Strafe gehören zusammen, so werden über Jahre in kleinen Etappen Veränderungen bewirkt. Ein Kleinkind hat nicht die Disziplin und Reife eines Schulkindes, so müssen die elterlichen Erwartungen immer altersgerecht sein. Fortgesetztes Lernen und Reifen kann zu einem Lebensstil werden, der mit der Kindheit nicht endet. Aber wenn die Eltern immer jeden Fehler zu einem Thema machen, dann ermüden sie sich selbst und das Kind. Bei aller Erziehung darf die Freude an jeder Altersstufe des Kindes nicht in den Hintergrund treten. Machen Sie schöne Sachen zusammen, lachen Sie mit dem Kind, lenken Sie es ab, wenn es schwierig ist, sorgen Sie für eine heitere Stimmung und erobern Sie das Herz Ihres Kindes. Wenn Kinder spüren, dass man sie liebt und stolz auf sie ist, lassen sie sich viel bereitwilliger erziehen. Achten Sie darauf, Ihren Kleinen immer mit viel Gnade zu begegnen, und sorgen Sie für genug Zeit zum Spielen im Freien, sodass die Kinder sich austoben und bewegen können.

Was hätten Sie gerne anders gemacht, als Ihre Kinder klein waren?

Ich wünschte, ich hätte Gott mehr vertraut und mir weniger Sorgen gemacht. Ich bedaure, nicht sorgfältiger darauf geachtet zu haben, auf welchen Rat ich hörte und welche Stimmen ich ignorierte. Ich hätte auch einfach meine Zeit mit den Kindern mehr genießen können, ohne mir ständig Gedanken zu machen, ob ich alles richtig mache. Vor allem hätte ich im Nachhinein gerne viel mehr Zeit damit verbracht, ihnen zu zeigen, wie lieb ich sie habe.

Als berufstätige Mutter und auch als Ernährerin der Familie bin ich
nicht so viel zu Hause. Vernachlässige ich dadurch meine Kinder?

Alle Entscheidungen haben Auswirkungen. Unsere Kinder werden
den Menschen ähnlich werden, mit denen sie viel Zeit verbringen.
Sie werden die Werte der Menschen übernehmen, die ihnen am
meisten Wertschätzung entgegenbringen. Wenn Sie arbeiten und
die Kinder für den größten Teil des Tages in der Obhut anderer
lassen, werden Ihre Kinder die Menschen lieben, mit denen sie den
Tag verbringen und die Zeit für sie haben. Unweigerlich werden
diese Personen ihre Vorbilder werden.

Es gibt kein Schema, das auf alle Familien passt. Aber wenn Sie
das Ziel haben, gottesfürchtige junge Leute in Ihrer Familie auf-
wachsen zu lassen, dann ist es erforderlich, dies zu planen. Jedes
große Projekt muss geplant werden. Ziehen Sie die Bedingungen
Ihrer Familie in Betracht und überlegen Sie, wie Sie unter Ihren
Bedingungen Ihre Ziele erreichen können. In unserem Fall war ich
mir von Anfang an bewusst, dass unser geistlicher Dienst auch für
mich viel Arbeit mit sich bringen würde. So ging ich in der Regel abends um 21 Uhr mit den Kindern zusammen ins Bett, um
dann morgens von 4.30 Uhr oder 5.00 Uhr an zu arbeiten, bis
um 7.30 Uhr das Familienleben wieder begann. Ich musste mir
überlegen, wo ich in Bezug auf meine eigenen Interessen Abstri-
che machen konnte und wollte, um meine Ziele für meine Familie
verwirklichen zu können, die mir wichtiger waren als eigene Interessen.

Viele Mütter versäumen es, ihre Ziele für ihre Familie schriftlich
zu planen. Wenn Sie Ihre Pläne jedoch niederschreiben, hilft Ihnen
das, die richtigen Entscheidungen zu treffen. Wie wollen Sie Ihren
Glauben weitergeben? Welche Werte sollen Ihre Kinder übernehmen? Passt Ihr Plan mit den Prioritäten zusammen, die Sie für Ihre
Kinder gesetzt haben? Wie müssen Sie Ihr Leben einrichten, um
diese Ziele erreichen zu können?

In dem Zusammenhang geht mir oft dieser Vers durch den Kopf: „Denn was gewinnt ein Mensch, wenn ihm die ganze Welt zufällt, er selbst aber dabei Schaden nimmt?" (Markus 8,36). Das gilt natürlich nicht nur für „ihn selbst", sondern auch für seine Kinder. Wenn Sie arbeiten müssen, dann beten Sie, dass Gott Ihnen zeigt, wie Sie sich trotzdem in das Leben Ihrer Kinder investieren können, und suchen Sie nach Möglichkeiten, ob Sie Ihre Kinder nicht Menschen anvertrauen können, die die gleichen Werte vertreten wie Sie selbst. Gott ist da, um Ihnen zu helfen. Ich habe viele verschiedene Familien kennenlernen dürfen und immer dort, wo Gott im Zentrum der Familie stand, sind die Dinge gut gelaufen.

Ich schwanke einerseits zwischen dem Verhalten einer Diktatorin oder Polizistin, die denkt, sie müsse jeden Fehler und jede Schwäche der Kinder aufdecken, und andererseits habe ich Freude daran, gnädig und nachsichtig mit ihnen umzugehen. Wie finde ich die Mitte?

Tendenziell neigen wir als Eltern immer dazu, unsere Kinder zu beherrschen. Doch niemand möchte beherrscht werden, auch Kinder nicht. Wenn Sie Ihre Kinder mit Geboten und Verboten belegen, werden sie dagegen angehen. Besser ist es, eine liebevolle, freundliche Beziehung aufzubauen und viel Zeit für die Kinder zu haben.

Ich sagte meinen Kindern oft: „Ich kann euch innerlich nicht stark machen, ich kann euch nur sagen, was ich für gut halte. Aber ihr müsst selbst entscheiden, was ihr gut findet und ob ihr euch Mühe geben wollt, innerlich stark zu werden und die Personen zu werden, die Gott aus euch machen möchte." Damit erkläre ich ihnen, dass Gott Pläne für sie hat, dass sie in der Lage sind, für sich selbst Entscheidungen zu treffen, und dass Gott mit ihnen Licht in unsere dunkle Welt bringen möchte.

Wenn Kinder nie selbst entscheiden müssen, sondern wenn ihnen immer gesagt wird, was sie zu tun haben, wie etwas geht und wann etwas passieren soll, wenn wir sie übermäßig behüten und betreuen, dann können sie nicht lernen, auf sich selbst zu achten. Wer als Kind so erzogen wurde, ist als Student leicht zu erkennen: Das sind dann die jungen Leute, die jedes Maß verlieren und alle Grenzen übertreten, weil sie endlich nicht mehr unter der Herrschaft ihrer Eltern stehen.

Wir tun gut daran, unsere Kinder daran zu gewöhnen, für sich selbst zu wählen, was gut und richtig ist. Am besten tun wir das, solange sie noch in unserer Nähe sind, sodass wir sie dabei begleiten und unterstützen können und weisen Rat und hilfreiche Informationen beisteuern können. Das gilt in Bezug auf Musik, Fernsehen, Bücher und Freunde. Gott ist immer in unserer Nähe, aber er beherrscht uns nicht. Er sagt vielmehr: „Ich will dich lehren und dir sagen, wie du leben sollst; ich berate dich, nie verliere ich dich aus den Augen" (Psalm 32,8).

Wie kann man die Gewohnheiten loswerden, die man als Kind gelernt hat? In meinem Elternhaus wurde über andere Menschen gelästert, man verletzte sich gegenseitig mit Worten und nörgelte aneinander herum. Damit bin ich aufgewachsen und nun weiß ich oft gar nicht, wo die Grenze ist, welche Worte meiner Familie wehtun und was ganz normal ist.

Worte sind wie Samenkörner, die wir in das Leben anderer Menschen säen. Viele Menschen kommen aus einer Kindheit, in der negatives Reden und abfällige und beleidigende Ausdrücke normal waren. Worte haben eine Langzeitwirkung und können einem Menschen die Identität rauben, wenn er es zulässt. Alle schlechten Gewohnheiten sind schwer loszuwerden, aber als Gläubige sind wir eine neue Schöpfung und Gottes Gnade ist in ausreichendem Maße vorhanden, um die Vergangenheit zurücklassen zu können (2. Korinther 12,9). Im Folgenden ein paar wichtige Gedanken dazu.

Worte sind unser stärkstes Instrument, um unsere Kinder zu beeinflussen. Mit unseren Worten können wir aufbauen oder niederreißen. „Redet nicht schlecht voneinander. Was ihr sagt, soll für jeden gut und hilfreich sein, eine Wohltat für alle" (Epheser 4,29). Überlegen Sie zuerst, bevor Sie reden: *Ist das, was ich sagen will, eine Wohltat für den anderen?*

In den Sprüchen lesen wir: „Worte haben Macht. Sie können über Leben und Tod entscheiden. Darum ist jeder für die Folgen seiner Worte verantwortlich" (Sprüche 18,21). Überlegen Sie: *Bringen meine Worte dem Zuhörer Tod oder Leben?*

Wenn wir unsere Schwäche erkennen, haben wir schon viel gewonnen. Das ist der erste Schritt in die richtige Richtung. Wir Mütter werden Fehler machen, schließlich sind wir Menschen. Eine Mutter, die ihre Fehler zugeben kann, die sich bei denen, die sie verletzt hat, entschuldigen kann, sich selbst vergibt und dann in die andere Richtung weitergeht, ist eine Mutter, von der ihre Kinder Demut lernen können. Wer ein falsches Verhalten richtigstellen will, muss mehr sagen als nur: „Tut mir leid." Es ist nötig, die eigenen Fehler konkret und deutlich zuzugeben, ein tief empfundenes Bedauern auszudrücken, alle Betroffenen persönlich um Vergebung zu bitten und wenn nötig ihnen Wiedergutmachung anzubieten. Besonders wichtig sind diese Schritte unseren Kindern gegenüber, wenn sie von unseren bösen Worten getroffen wurden. Überlegen Sie: *Bin ich jetzt gerade, mit dem was ich sage, ein gutes Vorbild für meine Zuhörer?*

Achten Sie auf Ihr Denken. In der Regel kommt das aus uns heraus, was zuvor in unserem Denken war. Überlegen Sie auf diesem Hintergrund ganz bewusst, welche Medien Sie auswählen (Musik, Nachrichten, Fernsehen) und mit welchen Freunden Sie sich umgeben.

„Orientiert euch an dem, was wahrhaftig, gut und gerecht, was redlich und liebenswert ist und einen guten Ruf hat, an dem, was auch bei euren Mitmenschen als Tugend gilt und Lob verdient"

(Philipper 4,8). Überlegen Sie: *Wie ist meine Gedankenwelt zu beurteilen?*

Jeder Tag ist ein neuer Anfang und Gottes Gnade ist jeden Morgen neu (Klagelieder 3,23). Als ein Kind Gottes sind wir eine neue Schöpfung, es liegt an uns, die Freiheit, die wir dadurch haben, auszuleben. Überlegen Sie: *Lebe ich in der Gegenwart oder sorge ich mich um die Zukunft?*

Es fällt mir nicht schwer, mein Zuhause und meine Kinder als Priorität in meinem Leben zu sehen. Das erscheint mir ganz natürlich, denn meine größte Herausforderung liegt darin, die täglichen Pflichten zu schaffen … Ich habe sechs Kinder, von denen das Älteste siebeneinhalb Jahre alt ist. Ich müsste eine Superfrau sein, um das Arbeitspensum zu schaffen, es geht einfach nicht.

Es gehört viel dazu, kleine Kinder und einen Haushalt zu versorgen, und es ist kein Wunder, wenn man sich dabei oft überfordert fühlt. Trösten Sie sich damit, dass dies ein vorübergehender Zustand ist. Die Kinder werden Ihnen mehr helfen können, je älter sie werden, und Sie werden vergessen, wie anstrengend diese erste Zeit mit den Kindern war. In dieser Phase Ihres Lebens ist es völlig in Ordnung, wenn Ihre Wohnung nur einigermaßen in Ordnung ist, jetzt braucht nichts perfekt zu sein. Manchmal ist es nötig, unsere Ansprüche an die Realität anzupassen.

Strukturieren Sie Ihren Tag und Ihre Woche, setzen Sie Zeiten fest, zu denen Sie aufräumen, den Tisch decken, die Bibel lesen, bei den Schularbeiten helfen, essen und die Küche aufräumen. Halten Sie sich an diesen Zeitplan. Wenn Sie in der vorgegebenen Zeit nicht alles schaffen, dann lassen Sie es liegen, bis morgen wieder Zeit dafür vorgesehen ist.

Nehmen Sie sich jeden Morgen kurz Zeit, um sich bewusst zu machen, dass Sie heute für Ihre Familie da sein wollen. Entscheiden

Sie sich gleichzeitig immer wieder neu, sich von dem Chaos in der Wohnung nicht einschüchtern zu lassen. Nutzen Sie auch tagsüber die kleinen Momente, die sich ergeben, um sich neu auf Ihre Gedanken und Ziele zu besinnen. Setzen Sie sich, lesen Sie etwas, zehn Minuten Pause können so wohltuend sein. Planen Sie diese kleinen Pausen auch bewusst in Ihren Tag mit ein. Die Aussicht, dass bald wieder ein solcher Moment zum Atemschöpfen kommen wird, kann Ihnen bei den vielen Aufgaben Gelassenheit und Durchhaltevermögen geben.

Gott gibt uns nicht mehr Arbeit, als wir schaffen können. Oft ist es wichtig, unsere Grenzen bewusst wahrzunehmen und zwischen den wirklich unerlässlichen Dingen und den restlichen Aufgaben zu unterscheiden. Manche Dinge muss eine Mutter mit kleinen Kindern einfach schaffen, anders geht es nicht. Aber wer auf die falschen Ratgeber hört, kommt in Versuchung, viel mehr tun zu wollen als sein muss.

Wenn die Tage besonders gedrängt sind, kann es auch eine gute Idee sein, Dinge schon im Vorfeld getan zu haben, damit dann im Gedränge des Alltags alles gut läuft. So können Sie den Kochplan für die Woche mit der entsprechenden Einkaufsliste dann erstellen, wenn die Kinder schlafen, die Schularbeiten mit den Großen legen Sie am besten in die Schlafenszeit der Kleinen. Wäsche falten kann zu einem lustigen Spiel werden, bei dem alle mithelfen, abends, nachdem alle anderen wichtigen Aufgaben getan sind.

Prüfen Sie alle täglichen Aufgaben dahingehend, ob sie nicht vereinfacht werden könnten. Wenn die Kinder öfter hintereinander die gleichen Sachen anhaben, fällt für Sie entsprechend weniger Wäsche an. Je weniger Zutaten ein Essen hat, desto schneller geht es. Zögern Sie nicht, andere um Hilfe zu bitten! Vielleicht kennen Sie eine junges Mädchen in Ihrer Gegend, das gerne den Umgang mit Babys lernen würde und Ihnen an einem Nachmittag pro Woche mit dem Haushalt hilft?

Wie reagiert man als Mutter, wenn das Kind, das man bestraft hat, einem entgegenschreit: „Ich hasse dich!"?

Das tut sehr weh und die Gefahr, diese Worte persönlich zu nehmen, emotional zu reagieren und sich von ihnen verletzen zu lassen, ist groß, kommen sie doch aus dem Mund des Kindes, das Sie über alles lieben. Da mag es hilfreich sein, sich zu fragen, woher das Kind diese Worte hat. Möglicherweise hat es diese Heftigkeit von Ihnen gelernt?

Sie können Ihrem Kind erklären, dass niemand in Ihrer Familie so etwas sagen darf und dass alle Familienmitglieder sich gegenseitig lieb haben. Drohen Sie auch eine Strafe an für den Fall, dass dieser Satz erneut fallen wird. Erwähnen Sie ferner Gottes Gebot, Vater und Mutter zu ehren, und machen Sie deutlich, was das bedeutet und warum dieser Satz auch deshalb in Ihrer Familie verboten ist. Arbeiten Sie als ganze Familie daran, in Ihrem Denken und Reden klare Grenzen einzuhalten, und erlauben Sie niemandem, sich darüber hinwegzusetzen.

Aber ein Kind, das so etwas sagt, ist auch tief verletzt. Ich würde mir Zeit für das Kind nehmen und genau auf das achten, was in seinem Herzen vor sich geht. Geben Sie dem Kind Raum, mit Ihnen zu reden, und bitten Sie Gott, Ihnen zu helfen, die wichtigen Dinge zu hören und zu verstehen.

Wenn Sie mehr Informationen benötigen, besuchen Sie bitte unsere Internetseite
www.DesperateMom.com

Auf Facebook finden Sie uns unter
www.Facebook.com/DesperateBook.

Folgen Sie unseren Gesprächen auf Twitter unter
searching for #DesperateMom.

Verlagsgruppe Random House FSC®N001967
Das für dieses Buch verwendete FSC®-zertifizierte Papier
Enso Classic 95 liefert Stora Enso, Finnland.

Die Bibelstellen sind der Übersetzung Hoffnung für
alle® entnommen, Copyright © 1983, 1996, 2002
by Biblica Inc.®. Verwendet mit freundlicher Genehmigung
von `fontis – Brunnen Basel. Alle weiteren Rechte
weltweit vorbehalten.

Die Verlagsgruppe Random House/Gerth Medien weist
ausdrücklich darauf hin, dass im Text enthaltene externe Links
vom Verlag nur bis zum Zeitpunkt der Buchveröffentlichung
eingesehen werden konnten. Auf spätere Veränderungen hat
der Verlag keinerlei Einfluss. Eine Haftung des Verlags
für externe Links ist stets ausgeschlossen.

Die amerikanische Originalausgabe ist im Verlag
Thomas Nelson, Nashville, Tennessee erschienen
unter dem Titel „Desperate".
© 2013 by Sarah Mae Hoover und Sally Clarkson
© der deutschen Ausgabe 2015 Gerth Medien GmbH, Asslar
in der Verlagsgruppe Random House, München

Best.-Nr. 817032
ISBN-13: 3-95734-032-0
1. Auflage 2015

Umschlaggestaltung: Yannick Schneider
Titelfoto: Shutterstock
Satz: Greiner & Reichel, Köln
Druck und Verarbeitung: GGP Media GmbH, Pößneck
Printed in Germany